Regula Lehmann
Sexualerziehung bleibt Familiensache

www.fontis-verlag.com

Widmung

Für Mario, Jael, Simone und Pietro

«Mutter zu werden war etwas vom Besten,
was mir passieren konnte. Eure Liebe, Unterstützung
und Wertschätzung bedeuten mir mehr, als ich es
in Worte fassen kann.»

Danke sagen möchte ich an dieser Stelle auch:

- Iris Muhl für die Ermutigung zum Schreiben,
- dem Lektorat des Fontis-Verlags für die fachkundige Begleitung,
- Lea Braun für die vielen Stunden, die sie am Zeichentisch in mein Buch investiert hat,
- meinem Mann Urs, der Teil dieser Geschichte ist und dieses Buch als Erster probegelesen hat,
- all den Müttern und Vätern, die mitgelesen und Feedbacks gegeben haben,
- Georg Walter für seine Einführung in das Geheimnis unverkrampfter Elternschaft,
- meiner Mutter, die meine Kinderfragen bezüglich Sexualität immer sehr offen beantwortete,
- und natürlich meinem himmlischen Vater
- und all den vielen Menschen, die mich bis heute unterstützen und begleiten, aushalten und lieben. Danke!

Regula Lehmann

Sexualerziehung bleibt Familiensache

Mit Illustrationen von Lea Braun

---

www.sexualerziehung-familiensache.com

fontis

Bibliografische Information der Deutschen Nationalbibliothek
Die Deutsche Nationalbibliothek verzeichnet diese Publikation in der Deutschen Nationalbibliografie; detaillierte bibliografische Daten sind im Internet über www.dnb.de abrufbar.

MIX
Papier | Fördert gute Waldnutzung
FSC® C014138
FSC
www.fsc.org

Umschlag: spoon design, Olaf Johannson, Langgöns
Illustration Umschlag U1: GoodStudio/Shutterstock.com
Illustrationen Umschlag (Klappe): GoodStudio/Shutterstock.com
Illustration Umschlag U4: Macrovector
Illustrationen Innenteil: Lea Braun, Herisau
(außer Illustrationen von Seite 142 und 143, 302 und 303: gezeichnet von Claudia Weiand)
Satz: InnoSet AG, Justin Messmer, Basel
Druck: Finidr
Printed in Czech Republic

ISBN 978-3-03848-267-3

Inhalt

Vorwort der Autorin

In einer Zeit, in der große gesellschaftliche Umbrüche stattfinden und das Internet alles zu dominieren scheint, sind Mütter und Väter herausgefordert, beherzt und leidenschaftlich in die Erziehung ihrer Kinder zu investieren. Mehr denn je brauchen Kinder echte Beziehungen und reale Ansprechpersonen, die ihnen Orientierung, innere Verankerung und Heimat schenken. Wenn es um Ihr Kind geht, sind Sie als Mutter oder Vater Experte. Niemand kann Ihren Platz einnehmen, Beziehung toppt das beste Computer-Game. Was Ihr Kind mehr als alles andere braucht, sind Sie! Überlassen Sie die Begleitung und Prägung Ihrer Kinder nicht den digitalen Medien, der Schule oder den Gleichaltrigen. Sie sind dazu prädestiniert, Ihrem Kind tragende Werte, Selbstvertrauen, Identität und Beziehungsfähigkeit mit auf den Lebensweg zu geben. Auch in Bezug auf Themen wie Körper, Geschlecht, Ehe und Familie, Liebe und Sexualität.

Kinder müssen sich gegenwärtig in einer stark sexualisierten und gleichzeitig zutiefst beziehungskranken Welt zurechtfinden. Sie brauchen starke Eltern, treue Weggefährten, die mitten im Dschungel verschwimmender Identitäten, grenzenloser Vielfalt und variabler Lebensentwürfe den Weg aufzeigen, der zu tragfähigen Beziehungen und langfristig beglückender Sexualität führt.

Für diese anspruchs- und gleichzeitig überaus hoffnungsvolle Aufgabe möchte ich Ihnen mit diesem Buch an «Ausrüstung» mitgeben, was mir möglich ist. Gerne teile ich mit Ihnen das, was ich in unterdessen mehr als dreißig Jahren als Mutter, Kursleiterin und Elterncoach erarbeitet und gelernt habe.

Dazu gehört auch der Umgang mit dem eigenen Versagen und mit dem des Partners.

Wer erzieht, macht Fehler, da kommt niemand drum herum. Immer wieder mal fügen wir gerade den Menschen, die wir am meisten lieben, Verletzungen zu. Kinder locken neben viel Positivem eben auch manche der «inneren Ungeheuer», die wir längst besiegt zu haben glaubten, aus uns heraus.

Kein Grund zu verzweifeln. Die Eltern-Kind-Beziehung erträgt viel mehr, als wir vielleicht zu hoffen wagen. Und überhaupt: Wo sollen Kinder denn das Fehlermachen und Wiederaufstehen lernen, wenn nicht bei uns, in der Familie?

Auch wenn diese Ausführungen kein Freipass sein sollen, ungebremst unsere Emotionen und Charakterschwächen am Kind abzureagieren, so entlasten sie uns doch von zu hohen Ansprüchen, denen weder wir als Eltern noch unsere Kinder genügen können und die deshalb nur Sand im Getriebe sind. Als Mutter von vier erwachsenen Kindern staune ich immer wieder neu darüber, wie großzügig und vergebungsbereit meine Söhne und Töchter mir begegnen. Auch und gerade, wenn wir über schwierige Abschnitte oder Momente unserer Erziehungs- und Familiengeschichte austauschen.

Was Kinder brauchen, sind nicht perfekte, sondern lernbereite Eltern – Mütter und Väter, die für Kurskorrekturen offen und nicht zu stolz sind, um auch mal Hilfe zu suchen und anzunehmen. Ich staune immer wieder darüber, zu welch genialen Menschen unsere Kinder trotz all unserer Schwächen und Fehler herangewachsen sind.

Von ganzem Herzen wünsche ich Ihnen ein gewinnbringendes und fröhliches Unterwegssein mit diesem Praxisbuch zum Thema «Sexualerziehung in der Familie».

Regula Lehmann

Prolog: Eigentlich wollte ich nie ein Buch schreiben

Wie es dann trotzdem dazu gekommen ist ...

Ich wuchs inmitten von Büchern auf und fragte mich als Kind immer wieder ernsthaft, warum jedes Jahr so viele neue Bücher geschrieben wurden, obwohl in unserer Buchhandlung die Regale bereits aus allen Nähten platzten.

Unterdessen habe ich selbst mehrere Bücher geschrieben, und Sie halten mein erstes Buch in einer komplett aktualisierten und ergänzten Neuauflage in den Händen.

Wie es dazu gekommen ist?

Schon während meiner Ausbildung zur Familienhelferin wurde ich intensiv mit dem Thema Familie und Kindererziehung konfrontiert. Ich erlebte die unterschiedlichsten Familienstrukturen mit, machte mir Gedanken, überprüfte und lernte dazu.

Im Juni 1989 heiratete ich meinen Mann Urs und wurde zwei Jahre später zum ersten Mal selber Mama.

Jetzt konnte ich Gelerntes ausprobieren und in der eigenen Familie umsetzen. Mit mehr oder weniger Erfolg.

Nach und nach kamen drei weitere Kinder hinzu, das Familienleben wurde herausfordernder.

Immer wieder stieß ich dabei an meine Grenzen, wurde mit persönlichen Charakterschwächen und Defiziten konfrontiert. Die Beziehung zu meinem Mann war über weite Strecken alles andere als harmonisch. Wir brauchten dringend Hilfe.

Diese fanden wir in der Person von kompetenten Beratern und Seelsorgern. Schritt für Schritt erlebte ich Veränderung und inneres Heilwerden. Der Wahrheit über mich selbst ins Auge zu blicken war zwar schmerzhaft, aber doch immer noch tausendmal besser, als in all den destruktiven Mustern und Lebenslügen stecken zu bleiben.

Die positiven Auswirkungen dieses persönlichen Veränderungsprozesses auf unser Familienleben ließen nicht lange auf sich warten. Manche Erziehungsprobleme lösten sich buchstäblich in Luft auf, wenn wir als Eltern die notwendigen persönlichen Veränderungen anerkannten und einleiteten. Unsere Kinder wuchsen trotz unserer Fehler und Defizite zu lebens- und beziehungsfähigen Menschen heran. Unterdessen sind alle vier von zu Hause ausgeflogen, docken jedoch auch immer wieder gerne im Heimathafen an.

Als unser Jüngster vier Jahre alt war, begann ich mich in der Begleitung ungeplant schwangerer Frauen zu engagieren und baute mit einer Kollegin eine Schwangeren-Beratungsstelle auf.

Aus diesem Engagement für Mutter und Kind heraus entwickelte sich der Wunsch, mit Teenagern und Jugendlichen über einen guten und sorgfältigen Umgang mit Sexualität ins Gespräch zu kommen. Und daraus entstand – für mein Empfinden ganz natürlich und folgerichtig – das Anliegen, Eltern in ihrer herausfordernden Aufgabe zu ermutigen und zu schulen, damit gerade auch im sensiblen Bereich Sexualerziehung von Anfang an gute Grundlagen gelegt werden.

Mit Begeisterung gebe ich Kurse und unterstütze Eltern als persönlicher Coach dabei, ihre Kinder zu lebens- und liebesfähigen Menschen zu erziehen.

Sexualerziehung beginnt in der Schwangerschaft und endet mit dem Erwachsenwerden unserer Kinder. Der dafür am besten geeignete Ort? Eindeutig und noch immer die Familie!

Ein paar grundlegende Gedanken

Was Sie in diesem Ratgeber vorfinden, ist das Ergebnis meines persönlichen Weges als Mutter von vier Kindern und einer Pflegetochter, aber auch als freiberufliche Präventionsfachfrau, Kursleiterin und Elterncoach. Eigene Erfahrungen und langjähriges Beobachten, das Studium von Fachliteratur sowie der Austausch mit Pädagogen und Freunden bilden die Grundlage meiner Ausführungen zum Thema «Sexualerziehung in der Familie». Gerne möchte ich Ihnen damit für jeden Altersabschnitt, den Sie gemeinsam mit Ihrem Kind durchleben, ermutigende Anregungen und Hilfestellungen geben.

Dabei geht es mir jedoch nicht darum, pfannenfertige Rezepte zu liefern. Das würde nicht funktionieren. Als Mutter und Vater werden Sie auch im Umgang mit dem Thema Sexualerziehung Ihren ganz persönlichen Stil entwickeln.

Ziel dieses Buches ist es, Ihnen als Eltern erprobte Leitlinien und Prinzipien vorzustellen, die ein gesundes Aufwachsen von Kindern mitten in einer sexualisierten, beziehungskranken und zunehmend orientierungslosen Gesellschaft unterstützen und fördern.

Nicht jede Ihrer Fragen wird beim Lesen beantwortet werden können. Das würde den Rahmen dieses Buches schlichtweg sprengen. Doch Sie finden im Anhang verschiedene Adressen von Internetplattformen und Beratungsstellen, an die Sie sich mit persönlichen Anliegen wenden können.

Unter der Überschrift «Als Christ erziehen» werden die jeweiligen Themen vom biblischen Zusammenhang und der biblischen Ethik her erklärt und beleuchtet. Bewusst stelle ich diese Abschnitte eher ans jeweilige Ende der Kapitel. Dies, weil das Buch auch für jene Eltern, die kein besonderes Interesse am christlichen Glauben haben, verständlich und gewinnbringend sein soll. Und weil ich es wichtig finde, dass Christen nicht nur wissen, was die Bibel über diese Themen sagt, sondern auch, *warum* sie dies tut. Außerdem möchte ich zeigen, was es uns als Familien, aber auch der Gesellschaft ganz praktisch und konkret bringt, wenn wir uns an Gottes «Wegweisern für gelingendes (Zusammen-)Leben» orientieren.

Buchtitel verfehlt?

Ab und zu werden Sie sich beim Lesen meiner Ausführungen vielleicht fragen, wo denn das Thema Sexualerziehung bleibt. In manchen Abschnitten geht es um allgemeine Erziehungsthemen, und man könnte mit gutem Recht die Frage stellen, ob ich als Autorin nicht den Titel meines Buches verfehle.

Gerne erkläre ich Ihnen, weshalb ich nicht einen viel kürzeren Ratgeber, der sich auf die rein sexualerzieherischen Fragen beschränkt, verfasst habe:

Meine Erfahrung ist, dass Sexualerziehung nicht vom allgemeinen Erziehungsgeschehen abgekoppelt werden kann. Erziehung gelingt grundsätzlich nur im Zusammenhang mit Beziehung. Wenn Ihr Kind Ihnen nicht zuhört, wird es schwierig sein, mit ihm über Sexualität zu reden. Wenn Eltern gar keinen Zugang zu ihrem Teenager haben, weil die Beziehung durch Genörgel, Dauerstreit oder was auch immer total verhärtet ist, werden die besten Tipps über Sexualerziehung wenig bewirken können. Und ein Buch schreiben, das nichts nützt, wollte ich auf keinen Fall. Dafür wäre mir Ihre und meine Zeit zu schade.

Sexualerziehung ist (auch) Männersache!

Wenn ich Seminare über Sexualerziehung halte, kommt es häufig vor, dass Väter stark untervertreten sind. Auch wenn es als galant gilt, Frauen den Vortritt zu lassen: in der Sexualerziehung ist es elementar, dass Väter den Part übernehmen, den nur sie ausfüllen können. Unzählige Biografien zeugen davon, wie zentral die Rolle des Vaters im Leben eines Kindes ist. Ob ein Mädchen von seinem Papa hört (und erlebt), dass es kostbar und schön ist, fördert nicht nur die Entwicklung eines gesunden Selbstwerts, sondern prägt auch das spätere Beziehungsverhalten dieses Mädchens. Ob ein Junge vom Vater in seiner Männlichkeit bestätigt wird und mit Papa zusammen Zugang zur Welt der Männer erhält, prägt sowohl sein Selbstverständnis wie auch seine Sicherheit im Umgang mit Männern. Und natürlich prägen Väter mit der Art, wie sie mit Mädchen und Frauen umgehen, auch den Umgang des Jungen in einer späteren Partnerschaft. Auch zum Körper, zu Geschlechtlichkeit und Fruchtbarkeit finden sowohl Jungen wie auch Mädchen einen positiveren und selbstverständlicheren Bezug, wenn auch die Väter über diese Themen Bescheid wissen, sie ansprechen und sich damit als kompetente Begleiter anbieten. Jungs sollen nicht denken, dass beispielsweise der Zyklus Mädchenkram ist, der sie nichts angeht oder der beschämt verschwiegen werden muss.

Ich erinnere mich lebhaft an einen Unterrichtstag zum Thema Sexualität, den ich zusammen mit einem Kollegen leitete. Die Begeisterung, mit der er als Mann der versammelten Mannschaft den weiblichen Zyklus erklärte, flashte mich total und war für so manchen Jungen wohl eine prägende Erfahrung. Sexualerziehung ist Männersache, also bitte keine falsche Bescheidenheit. Ihre Söhne und Töchter brauchen Sie!

Wodurch Kinder geprägt werden

Wenn wir uns in den folgenden Kapiteln über Sexualerziehung Gedanken machen, erscheint es mir sinnvoll, als Erstes darüber nachzudenken, durch welche Einflüsse und Faktoren unsere Kinder maßgeblich geformt werden.

Wie viel Einfluss haben wir als Eltern denn überhaupt? Und wer sind unsere Miterzieher oder Konkurrenten, wenn es um das Prägen unseres Nachwuchses geht?

Kinder werden meiner Erfahrung nach durch vier Hauptfaktoren gesteuert, beeinflusst und geprägt: durch ihre Erbanlagen und ihren Charakter, durch die Umwelt und Gesellschaft, in der sie aufwachsen und sich bewegen, durch digitale Medien sowie durch ihre Eltern und nahe Bezugspersonen.

1. Erbanlagen und Charakter

Was unser Kind ins Leben mitbringt, welche Charaktereigenschaften es besitzt und was seine DNA beinhaltet, können wir als Eltern nur beschränkt beeinflussen. Wir wissen heute zwar beispielsweise, dass äußere Einwirkungen, die Befindlichkeit und das Verhalten der Mutter usw. sich auf das Ungeborene auswirken, doch trotzdem bleibt in diesem Geschehen im Mutterleib vieles letztlich doch ein Geheimnis. Mit jedem Kind wird uns etwas ganz Neues, Einzigartiges anvertraut und damit die Aufgabe, diesen kleinen Menschen seiner Art und seinen Fähigkeiten entsprechend zu begleiten.

Fasziniert entdecken wir an unserem Kind äußerliche Ähnlichkeiten mit Verwandten oder schmunzeln über familientypische Gesten und Verhaltensweisen. Und kaum etwas bringt uns mehr in Verzweiflung als die Feststellung, dass unserem Kind auch manche unserer negativen Eigenschaften mit in die Wiege gelegt wurden.

Auf das, was unserem Kind ins Leben mitgegeben wurde, haben wir als Eltern also nur beschränkt Zugriff. Entscheidend mitprägen können wir jedoch, wie es damit umgehen lernen wird und was es aus dem macht, was in sein Leben hineingelegt wurde. Doch keine Angst: Der Auftrag besteht für uns als Mütter und Väter in dieser herausfordernden Aufgabe nicht darin, alles richtig zu machen. Sondern vor allem anderen darin, als Eltern unseren Charakter immer wieder neu schleifen zu lassen und an den Stellen zu arbeiten, die noch entwicklungsbedürftig sind oder Pflege brauchen.

2. Umwelt, Gesellschaft und Freundeskreis

Auch die Umwelt oder die Gesellschaft, in die unser Kind hineingeboren wird, können wir nur in beschränktem Maß beeinflussen. Es steht nicht in unserer Macht, unserem Nachwuchs ideale Umstände oder eine heile Welt zu schaffen. Wir sind beauftragt, ihm in dieser Welt, in den gegebenen Umständen, Begleiter, Vorbild, Grenzen-Setzer und Heimat zu sein.

Den Spielraum, der uns in diesem Punkt zur Verfügung steht, sollten wir jedoch unbedingt entschlossen und hoffnungsvoll nutzen. In der direkten, unmittelbaren Umgebung unserer Kinder haben wir als Eltern mehr Einfluss und Gestaltungsmöglichkeiten, als uns dies oft bewusst ist. Unser Freundeskreis beispielsweise prägt unsere Kinder maßgeblich mit. Es lohnt sich, Kontakte zu anderen Familien und Einzelpersonen zu pflegen, die gleiche oder ähnliche Werte vertreten und leben.

Auch bei der Freizeitgestaltung stellen wir als Eltern immer wieder Weichen.

In welchem Club oder Verein, in welcher Kirche oder Gemeinschaft engagieren Sie sich?

Wo und mit wem soll Ihr Kind einen großen Teil seiner Freizeit verbringen?

Die Freunde, Kameraden und Vorbilder, mit denen unser Kind außerhalb der Familie in Kontakt kommt, beeinflussen sein Verhalten und seine charakterliche Entwicklung entscheidend mit. Achten Sie deshalb darauf, Ihr Kind zu Freizeitaktivitäten zu ermutigen, bei denen es nicht nur seine sportlichen, musikalischen oder kreativen Fähigkeiten entwickeln kann, sondern auch in seinen sozialen Kompetenzen und in seiner Charakterbildung unterstützt und gefördert wird.

3. Digitale Medien

Dass die digitalen Medien gegenwärtig einen der stärksten Einflüsse auf den Einzelnen und die Gesellschaft als Ganzes darstellen, ist Fakt. Und es nützt leider wenig, dies zu ignorieren oder sich in die «gute» analoge Welt zurückzusehnen. Auch wenn die digitale Revolution viel Gutes und Nützliches hervorgebracht hat – zum Beispiel, dass ich Fehler im Manuskript mit einem Mausklick beheben kann, statt das ganze Kapitel neu schreiben zu müssen –, stellt sie Eltern vor große Herausforderungen. Persönlich habe ich das Internet und im Besonderen Computergames vor allem bei unserem Jüngsten als reale Konkurrenz erlebt. Waren unsere älteren Kinder mit Begeisterung dabei, wenn wir gemeinsame Unternehmungen wie beispielsweise einen Ausflug in den Zoo planten, fand unser Kleinster dies «langweilig» oder zumindest langweiliger als das Game, in dem er um jeden Preis das nächste Level erreichen wollte. Während unser Ältester eher die Anfänge des Internet-Zeitalters erlebte und unsere beiden Töchter nur eine mäßige Faszination für die digitale Welt zeigten, zogen Bildschirme unseren Jüngsten magisch an. Über nichts habe ich mit ihm so viel gestritten wie über Bildschirmzeit und die Inhalte, die er sich reinzieht. Bis heute bin ich jedoch überzeugt, dass es richtig war, ihm Grenzen zu setzen und ihn nicht einfach kampflos der digitalen Welt zu «überlassen».

Unser Jüngster hat seinen Weg gefunden, nicht nur, aber auch dank Eltern, die ihm Grenzen setzten und immer wieder neu ihr Herz in die Waagschale warfen, in Beziehung und echte, reale gemeinsame Erfahrungen investierten.

Ein weiterer Einflussfaktor, der vielen Eltern im Zusammenhang mit den digitalen Medien Kummer bereitetet, sind sexualisierte und pornografische Inhalte. Immer jüngere Kinder werden immer früher mit Bildern und Szenen konfrontiert, die zutiefst verstören und ein komplett pervertiertes Bild von Beziehung und Sexualität vermitteln. Unter der Überschrift «Kinder wirksam vor Pornografie schützen» werde ich im sechsten Kapitel vertieft auf dieses Thema eingehen. Jetzt gerade nur so viel: Auch beim Schutz vor Pornografie haben gut versorgte und sicher gebundene Kinder eine hilfreiche Ausgangslage, und es geht darum, in positive und wertschätzende reale Erfahrungen und in die 1:1-Beziehung zum Kind zu investieren.

- Herzens-Beziehung toppt Technik. Und Kinder, deren Eltern nicht loslassen, haben gute Chancen, zu innerlich gefestigten und beziehungsfähigen Menschen heranzureifen.

4. Eltern und nahe Bezugspersonen

Es ist unbestritten, dass die Herkunftsfamilie einen wesentlichen Einfluss auf die Entwicklung eines Menschen hat. Eltern und Geschwister sind normalerweise die ersten Bezugspersonen des Kindes, an denen es sich orientiert und denen es abschaut, wie man sich in den verschiedensten Situationen des Lebens verhält – und wie nicht.

Als Eltern sind wir die ersten und prägendsten Vorbilder unseres Kindes. Ob wir das wollen oder nicht, ob wir uns dafür geeignet halten oder nicht, ändert daran überhaupt nichts.

Erziehung wirkt dort am effektivsten, wo wir sie mit unserem ganzen Leben unterstreichen. Und am stärksten beeinflusst und geprägt werden unsere Kids eben gerade nicht durch das, was wir sagen oder tun, sondern durch das, *was* wir sind. Und durch das, *wer* wir sind.

Aus diesen Gründen erscheint es mir unverzichtbar, dass wir als Eltern uns mit unserer Persönlichkeit, aber auch mit der eigenen Biografie auseinandersetzen. Dass wir – auch was das Thema Sexualität und unseren Umgang damit betrifft – immer wieder mal genau hinschauen und an Problemen oder persönlichen Defiziten arbeiten.

In meiner Beratungspraxis begegnen mir immer wieder Eltern, die zwar gerne mit ihrem Kind über Sexualität reden würden, sich jedoch nicht trauen, weil sie (Zitat) «es selber ja gar nicht so gemacht haben, wie es richtig gewesen wäre». Andere Mütter und Väter meiden das wichtige Thema, weil sie in ihrer eigenen sexuellen Identität verletzt wurden oder weil sie ihre eigene Sexualität gar nicht als schön und erfüllend erleben. Oder weil tausend andere Gründe vorliegen …

Unbearbeitetes bremst, Schuldgefühle und Frustration blockieren, setzen uns als Eltern nur allzu oft «schachmatt». Steigen Sie aus diesen Mustern aus – sich selbst, aber auch Ihrem Kind zuliebe. Die Beratungspraxis zeigt, dass familiäre Belastungen, Zwänge und destruktives Beziehungsverhalten oft von Generation zu Generation weitergegeben werden. Wie schade!

Von meiner eigenen Geschichte her weiß ich, dass es möglich ist, Verletzungen zu bearbeiten und negative Muster abzulegen. Ich bereue keine Minute, die ich ins eigene «Heilwerden» investiert habe, und bin dankbar für die verschiedenen Berater und Seelsorgerinnen, die mich in diesem Prozess begleitet haben.

Schauen wir uns doch einige der entscheidenden Faktoren und Erfahrungen einmal an:

Eine kleine Standortbestimmung

- *Erlebte ich mich in meiner Kindheit angenommen und bejaht als Mädchen oder Junge?*
- *Was haben meine eigenen Eltern mir gefühlsmäßig zum Thema Sexualität «übermittelt»?*
- *Wie wurde ich diesbezüglich von meinen Eltern aufgeklärt und begleitet?*
- *Wie erlebte ich meine (ersten) Liebesbeziehungen und sexuellen Erfahrungen?*
- *Wo stehe ich heute: Bin ich gerne eine Frau bzw. ein Mann?*
- *Was waren meine (unsere) Vorstellungen und Ziele in Bezug auf den Umgang mit Sexualität?*
- *Habe ich, haben wir als Paar, diese umgesetzt und erreicht, oder bin ich, sind wir, daran «gescheitert»?*
- *Gibt es Dinge, die ich mit meinem Partner besprechen oder bereinigen muss?*
- *Trage ich Schmerz, ungetröstete Trauer oder Verletzungen mit mir herum?*
- *Wird unsere Paarbeziehung durch Pornografiekonsum geschädigt und belastet? Brauchen wir in diesem Bereich Hilfe?*
- *Gibt es Schuldgefühle, die mich bis heute runterziehen und blockieren?*

Die Wahrheit befreit uns. Auch zum Elternsein. Sie werden neue Sicherheit und festen Stand finden, wenn Sie den Weg ins eigene Herz unter die Füße nehmen. Suchen Sie sich kompetente Begleiter oder Seelsorger, die Sie in diesem wichtigen Prozess unterstützen. Im Anhang finden Sie dazu Adressen und Informationen.

Grundsätzliches zum Thema Sexualaufklärung

Was heute an sexualisierenden Inhalten auf unsere Kinder losgelassen wird, ist wirklich erschreckend, und es stellt sich uns als Eltern die Frage, wie wir damit möglichst hilfreich umgehen können. Müssen wir einfach bei jedem Thema die ersten Informanten sein, damit das Kind es wenigstens von *uns* hört statt von irgendwelchen anderen Informationsquellen? Das könnte schwierig werden!

Erstens, weil wir oft nicht im Voraus wissen, was auf unser Kind zukommt. Und zweitens, weil vieles ja eh völlig daneben oder viel zu früh ist. Ich empfinde es als wenig sinnvoll, meine Neunjährige mit einer Information über Kondome zu belästigen, nur weil ich früher sein will als die Informanten der Aidspräventionsfachstelle. Und ich habe wirklich keine Lust, mir mit meinem zehnjährigen Sohn einen Porno anzuschauen, weil er den vielleicht irgendwann mal bei einem Schulkameraden auf dem Smartphone zu Gesicht bekommen könnte.

Als Eltern selbst Sexualaufklärung zu machen, bedeutet für mich nicht, jedes Thema, auf das unsere Kinder stoßen könnten, zu Hause einfach noch früher anzusprechen. Ich mag mich in diesem Punkt nicht (nur) von außen bestimmen, diktieren und hetzen lassen.

Wichtig erscheint mir, dass Eltern sich ihrem Kind als beste, vertrauenswürdigste und kompetenteste Begleiter und Gesprächspartner präsentieren, was Sexualität und das Leben überhaupt anbelangt. Und dass sie ihren Nachwuchs so randvoll wie möglich mit Gutem füllen, seine Intuition und Selbstwahrnehmung, eigenes Denken und Entscheidungsvermögen schärfen. Falls dies gelingt, haben Stimmen von außen weniger Einfluss oder Macht.

Imprägnieren Sie Ihre Söhne und Töchter mit wertvollen Gedanken und Inhalten, und Sie werden erleben, dass Schlechtes an ihnen abprallt wie die Regentropfen von einer Goretex-Jacke. Kinder, die das Gute, das Positive und Lebensbejahende kennen, können Destruktives und Lebenszerstörendes erkennen und ablehnen. Wer das Original kennt, kann Fälschungen entlarven.

Lassen Sie sich nicht von einer sexualisierten Gesellschaft diktieren, wie Sexualaufklärung auszusehen hat. Suchen und gehen Sie den Weg, den Sie als zielführend erkennen.

In den folgenden Kapiteln finden Sie konkrete Angaben darüber, was Ihr Kind in der jeweiligen Altersstufe braucht. Auch allgemeine Hinweise zum Thema Erziehung haben in diesem

Praxis-Ratgeber ihren Platz. Sexualerziehung kann nicht isoliert behandelt werden, sondern steht in engem Zusammenhang mit dem gesamten Erziehungsgeschehen und dem Familienklima. Das Vermeiden von körperlichen und emotionalen Defiziten beispielsweise fällt in der Sexualerziehung stärker ins Gewicht als alle Vorträge, die Sie Ihrem Kind über Sexualität halten könnten.

In jedem Abschnitt finden Sie überdies Hinweise und Praxistipps, wie Sie Ihrem Sohn oder Ihrer Tochter tragende Werte in Bezug auf Beziehungen und Sexualität altersentsprechend vermitteln können. Und Sie erhalten konkrete Hilfestellung zur Frage, wie Sie Ihre Kinder im Umgang mit der digitalen Welt begleiten und sie bestmöglich vor Pornografie und sexuellen Übergriffen schützen können.

Zu beachten ist bei diesen Ausführungen, dass die kindliche Entwicklung sehr individuell verläuft. Zeitangaben sind deshalb nur ungefähre Richtwerte. Variationen von einigen Monaten bis zu ein oder sogar zwei Jahren sind möglich und meist kein Grund zur Panik. Sollten Sie jedoch den Eindruck haben, Ihr Kind entwickle sich nicht altersentsprechend, dann kontaktieren Sie bitte Ihren Kinderarzt.

Startklar? Es geht los!

Kapitel 1
Schwangerschaft und Geburt: Annahme und Geborgenheit

Umfassende Sexualerziehung nimmt im Mutterleib ihren Anfang. Geborgen unter dem Herzen seiner Mutter wächst ein neuer Mensch heran. Ein Wunder von Anfang an, vom Schöpfer persönlich bejaht und willkommen geheißen.

Egal, in welche Umstände ein Kind hineingeboren wird, ob ein Kind geplant war oder uns ungefragt in den Schoß fällt, ihm gilt die Zusage eines «ins Leben verliebten» Gottes.

Als Eltern dürfen und sollen wir uns ganz bewusst in dieses große «JA» zu unserem Kind hineinstellen. Ein Leben lang lernen wir daran, immer wieder neu Ja zu sagen zum Mutter- oder Vater-Sein. Ja zu unserem Kind, zu seiner Einzigartigkeit, zu seinen Stärken und Schwächen und (nicht zu vergessen) zu seinem Körper und seinem Geschlecht. Es ist für gelingende Sexualerziehung sehr wesentlich, dass wir unser Kind auch in seinem Junge- oder Mädchen-Sein annehmen und bejahen. Je entspannter und selbstverständlicher wir unser Kind in seinem Geschlecht annehmen, desto entspannter kann es – in einer großen Breite und Individualität – sein Junge- oder Mädchen-Sein schätzen und genießen.

Dieses Annehmen kann durchaus eine Herausforderung sein: Vielleicht haben Sie sich so sehr ein Mädchen gewünscht und müssen sich jetzt an den Gedanken gewöhnen, dass Sie Eltern eines Knaben werden. Oder Ihr Kind entspricht bei seiner Geburt nicht dem, was Sie als schön empfinden.

Vielleicht ist Ihr Kind krank oder hat eine Einschränkung, die Ihnen zu schaffen macht.

Oft spielen in dieser Thematik auch eigene Verletzungen eine Rolle. Möglicherweise haben Sie als Tochter in Ihrer Familie ein Stück weit die Rolle des Jungen übernommen, weil Ihr Vater so gerne einen Sohn gehabt hätte. Oder Sie hätten ein viel mädchenhafteres Mädchen sein sollen, als Sie es nun mal waren. Vielleicht versuchten Sie in Ihrer Kindheit krampfhaft, dem Bild, das Ihre Eltern von einem «echten Jungen» hatten, zu entsprechen, und es hat nie gereicht …

Was auch immer es sein mag: Sprechen Sie mit Ihrem Partner oder mit einer anderen Vertrauensperson darüber und suchen Sie sich Unterstützung, wenn Sie merken, dass es Ihnen schwerfällt, Ihr Kind, so wie es ist, als Geschenk anzunehmen.

Es ist keine Schande, sich selbst und anderen Menschen Schwierigkeiten oder Begrenzungen einzugestehen. Sie müssen – gerade auch als Mutter oder Vater – nicht alles alleine schaffen. Gemeinsam geht manches leichter, und Sie werden entdecken, dass andere Eltern genau das auch erlebt oder durchgestanden haben, was Ihnen vielleicht gerade Schwierigkeiten bereitet.

Zum Nachdenken

- *Kann ich mein ungeborenes Kind als Geschenk annehmen?*
- *Bin ich bereit, mein Kind so lieben und schätzen zu lernen, wie es ist?*
- *Sage ich Ja zum Körper und zum Geschlecht meines Kindes?*
- *Bin ich bereit, Hilfe anzunehmen, wenn ich nicht weiterkomme?*
- *Welches sind meine «Weggefährten» im Unterwegssein als Mutter oder Vater?*

In späteren Kapiteln werden wir uns mit dem Entdecken und Fördern der geschlechtlichen Identität befassen. Bereits in der Schwangerschaft und in den ersten Lebensjahren werden dazu wichtige Grundlagen gelegt.

Verbundenheit

In der Schwangerschaft beginnt etwas zu wachsen, das sich nur schwer in Worte fassen lässt: das Wunder der Eltern-Kind-Bindung. Auf sie werden wir ein Leben lang aufbauen. Auch in der Sexualerziehung.

Pflegen Sie den Kontakt zum Ungeborenen, reden Sie mit ihm. Genießen Sie, auch als Paar, die Momente, wo Sie Ihr Kind spüren. Nehmen Sie Kontakt auf mit diesen strampelnden kleinen Füßchen, die gegen die Bauchwand drücken. Singen Sie abends ein Schlaflied für Ihr Kleines, hören Sie schöne Musik. Nehmen Sie sich Zeit für ein Nickerchen, kümmern Sie sich auch gut um sich selbst als «Gastgeber eines Wunders».

Verwöhnen und entlasten Sie Ihre Frau, wo dies möglich und notwendig ist. Gehen Sie sorgsam mit Ihrer schwangeren Partnerin um. Das verbindet Sie als Paar und schafft gleichzeitig auch zum ungeborenen Kind eine liebevolle Beziehung.

Gedanken zum Thema Geburt

Kaum ein Erlebnis berührt uns als Eltern so stark, so tief im Innersten, wie die Geburt eines Kindes. Schmerz und Freude, Lachen und Weinen, Vorfreude und Angst vermischen sich in diesem Moment, bringen uns an den Rand unserer Möglichkeiten und Vorstellungen.

Und dann der große Moment, wo wir diesen uns vertrauten und doch ganz neuen kleinen Menschen zum ersten Mal in die Arme schließen dürfen. Unbeschreiblich, was da an Gefühlen abgeht.

Auch für das Kind ist die Geburt ein einschneidendes Erlebnis. Ungewohnt laute Geräusche, gleißende Helligkeit und eine veränderte Umgebung bestimmen diesen Augenblick. Und doch ist da auch Bekanntes: In unseren Armen, auf unserer Brust kommt das Neugeborene zur Ruhe. Es lauscht dem vertrauten Herzschlag, erkennt die Stimmen von Mutter und Vater wieder, genießt die Wärme und den Hautkontakt.

In welcher Art das Geburtserlebnis die seelische Entwicklung eines Kindes beeinflusst, ist ein spannendes, aber auch komplexes Forschungsfeld. Persönlich bin ich überzeugt, dass das Geburtserlebnis Einfluss hat; ich halte es durchaus für möglich, dass Ängste oder andere seelische Schwierigkeiten von Kindern mit traumatischen Geburtserfahrungen zusammenhängen können. Gleichzeitig kann ich vom Beobachten unserer eigenen vier Kinder her wenig eindeutige Schlüsse ziehen; manche Kinder sind mit einer hohen Resilienz gesegnet, andere sind zarter besaitet und brauchen mehr Sicherheit und Unterstützung beim Verarbeiten. Wichtig erscheint mir, dass auch Sie als Paar das Geburtserlebnis verarbeiten. Was war wohltuend, was belastend? Wie hat der Partner, die Partnerin mich erlebt? Was tut noch weh, löst möglicherweise Angst vor einer nächsten Geburt aus?

Gebären kann tatsächlich eine körperliche und psychische Grenzerfahrung oder gar ein traumatisches Erlebnis sein. Nirgends kam ich bis heute so sehr an die Grenzen meines Durchhaltevermögens, nie habe ich verzweifelter gebetet als bei unseren ersten zwei Geburten. Und nie fühlte mein Mann sich hilfloser, machtloser.

Das geht unter die Haut und löst unter Umständen tiefe Ängste aus. Suchen Sie sich fachliche Hilfe, wenn Sie auch nach Monaten noch nicht über Ihr Geburtserlebnis hinwegkommen. Sprechen Sie im Hinblick auf eine nächste Geburt mit Ihrem Gynäkologen. Mir tat es gut, mit befreundeten Müttern die verschiedenen Erfahrungen auszutauschen. Was dem ach so geduldigen Ehemann irgendwann abgeschlossen erscheint, ist unter Frauen immer wieder beliebtes Thema. Doch aufgepasst: Es ist wenig konstruktiv, wenn die eigenen Kinder mitbekommen, dass wir bei ihrer Geburt «fast durchgedreht» sind, qualvolle Schmerzen hatten, uns zu sterben wünschten oder was auch immer unsere Gefühle dabei waren und sind. Bereits kleine Kinder bekommen viel mehr mit, als Sie vielleicht denken.

Betonen Sie deshalb in der Gegenwart Ihrer Kinder das Schöne, die Freude, Eltern zu werden, die allen momentanen Schmerz weit überwiegt (immerhin habe ich das ja freiwillig noch zwei Mal auf mich genommen!). Bücher und Filme über Schwangerschaft und Geburt sollten mit Bedacht und unbedingt altersgerecht ausgewählt werden. Was wir Erwachsenen aus der Erfahrung heraus einordnen können, erschreckt ein Kind unter Umständen zutiefst.

Und ich möchte ja irgendwann mal noch Großmutter werden! Meine Töchter sollen vom Frausein und vom Mutterwerden ein grundsätzlich positives Bild mitbekommen und sich nicht jetzt schon Sorgen machen, die vielleicht total unbegründet sind.

Kommentieren Sie die Geburt im Fotoalbum unbedingt positiv. Drücken Sie aus, wie sehr Sie sich über die Ankunft Ihres Kindes gefreut haben. Dies ist eine lohnenswerte Investition in das gesunde Selbstwertgefühl Ihres Nachwuchses.

Unsere Kids haben ihre Fotoalben zeitweise fast täglich angeschaut. Das Bewusstsein «Ich war im Bauch meiner Mami, und die hat sich mit Papa zusammen ganz doll auf mich gefreut» schafft eine Reserve an Geborgenheit und Bestätigung. Spätestens in der Pubertät, wenn Ihr Kind auf der Suche nach dem eigenen Wert und der persönlichen Identität sein wird, werden Sie als ganze Familie von diesem Vorrat an Bestätigung und Liebe profitieren.

Kapitel 2
Erstes Lebensjahr: Versorgung und Vertrauen

Die ersten drei Monate

Die Zeit nach der Geburt wird stark vom Trink- und Schlafrhythmus des Säuglings bestimmt.

Das Stillen der Grundbedürfnisse unseres Neugeborenen ist ein wichtiger Baustein für die Entwicklung eines gesunden Selbstwertgefühles und der Beziehungsfähigkeit unseres Kindes.

Beziehung steht ja immer in engem Zusammenhang mit der Erfahrung des Wahrgenommenwerdens, mit dem Erleben von Vertrauen und Verlässlichkeit.

Schenken Sie Ihrem Kind viel Zuwendung, viel Haut- und Körperkontakt. Die Haut ist das größte Organ des Menschen und weit mehr als nur die äußere Hülle des Körpers. Unsere Haut ist eine Art Schutzschild, gleichzeitig aber auch Ausdrucksmittel und Sinnesorgan. Über die Haut erhält schon das Ungeborene im Mutterleib Informationen aus seiner Umgebung: Mit der Haut fühlt unser Kind Berührungen, Temperatur oder Schmerzen. Der am unmittelbarsten mit der Haut verbundene Sinn ist der Tastsinn. Er wird vom menschlichen Embryo als erster entwickelt und ist dadurch gewissermaßen der «Ursprung aller Empfindungen».

Stillen Sie Ihren Säugling, wenn immer möglich, mindestens ein halbes Jahr lang. Falls es damit jedoch trotz aller Anstrengungen nicht klappen sollte, ist dies kein Grund zu Selbstvorwürfen oder Verzweiflung. Hautkontakt kann auch auf andere Weise als beim Stillen hergestellt werden: Legen Sie Ihr Kind beim Trinken aus der Flasche an Ihre nackte Brust, tragen Sie es «oben ohne» herum, oder gönnen Sie sich ein Bad zu zweit.

Säuglinge nehmen ihre Umgebung sehr intensiv über Hautkontakt und Berührungen wahr.

Lassen Sie Ihr Kind deshalb, falls es dafür warm genug ist, immer wieder mal unter Ihrer Aufsicht ein Weilchen nackt strampeln, oder massieren Sie es sanft mit Babyöl.

Unsere Kleinen genossen es jeweils, im Schwimmbad nackt neben mir auf dem Badetuch zu liegen und den Wind sanft über ihre Haut streichen zu spüren.

Beim Windeln-Wechseln oder beim Baden berühren wir die Geschlechtsteile unseres Kinder ganz natürlich, ohne Scham, aber auch ohne darum irgendwie eine Sonderzeremonie zu machen. (Die Empfehlung mancher Fachpersonen, den Säugling absichtlich an der Klitoris oder am Penis zu stimulieren, empfinde ich als abwegig bzw. übergriffig.) Mir war und ist es wichtig, auch als Mutter oder Vater von Anfang an eine gesunde Grenze zwischen mir als erwachsener Person und dem Kind einzuhalten.

Baby-Jungen können übrigens schon sehr früh eine Erektion bekommen, und bei Baby-Mädchen kommt es vor, dass die Klitoris leicht anschwillt. Beides ist eine natürliche Reaktion auf Berührung und kein Grund zur Besorgnis. Falls der Penis Ihres kleinen Jungen beim Wickeln steif wird, kann dies auch ein Zeichen dafür sein, dass er gleich pinkeln wird und Sie «in Deckung gehen» sollten.

Bedürfnisse wahrnehmen, Signale richtig deuten

Achten Sie im Umgang mit Ihrem Säugling auf Ihr «Bauchgefühl». Sie werden dabei die Signale Ihres Kindes immer besser deuten lernen. Reagieren Sie unbedingt, wenn Ihr Kleines weint. Damit meine ich nicht, dass Sie beim kleinsten Pieps Ihres Kindes jede Tätigkeit fallen lassen sollen. Weinen muss auch nicht sofort unterbunden werden, denn es ist das Sprechen des Säuglings – und deshalb natürlich und erlaubt. Stopfen Sie Ihrem Kind nicht gleich beim ersten Schrei mit dem Schnuller oder der Brust den Mund, sondern versuchen Sie zu verstehen, was Ihr Kind ausdrückt, und reagieren Sie dann dementsprechend.

Anna Tardos, die Leiterin eines Säuglingsheimes in Budapest, schreibt dazu im Elternbuch *Miteinander vertraut werden. Wie wir mit Babys und kleinen Kindern gut umgehen:* «Es ist uns wichtig, dass dem Kind tatsächlich geholfen wird, und nicht, dass es zu weinen aufhört.»[1] Ein sehr hilfreicher und fortschrittlicher Ansatz, meine ich.

Viel Stress im Umgang mit Säuglingen kann dadurch vermieden werden, dass wir als Mütter und Väter unsere Einstellung dem Weinen gegenüber verändern. Wenn unser Kind weint, sagt es damit nicht: «Du machst alles falsch.» Oder: «Du bist eine schlechte Mama.» Oder was auch immer in unserem Herzen an negativen Interpretationen abgerufen wird, wenn ein Kind nicht zu trösten ist. Versuchen Sie herauszufinden, was Ihr Kind Ihnen sagt. Falls dies (noch) nicht gelingt, wird Ihr Kind deshalb nicht gleich einen Schaden davontragen.

Entfernen Sie sich für eine Minute, wenn Sie merken, dass Sie mit Ihrer Geduld am Ende sind. Es schadet Ihrem Kind mit Sicherheit weniger, wenn Sie kurz den Raum verlassen, um sich zu beruhigen, als wenn Sie die Nerven verlieren.

Suchen Sie sich unbedingt Entlastung, wenn Sie merken, dass Sie an den Rand Ihrer seelischen oder körperlichen Kräfte kommen. Bitten Sie Großeltern, Freunde oder Nachbarn, Sie zu unterstützen, Ihr Schreikind stundenweise zu übernehmen oder regelmäßig mit ihm einen Spaziergang zu machen. Sie müssen nicht alles alleine schaffen, und manchmal hat eine außenstehende Person schlicht und einfach die Ruhe, die uns selbst in solch herausfordernden Zeiten fehlt. Falls Sie niemanden finden, der Sie unterstützt, dürfen Sie Ihr Baby in einem Überlastungs-Notfall übrigens auch in die Babystation oder in die Notaufnahme Ihres Krankenhauses bringen

Tragen Sie Sorge zu Ihren Kräften. Seien Sie – auch den eigenen Bedürfnissen gegenüber – aufmerksam und barmherzig.

«Kindererziehung ist», wie es der bekannte amerikanische Referent und Autor James Dobson ausdrückte, «kein Kurzstreckenlauf, sondern mit einem Marathonlauf zu vergleichen. Man muss seine Kräfte für alle Erziehungsjahre klug aufteilen und darf sie nicht gleich in den ersten Jahren aufbrauchen.»

Viele Eltern tragen ihr Baby mehr oder weniger den ganzen Tag auf sich; die modernen Traghilfen ermöglichen einen engen Körperkontakt, der Babys Geborgenheit schenkt und die Eltern-Kind-Bindung stärkt. Falls Sie Ihren weinenden Säugling trotzdem einmal nicht sofort zu sich nehmen können, weil Sie kurz etwas erledigen müssen, dann sprechen Sie mit ihm oder vermitteln Sie ihm auf andere Weise, dass Sie da sind. Singen Sie ein beruhigendes Lied, nehmen Sie Blickkontakt auf, ziehen Sie die Musikdose auf …

Durch unsere Reaktion und Aufmerksamkeit erlebt das Kind, dass es gehört und wahrgenommen wird. Es erfährt, dass es durch sein Aktivwerden (in diesem Fall das Weinen) beim Gegenüber etwas bewirken kann. Daraus entwickelt sich im Unterbewusstsein des Kindes unter anderem die Fähigkeit, mit Bezugspersonen vertrauensvolle Beziehungen einzugehen, und es bildet sich ein Bewusstsein dafür, dass Probleme lösbar sind, dass es sich lohnt, sich zu äußern und sich für etwas zu engagieren. Es entwickelt – im Fachjargon gesprochen – Selbstwirksamkeit.

Wissenschaftliche Erkenntnisse und Erfahrung zeigen, welch starken Einfluss die elterliche Zuwendung und die verlässliche Versorgung eines Säuglings auf dessen ganzes Leben hat. Auch wenn es viel Energie braucht, sich Tag und Nacht um ein Neugeborenes zu kümmern, ist dies eine Investition, die sich vielfach auszahlt! Sie legen jetzt in Ihrem Kind den Vorschuss an Grundvertrauen und Sicherheit an, auf dem Sie ein Leben lang aufbauen werden.

Die Paarbeziehung pflegen

Nach ungefähr drei Monaten hat sich das Leben mit dem kleinen Erdenbürger etwas eingespielt, das Geburtsgeschehen ist mehr in den Hintergrund gerückt, und Sie haben einen gewissen Rhythmus gefunden. Es wird Zeit, wieder bewusster in die Partnerschaft zu investieren. Sie als Paar waren *zuerst* da und werden hoffentlich auch noch zusammen sein, wenn der Nachwuchs längst wieder ausgeflogen ist. Dieses Bewusstsein hilft, sich nicht nur noch in die «Brutpflege» zu investieren, sondern bewusst auch wieder Paar-Zeiten einzuplanen.

Zu einer gesunden, funktionierenden Ehebeziehung gehört das Pflegen der sexuellen Zweisamkeit. Manchen frischgebackenen Eltern fällt dies leicht, andere tun sich schwerer, und es entstehen Spannungen, die sich zu ernsthaften Konflikten entwickeln können.

Sich trotz tropfender Brüste sexy fühlen? Nie wissen, wann der kleine Schreihals wieder loslegt? Ob die Geburtsverletzungen wirklich gut abgeheilt sind?

Es braucht gegenseitiges Verständnis und Sorgfalt, um einen gemeinsamen Weg zu finden. Und eine gute Prise Humor. Genießen Sie die Situationskomik des Familienlebens. Es ist nicht verboten, sich bei der trauten sexuellen Zweisamkeit auch mal halbtot zu lachen, weil einfach gar nichts so klappt, wie es geplant war! Nutzen Sie die Zeiten, in denen Ihr Baby schläft, um zusammen Kaffee zu trinken und zu plaudern. Oder für ein kuschliges Powernap zu zweit, wenn Ihnen wegen Übernächtigung die Augen zufallen. Lange Spaziergänge mit Baby im Tragtuch oder im Kinderwagen tun nicht nur dem neuen Erdenbürger, sondern auch Ihrer Zweierbeziehung gut und sorgen zudem für Bewegung und Sauerstoffaufnahme.

Jede Lebensphase birgt eine Fülle an Schätzen, und wer es versteht, diese zu entdecken, wird auch in der intensiven Baby- und Kleinkindphase viel Schönes und Verbindendes genießen können. Dass Babys die Effizienz behindern, ist eine Chance, das Lebenstempo herunterzufahren, inneren Antreibern die Peitsche aus der Hand zu nehmen und das Leben im Moment neu zu lernen.

Kinder sind nicht, wie teilweise suggeriert wird, Schmarotzer und Störfaktoren, die unsere Entwicklung behindern und unsere Ehen schwächen. Kinder verbinden uns als Paar in einer lebenslangen, zutiefst beglückenden und sinnstiftenden Aufgabe.

Martin Luther schrieb dazu: «Kinder sind das lieblichste Pfand in der Ehe; sie binden und erhalten das Band der Liebe.» Als Paar betten Kinder uns in den im Musical *Lion King* so schön besungenen «Circle of Life» ein und lassen uns dadurch weit über uns selbst hinauswachsen. Glücklich die Eltern, die sich diese positive Haltung zu eigen machen, statt darüber zu jammern, dass das Kinderhaben – wie jede andere große Aufgabe übrigens – auch Verzicht und Hingabe beinhaltet.

Vielleicht fragen Sie sich gerade, warum ich dem Thema Partnerschaft und «Intimität als Paar», über das ja bereits viele Ratgeber existieren, in diesem Kapitel so viel Beachtung schenke.

Ganz einfach: Weil unser persönliches Erleben von Beziehung und Sexualität einen starken Einfluss auf unsere Sexualerziehung hat. Auf das, was wir nonverbal ausdrücken und an unsere Kinder weitergeben.

Familienplanung und Geburtenregelung

Aktuell ist in dieser Phase des Elternseins auch das Thema Familienplanung. Wie viele Kinder wünschen Sie sich? In welchen Abständen – jetzt gleich wieder schwanger werden, oder erst mal eine Pause einlegen?

Nehmen Sie sich Zeit, um in dieser Frage einen gemeinsamen Weg zu finden. Ich meine, dass wir hier, auch von Gott her, einen großen Gestaltungsfreiraum haben. Freiheit bedeutet aber auch Verantwortung. Für die Paarbeziehung und auch für unsere Kinder ist dieses Thema bedeutsamer, als uns dies vielleicht bewusst ist.

Wichtige Stichworte in Bezug auf Familienplanung sind für mich: «Partnerschaftlichkeit», «Lebensbejahung» sowie «Offenheit und Flexibilität».

Stichwort Partnerschaftlichkeit

Nicht immer stimmen unsere inneren Bilder bezüglich der idealen Kinderzahl mit denen unseres Partners überein. Eine Einigung, ein bewusstes Einander-Entgegenkommen ist jedoch wichtig, wenn Verbundenheit und Liebe durch diese zutiefst persönliche Frage nicht allzu sehr strapaziert werden sollen.

Heute steht uns zur Familienplanung ein breites Spektrum an Methoden und Medikamenten zur Verfügung, und Ärzte raten oft recht schnell zu hormonellen Verhütungsmethoden wie Pille oder Hormonspirale. Doch nicht jede Frau verträgt Hormone gut. Nicht immer sind Hormonpräparate oder Spirale wirklich eine sinnvolle Lösung. Bitten Sie deshalb Ihren Arzt, Ihnen verschiedene andere Methoden vorzustellen und deren Wirkung (wie auch alle möglichen Nebenwirkungen) zu erklären. Fragen Sie nach, wenn die erhaltene Auskunft Sie nicht befriedigt, und finden Sie sich nicht mit der erstbesten oder für Ihren Gynäkologen finanziell einträglichsten Lösung ab.

Viele Paare erleben beispielsweise die natürliche Empfängnisregelung[2] als körpergerechten, verlässlichen und partnerschaftlichen Weg, der sich wohltuend von vielen anderen Methoden abhebt, bei denen mehr oder weniger ein Partner alleine für die Verhütung zuständig ist.

Informieren Sie sich über verschiedene Möglichkeiten zur Familienplanung, fragen Sie Ihre Freunde nach deren Erfahrungen, oder machen Sie sich im Internet schlau. Wie erfüllend Ihr Sexualleben ist, hängt entscheidend davon ab, ob Sie auch in puncto Familienplanung als Paar gut miteinander unterwegs sind.

Stichwort Lebensbejahung

Ich wünsche mir, dass das bedingungslose Ja des Schöpfers zu allem, was lebt, unser Familienleben prägt und auch ins Thema Familienplanung einfließt.

Bei allem Rechnen und Planen möchten wir nicht vergessen, dass Fruchtbarkeit ein Geschenk ist. Und nicht eine Krankheit, die es um jeden Preis zu bekämpfen gilt.

Bei der Suche nach für uns geeigneten Methoden behielten wir als Paar diesen Grundwert im Auge. Verhütungsmittel, die das Einnisten einer bereits befruchteten Eizelle verhindern, widersprechen für uns der Entscheidung zur Lebensbejahung und wurden demzufolge gleich zu Beginn von der Liste der für uns in Betracht zu ziehenden Möglichkeiten gestrichen.

Familienzuwachs

Das nächste Kind hat sich angemeldet. Familienplanung wird vorläufig kein Thema mehr sein. Andere, mindestens so schwergewichtige Themen drängen sich auf. Unter anderem, weil das Angebot möglicher vorgeburtlicher Abklärungen kontinuierlich ausgebaut wird.

Als Paar treffen wir gemeinsam wesentliche Entscheidungen:

- *Wie viel an unserem Kind wollen wir testen lassen? Und wozu?*
- *Wäre ich, wären wir bereit, auch zu einem «besonderen Kind» Ja zu sagen?*
- *Darf unser Nachwuchs Defizite oder Schönheitsfehler wie beispielsweise eine Lippen-Gaumenspalte haben?*
- *Was, wenn unser Kind krank oder behindert sein sollte?*

Es lohnt sich, auf diese herausfordernden Fragen eine persönliche Antwort zu formulieren und die Konsequenzen unserer Entscheidung zu überdenken. Unsere Einstellung zu diesen Themen hat langfristig gesehen in jedem Fall Einfluss auf das Lebensgefühl unserer Kinder.

Dazu einige Gedanken aus meiner Erfahrung im Begleiten von Familien: Eine der größten Herausforderungen für Eltern besteht darin, sich immer wieder vom Wunsch nach Perfektion und Harmonie zu verabschieden. Wo wir als Eltern «Nicht-Perfektes» um jeden Preis vermeiden wollen oder ablehnen, leiden unsere Kinder früher oder später unter zu viel Druck und überhöhten Ansprüchen.

Je früher es Müttern und Vätern gelingt, sich immer wieder neu auf das Leben, «so wie es jetzt gerade eben ist», einzulassen, desto entspannter wird das Familienklima und desto einfacher, fröhlicher und kooperativer funktioniert das Zusammenleben.

Wir können das Leben oder die Umstände nur in sehr begrenztem Maß unseren Bedürfnissen entsprechend einrichten oder zurechtbiegen. Vieles entzieht sich unserem Zugriff. Auch gesund geborene Kinder können verunfallen, behindert werden oder sich anderweitig nicht unseren Wünschen entsprechend entwickeln. Ob mit oder ohne vorgeburtliche Untersuchung, eine Frage begleitet uns als Eltern ein Leben lang:

Bin ich, sind wir bereit, unserem Kind auch dann bedingungslose Liebe und Annahme zu schenken, wenn es unseren Vorstellungen nicht gerecht werden kann (oder will)?

Offenheit und Flexibilität

Ich habe mir als frischgebackene Mutter die Empfehlung: «Halt in deinem Herzen immer Platz für ein ungeplantes Kind frei», zu Herzen genommen. Bei allem Planen wollte und will ich doch offen sein für das, was mir unverhofft in den Schoß fällt. Ich will mich auf Zugemutetes einlassen, das Beste daraus machen, daran wachsen und mich entwickeln. Ich bin nicht das «Maß aller Dinge», meine Sicht ist beschränkt.

Und wer weiß, ob mir nicht gerade das, was ich niemals freiwillig so ausgewählt hätte, letztlich zum Segen wird?

Was ich hier schreibe, ist keine leere Theorie, sondern gründet in persönlichen Erfahrungen, die ich, auch wenn sie schmerzvoll waren, nicht missen möchte. Gott hat sein Versprechen, aus allem, was mir geschieht, das Beste für mich herauszuholen, immer eingehalten. Auch dort, wo ich es erst gar nicht wahrhaben wollte oder konnte.

Zuhause bleiben oder wieder arbeiten gehen?

Mütter, die sich nach einer Geburt für ein paar Jahre als «Vollzeit-Mama» entscheiden, müssen einiges an Druck aushalten. Das Bedürfnis, ganz für die eigenen Kinder da zu sein, stößt in einer Gesellschaft, die es schon fast als selbstverständlich ansieht, dass Frauen möglichst rasch wieder arbeiten gehen, auf wenig Verständnis. Dies ist umso irritierender, als die Betreuung von Neugeborenen gegenwärtig voll auf das sogenannte «Bonding» ausgerichtet ist: Mütter und Väter tragen ihren Säugling mehr oder weniger konstant auf der nackten Haut, um die Bindung zu fördern und dem Kind Sicherheit zu schenken. Zurück zu Hause tragen viele Eltern ihr Kind den ganzen Tag bei sich – um es dann nach Ablauf des dreimonatigen Mutterschaftsurlaubs mehr oder weniger abrupt fremden Menschen in die Hand zu drücken, um wieder arbeiten zu gehen.

Sich zwischen Vollzeit-Mama oder Karrierefrau, zwischen Hausmann oder Manager entscheiden zu müssen, fällt vielen Eltern schwer. «Kinder kosten ein Vermögen, und die Betreuung durch Fachpersonen ist qualitativ hochstehender», wird von gewissen äußerst wirtschaftsfreundlichen Kreisen immer wieder mal behauptet, um Eltern möglichst rasch wieder in den Arbeitsprozess einzugliedern. Dass bei diesen Bestrebungen die tiefsten Bedürfnisse vieler Eltern ignoriert oder unterdrückt werden, stimmt nachdenklich. In einem Interview zu ihrem Buch «Wohin mit der Mütterlichkeit?»[3] weist Silvia Cramerotti-Landgraf darauf hin, dass der einseitige gesellschaftliche Diskurs ihrer Meinung nach Frauen die unvoreingenommene Beurteilung ihrer eigenen Wünsche erschwert. «Rationalisierungen aufgrund ökonomischer Gegebenheiten überdecken dabei intuitives mütterliches Wissen und den tief verwurzelten Wunsch vieler Frauen, die erste Zeit für ihr Kind voll und ganz da sein zu wollen. Und diese intensive und exklusive Zeit mit dem Kind kann dann ebenso eine Quelle von Glück und tiefer Selbsterfüllung für die Frau darstellen», schreibt die Psychoanalytikerin. «Wenn Mutterschaft vor allem als ‹Verlustgeschäft› diskutiert wird, wird gleichzeitig tief verwurzelten Bedürfnissen nach Mütterlichkeit eine Absage erteilt.»

Lassen Sie sich durch Thesen oder Gedanken wie «Du kannst Deinem Kind zu wenig bieten» oder «Fachpersonen fördern Dein Kind besser als Du» bitte nicht verunsichern. Kinder (und Erwachsene) brauchen nicht halb so viel Luxus, wie dies oft suggeriert wird, und Eltern sind in ihrer Funktion nicht durch Fachpersonen ersetzbar, wie professionell diese auch sein mögen.

Die Primarlehrerin und Heilpädagogin Katharina Steiner[4] formulierte einmal den Satz «Der Anfang ist unsere Heimat». In ihrer Elternschulung «Growing together» führt die Fachfrau, Pflege- und Adoptivmutter aus, was gelingende Bindung ist: «Bindung beginnt bei der Geburt und ist dann gegeben/gelungen,

- wenn sich ein Kind sicher und beschützt fühlt,
- wenn es freudig die Umwelt erkundet,
- schrittweise selbstständig wird
- und sich in psychologischem Sinn positiv (dem Leben zugewandt) entwickelt.

Eine sichere Bindung fördert nach den Ergebnissen bisheriger Forschung

- die soziale Kompetenz,
- das Selbstvertrauen
- und auch die Selbstregulation.

Die emotionale Bindung eines Kleinkinds zu seiner Bezugsperson bzw. zu seinen Eltern hat eine hohe Bedeutung für dessen weitere Entwicklung. Sie ist die beste Voraussetzung für ein Kind, auch im Jugend- oder Erwachsenenalter Vertrauen, daher Beziehung, ja Freundschaft zu anderen Menschen aufbauen zu können. Verrückt, aber wahr: Die Bindung, die ein Kleinkind zu seiner ersten Bezugsperson aufgebaut hat, ist maßgeblich daran beteiligt, wie gut es Jahre später eine Beziehung zu anderen Menschen aufbauen kann – oder eben nicht. Um es deutlicher auszudrücken: Eine gelungene Bindung zwischen Mutter und Kind ist (beispielsweise) der Grundstein zur Ehe-Fähigkeit.

Bindung bedeutet, dass das Kind ein Urvertrauen zu einer Person aufbaut, die nicht austauschbar ist. Dieses Bindungs-Bedürfnis des Kindes ist biologisch verankert und kann zu einer hohen Qualität der Beziehung führen, wenn die erwachsene Person darauf mit dem richtigen Verhalten antwortet. Die dem Säugling angeborene Hilflosigkeit ist der Boden seiner enormen Bindungs-Willigkeit! Auch wenn das Kleinkind durch seinen enormen «Hunger nach Bindung» das aktive Element in der Beziehung zwischen Mutter und Kind darstellt, ist es die Aufgabe der Eltern, für gute Voraussetzungen zu sorgen, damit diese Bindung aufrechterhalten werden kann.

Die Eltern müssen ihrem Kleinkind Schutz bieten und auf dessen Bedürfnisse reagieren. Jede andere Haltung würde ein Kind überfordern. Frühe Trennungserfahrungen führen bei Kindern zu einem Anstieg der Stresshormone, die ihrerseits hohen Einfluss auf Strukturveränderungen im Gehirn haben, sodass eine traumatische Erfahrung oder ein Übermaß an Stress in frühen Entwicklungs-Phasen wenig später zu Verhaltens- und Lernstörungen führen kann, bis hin zu psychischen Erkrankungen wie etwa Depressionen.»[5] Diese erste Bezugsperson – im Normalfall ist dies die Mutter – ist also nicht frei austauschbar, wie uns dies teilweise suggeriert wird. Der Satz, es spiele keine Rolle, bei wem ein Kind aufwachse oder von wem es betreut werde, ist schlicht und einfach nicht wahr.

Im Buch «Schadet die Kinderkrippe meinem Kind?»[6] präsentieren Kinderärzte, Kinderpsychologen und Kita-Betreuerinnen ihre Erkenntnisse aus Forschung und Praxis. Die Fachleute kommen dabei zum Schluss, dass Kleinkinder unter zwei Jahren gar nicht und Zwei- bis Dreijährige höchstens stundenweise in eine Kita gebracht werden sollten. Dies zum einen, weil ihr Zeitgefühl noch nicht entwickelt ist und eine längere Trennung von Mama Verlustängste auslösen kann. Und zum anderen, weil der Stresspegel (Cortisolspiegel) von Kleinkindern in Kitas laut Messungen erschreckend hoch ist. Auch weitere bekannte PsychologInnen, AutorInnen und PädagogInnen weisen in ihren Publikationen darauf hin, wie wichtig gerade in den ersten drei Lebensjahren des Kindes eine konstante Betreuung durch seine natürlicherweise nächsten Bezugspersonen ist.

Der renommierte dänische Familientherapeut Jesper Juul erklärte in einem Interview zum Thema Kindertagesstätten:

«Ich bin überzeugt, dass jedermann – einschließlich die ganze Gesellschaft – einen Nutzen davon hätte, wenn Kinder bis zum

Alter von drei Jahren zu Hause bleiben dürften.» Kindertagesstätten wurden seiner Ansicht nach «nicht eingerichtet, um die Bedürfnisse von Kindern zu befriedigen, sondern um den Bedürfnissen von Eltern und Gesellschaft zu entsprechen».[7]

Die bekannte Pädagogin Christa Meves hat zum Thema Bindung eine einprägsame «Faustregel» entwickelt. Sie lautet: «9 Monate im Bauch, 9 Monate am Bauch, 9 Monate an der Hand, 9 Monate im Blick. Nach dieser Zeit kann das Kind in der Regel schon einigermaßen gut ausdrücken, mit wieviel Fremdbetreuung es klarkommt und was nicht geht. (Vorausgesetzt, die Erwachsenen wollen es hören und wahrnehmen.) Dass manche Kinder eine hohe Fremdbetreuung scheinbar gut bewältigen, heißt nicht per se, dass diese ihm guttut. Kinder sind zwar Anpassungskünstler und machen erstaunlich viel mit, doch nicht alles, was sie mitmachen, überstehen sie auch wirklich unbeschadet.

Nehmen Sie deshalb die Signale Ihres Kindes ernst. Reagieren Sie, wenn Sie merken, dass Ihr Kind leidet, weil es zu oft von Ihnen getrennt sein muss.

Unser Sohn teilte mir, als er ein Jahr alt war, sehr deutlich mit, was er davon hielt, dass ich ihn eine ganze Woche lang seiner Patin anvertraut hatte, um selbst eine Freizeit mitleiten zu können. Als ich freudestrahlend auftauchte, um ihn wieder abzuholen, schlug er mir die Türe vor der Nase zu. Das hatte ich nun davon – er war einfach noch zu klein, um eine so lange Trennung gut verkraften zu können. Ich bedaure zutiefst, ihm diese zugemutet zu haben. Hätte ich damals nur gewusst, was ich heute weiß …

Suchen Sie, falls Sie wieder arbeiten gehen möchten oder müssen, nach Lösungen, die den Bedürfnissen Ihres Kindes gerecht werden. Lassen Sie sich Ihr Baby über Mittag zum Stillen bringen, damit es weiß, dass Sie noch da sind, oder gehen Sie dort mittagessen, wo Ihre Kinder betreut werden. Halbtägliche Fremdbetreuung ist für Babys und Kleinkinder bedeutend verträglicher als die ganztägige Abwesenheit von Mama oder Papa. Jobsharing oder teilzeitliches Arbeiten von zu Hause aus – der Computer macht's möglich –, halbtägige Betreuung durch die Großeltern oder eine andere konstante Vertrauensperson: Wenn wir den elementaren Bedürfnissen von Kindern wirklich Priorität geben, tun sich oft Wege und Möglichkeiten auf, an die wir bisher noch gar nicht gedacht haben. Wissenschaft und Erfahrung zeigen zudem: Wer in den ersten zwei bis drei Lebensjahren bewusst in eine sichere Eltern-Kind-Bindung investiert, tut auch sich selbst etwas Gutes. Sicher gebundene Kinder sind seelisch tendenziell stabiler und zeigen dadurch in späteren Jahren oft weniger Auffälligkeiten oder ernsthafte Probleme. Was wir an Zeit und Energie in einen guten Start investieren, trägt langfristig Früchte und erspart uns in späteren Jahren möglicherweise viel Aufwand und Stress.

Drei bis sechs Monate: Fühlen und Entdecken

Ihr Kind wird aktiver und reagiert immer bewusster und gezielter auf Begegnungen und Reize. Alles, was sich in unmittelbarer Reichweite befindet, wird festgehalten, untersucht und womöglich in den Mund gesteckt. Dieses «Entdecken über den Mund» ist für Babys eine wichtige sinnliche Erfahrung. Neue Reize vermitteln neue, anregende Informationen, aber auch Lust- und Wohlgefühl.

Ermöglichen Sie Ihrem Kind den Kontakt mit verschiedenen (ungefährlichen!) Materialien.

Das müssen nicht immer teure Spielsachen sein. Unsere Kleinen lutschten jeweils interessiert und hingebungsvoll an diversen Küchenutensilien wie Kochlöffeln, Schneebesen oder Milchsieb rum oder sabberten Geschirrtücher nass … Kein Ding zu banal, um für ein drei bis sechs Monate altes Kind Quelle der Inspiration und Entdeckung zu sein.

Nach wie vor ist verlässliche Versorgung, viel Zuwendung und Körperkontakt für die Entwicklung Ihres Babys elementar wichtig. Die vertrauensvolle Beziehung zu Ihnen als Mutter und Vater, aber auch zu anderen konstanten Bezugspersonen, wird dadurch gefördert.

Ihr Kind übt sich im Kontaktherstellen. Es entdeckt, wie man sich Beachtung holen und auf sich aufmerksam machen kann.

Ist es wach, sucht es fast ununterbrochen den Kontakt zu seinen Bezugspersonen. Sind diese anwesend und zugewandt, fühlt das Kind sich sicher und geborgen.

Reagiert Mama hingegen nicht, versucht das Kind alles, um ihre Aufmerksamkeit zu erlangen. Ist dies nur durch Schreien möglich, beginnt es zu schreien. Wie unser Kind sich verhält, hängt also durchaus auch davon ab, wie früh oder empathisch wir auf die Bedürfnisäußerung unseres Kindes reagieren. Durch liebevolle Zuwendung, Aufmerksamkeit und Verlässlichkeit festigt sich im kindlichen Unterbewusstsein ein grundsätzlich positives Selbstbild. Bereits jetzt wird die Basis für diese tiefe Vertrautheit gelegt, die Sie und Ihr Kind durch viele Jahre hindurchtragen wird.

Doch genau diese enge Verbindung und Vertrautheit steht auf dem Spiel, wenn Eltern häufig mit ihrem Handy beschäftigt sind.

Lassen Sie Ihr Smartphone deshalb so oft wie möglich beiseite, verstauen Sie es tief in der Tasche und schalten Sie Benachrichtigungen wo immer möglich aus. Schauen Sie Ihr Kind an und suchen Sie Augen- statt Bildschirmkontakt. Gesehen und wahrgenommen zu werden ist ein tiefes menschliches Grundbedürfnis und ein lebenswichtiger Ausdruck von Liebe und Zuwendung. Falls Sie mit dem Kinderwagen unterwegs sind, gibt es Ihrem Kleinkind Geborgenheit und Ruhe, wenn es Ihnen zugewandt sitzt. Ein zutiefst vertrautes Gesicht fixieren zu können, schafft mehr Sicherheit und Ruhe, als wenn Babys durch eine überwältigende Masse von Eindrücken und fremden Leuten überfordert werden. Was Ihr Kind sich wünscht, sind Sie!

Als Mama oder Papa sind *Sie* das, was Ihr Kind mehr als alles andere braucht. Und auch wenn Sie nicht Mister Schweiz oder Miss Germany sind: Für Ihr Baby sind Sie der schönste Mensch überhaupt, der Inbegriff für Liebe, Versorgung und Glück.

Ein Hinweis zu Begrifflichkeiten: Auch in den nachfolgenden Kapiteln werde ich immer wieder Begriffe wie «Befriedigung», «Lust», «Reiz» oder Ähnliches verwenden. Als Erwachsene stellen wir bei solchen Begriffen oft automatisch eine Verbindung mit unserem eigenen Erleben von Sexualität her. Doch was das Kind erlebt, hat nichts mit Erwachsenen-Sexualität zu tun. Hier müssen wir eine klare Trennlinie ziehen, sonst verhalten wir uns, ohne dies zu wollen, eigentlich bereits übergriffig, weil wir dem Kind unsere Interpretationen wie einen viel zu großen Mantel überstülpen. Was dazu führen kann, dass wir unsere Söhne oder Töchter nicht altersentsprechend aufklären, sondern sie, ohne dies zu wollen, überfordern oder frühsexualisieren.

Sechs bis zwölf Monate

Ihr Kind entwickelt in rasendem Tempo neue motorische und soziale Kompetenzen. Durch Robben, Krabbeln oder Sich-Drehen eröffnen sich ihm bisher unbekannte Welten. Lassen Sie es, wo immer möglich und verantwortbar, Entdeckungen machen, neue Materialien kennenlernen und neue Reize erleben, denn dadurch entwickeln sich Selbstwahrnehmung, Fremdwahrnehmung und Selbstvertrauen.

Manche Jungen entdecken in dieser Phase ihren Penis als überaus attraktives, bewegliches Spielzeug. Bei kleinen Mädchen ist dies zwar oft weniger ausgeprägt, weil die Vagina anders gestaltet ist, doch auch sie fassen sich im Genitalbereich an und spielen mit ihrem Körper. Dies ist ein natürlicher Teil der kindlichen Selbstentdeckung und Selbstwahrnehmung. Der Erregungsreflex, welcher bei bestimmten Berührungen oder Bewegungen angenehme Empfindungen auslöst, ist nicht kontrollierbar, kann vom Kind aber aktiv ausgelöst werden. Dass Kinder angenehme Erfahrungen wiederholen möchten, versteht sich von selbst und ist Teil der kindlichen Lerngeschichte. Berührungen als angenehm und lustvoll zu erleben, ist eine wichtige Voraussetzung dafür, im Erwachsenenleben Erotik und Sexualität genießen zu können.

Als Eltern benennen wir – beispielsweise beim Baden – alle Körperteile ganz selbstverständlich; so wie wir über alles andere ja auch reden. Wichtig ist zudem, dass wir beim Wickeln unseres Babys nicht mit Reden aufhören, sobald wir die Windel öffnen. Unterbrechen wir unser fröhliches Plaudern beim Öffnen der Windel, wird unser Kind sich (unbewusst) fragen, was denn «da unten» nicht stimmt.

Ein Bad mit Mama oder Papa, herumgetragen werden oder Kuscheln im Bett stillt den Hunger Ihres Kleinen nach Körperkontakt und Geborgenheit. Babyfell, Schmusetücher, Plüschtiere oder Schnuller beruhigen kleine Entdecker und vermitteln angenehme Empfindungen und Gefühle.

Nehmen Sie Ihr Kind beim Füttern nahe zu sich, investieren Sie dafür genügend Zeit. Mit der Nahrungsaufnahme hängen wichtige seelische Vorgänge zusammen. Nicht umsonst verwenden wir dafür den Begriff «Hunger und Durst stillen». Elternberaterin Angela Indermaur schreibt in ihrem Blog «bindungsbasiert»[8]: «Im ersten Lebensjahr binden Kinder sich via ihre Sinne, vor allen durch Berührung und körperliche Nähe. Wenn unser Kind uns hören, sehen, spüren, riechen und schmecken kann, weiß es, dass wir nahe sind und sein Überleben somit gesichert ist.»

Und noch etwas liegt mir am Herzen: Nehmen Sie das Smartphone möglichst selten zur Hand, wenn Sie mit Ihrem Sprössling spielen. Ihr Kind genießt es, wenn Sie zu hundert Prozent Bezugsperson oder «Spielkamerad» sind – und nicht Beobachter oder Fotografin. Permanent Fotoobjekt zu sein bringt Kinder unter den Druck, sich ständig darstellen (performen) zu müssen, das natürliche Vertieft-Sein ins Spiel leidet dabei. Zudem ist es für ein Kind sehr anstrengend, ständig auf der Bühne zu stehen. Zu viel Scheinwerferlicht blendet und kann einen ungesunden Narzissmus hervorrufen, der spätestens dann zum Problem wird, wenn Konkurrenten (zum Beispiel Geschwister oder Nachbarskinder) die Bühne betreten.

Smartphones schaden Babys und Kleinkindern

Egal wie man zum Gebrauch digitaler Medien steht – es herrscht auch in der Fachwelt weitgehende Einigkeit darüber, dass Kinder unter drei Jahren keine digitalen Medien konsumieren sollten. Auch wenn die Versuchung, Ihrem Baby zur Beruhigung kurz das Smartphone in die Hand zu drücken, durchaus groß sein mag, kann ich davon nur abraten. Das Flimmern und die schnell wechselnden Bilder überfordern sowohl das Gehirn wie auch die Augen. Die Reizüberflutung stört die Entwicklung des präfrontalen Kortex, der für Emotionen und Aufmerksamkeit zuständig ist. Mit der Folge, dass Kleinkinder mehr Mühe haben, kognitive Fähigkeiten zu entwickeln.

Immer jüngere Kinder leiden unter Hyperaktivität, Einschlaf- und Konzentrationsstörungen. Auch der kindliche Spracherwerb wird durch digitale Medien beeinträchtigt: Kleinkinder erlernen durch Beobachten und Zuhören das Sprechen. Sprachfähigkeit entwickelt sich durch den Dialog mit anderen, realen Menschen. Sprachentwicklung ist ein Bindungsgeschehen; Kinder lernen am leichtesten, wenn sie in Beziehung stehen. Sind

Eltern oft am Handy, beeinträchtigt dies den Spracherwerb ebenfalls, denn sie kommentieren und erklären deutlich weniger als Eltern, die ohne Smartphone in der Hand mit ihren Kindern unterwegs sind.

Kapitel 3
Zweites Lebensjahr: «Entdecken und Erobern»

Der Aktivitätsradius Ihres Kindes erweitert sich von Tag zu Tag. Kriechend, stehend und gehend werden neue Welten und Wohnungsniveaus erobert. Nichts ist vor diesen kleinen Händen sicher, vor den Ärmchen, die immer viel länger sind, als wir gedacht hätten. Das Chaos ist vorprogrammiert, dauernd stolpern wir über die Überreste großer Expeditionen ... Für Ordnungstypen durchaus eine Herausforderung, die nur mit viel Geduld gemeistert werden kann.

Doch der Aufwand lohnt sich. Für eine gesunde Entwicklung ist es nämlich unbedingt wichtig, dass Ihr Kind Bereiche hat, in denen es seine ganz eigenen Entdeckungen machen kann, ohne dafür ausgeschimpft zu werden. Denn wie kann es die Welt kennenlernen, wenn es sie nicht mit allen Sinnen erforschen darf? Wie soll es seine Fähigkeiten austesten, wenn es zu sehr eingeengt und zurückgebunden wird?

Lassen Sie Ihr Kind, wo immer dies möglich und verantwortbar ist, selbst Erfahrungen sammeln. Helfen Sie ihm nicht über jedes Hindernis hinweg, und lassen Sie es auch mal zappeln oder selbst nach Lösungen suchen.

Es geht beim Entdecken und Erobern letztlich immer auch um die Bildung eines gesunden Selbstbewusstseins. Um Vertrauen in die eigenen Fähigkeiten zu entwickeln, brauchen Kinder Erfolgserlebnisse. Auch wenn nicht alles gleich gelingt und sie auch mal korrigiert werden müssen, sollten sie immer wieder neu spüren, dass ihre Eltern an ihre Fähigkeiten glauben und ihnen etwas zutrauen.

Die Erfahrung: «Ich habe das geschafft, ich kann Probleme lö-

sen und Hindernisse überwinden», ist für die Entwicklung eines gesunden Selbstbildes elementar.

Und noch etwas: Stören Sie Ihren kleinen Entdecker bitte nur, wenn das wirklich notwendig ist. Die meisten Kinder werden unzufrieden und unkonzentriert, wenn sie pausenlos aus ihren Beobachtungen gerissen und von einer Aktivität zur anderen geschleppt werden. Stopfen Sie Ihren Kalender nicht zu voll. Der kindliche Entdeckerdrang und der Aufbau von gesunden familiären Beziehungen benötigen viel Zeit und Freiräume.

Wie sollen wir unseren Partner und unsere Kinder verstehen und lieben lernen, wenn wir nur noch damit beschäftigt sind, unsere vielen To-do-Listen abzuhaken?

Gerade in unserer hektischen Welt ist es wichtig, dass wir unsere Woche kindergerecht und familienfreundlich planen. Entschleunigung ist angesagt, wenn unsere Kids sich zu gesunden, konzentrations- und beziehungsfähigen Menschen entwickeln sollen.

Als junge Mutter musste ich lernen, für weniger Unternehmungen mehr Zeit einzuplanen. Von meiner Persönlichkeit her bin ich spontan und flexibel. Ich war es gewohnt, «noch rasch» dies und jenes zu erledigen. Mit dem Resultat, dass regelmäßig Kinder und Mama gleichermaßen entnervt waren. So viel zum harmonischen Familienidyll. Ich lernte, das Leben langsamer anzugehen. Weniger ist oft wirklich mehr.

Körperkontakt und Nähe

Nehmen Sie sich Zeit zum Kuscheln, und lassen Sie Ihr Kind morgens nach dem Erwachen ein Weilchen in Ihrem Bett Nestwärme tanken. Nehmen Sie es immer wieder mal ins Tragetuch oder huckepack auf den Rücken, lassen Sie es auf Ihren Knien reiten und immer wieder eine Zeitlang ruhig auf Ihrem Schoß sitzen.

In diesem Alter wollen Kleinkinder überall dabei sein. Sie folgen uns wie ein Schatten. In den Keller, in die Dusche … Nicht mal das «Stille Örtchen» trägt seinen Namen zu Recht, wie ich irgendwann entnervt feststellte.

Apropos «Stilles Örtchen»: Wenn Ihr Kind Ihnen beim Toilettengang Gesellschaft leistet, ist dies auch eine Gelegenheit, es ganz natürlich mit der Menstruation vertraut zu machen. Erklären Sie Ihrem Kleinkind, dass Sie sich nicht weh getan haben, sondern dass hier etwas ganz Natürliches vorgeht: Dass die Babywohnung im Bauch der Frau sich jeden Monat bereit macht, ein Kind aufzunehmen. Und dass jetzt die winzige «Kuscheldecke», die jeden Monat für den Empfang eines Babys bereitgestellt wird, nicht mehr benötigt wird und deshalb zusammen mit etwas Blut aus der Vagina hinaustransportiert wird.

Je früher Kinder dies mitbekommen, desto selbstverständlicher integrieren sie es. Was gerade auch im Hinblick auf die spätere Pubertät ein echtes Plus ist.

Fassen Sie sich in Geduld, wenn Ihr Kind momentan noch viel Kontakt und Nähe braucht. Mehr vielleicht, als es Ihnen von Ihrem Typ oder Ihrer Situation her manchmal lieb ist.

Im zweiten Lebensjahr lernen Kinder vor allem durch Nachahmung. Weil sie körperlich durch das Krabbeln oder Gehen schon deutlich unabhängiger geworden sind, stellen sie Bindung und Nähe durch Nachahmung (Gleichheit bzw. Gleich-Sein) her. Durch Imitation fühlen sie sich mit uns verbunden, auch wenn wir physisch getrennt sind. Diese Bindungsphase ist für die Sprachentwicklung bedeutsam, denn auch das Sprechen erlernt das Kind durch Nachahmung.

Ein tragfähiges Beziehungsnetz aufbauen

Immer wieder höre ich Mütter sagen, dass sie es schwierig finden, den ganzen Tag nur Kleinkindgespräche zu führen. Dies muss nicht sein – gerade die Kleinkindphase bietet viele Möglichkeiten, Kontakte zu knüpfen. Treffen Sie sich mit anderen Müttern oder Vätern auf dem Spielplatz oder im Wald, wenn Ihnen die Decke auf den Kopf fällt. Laden Sie Eltern mit gleichaltrigen Kindern zu einem Latte Macchiato oder Tee ein, wenn Sie Lust auf Gespräche mit anderen Erwachsenen verspüren. Nutzen Sie die vielen Stunden, in denen Sie als Vater oder Mutter Ihre Kinder beaufsichtigen, dazu, tragfähige Beziehungen zu anderen Familien aufzubauen. Mit einigen Familien, die wir während der Kleinkindphase unserer eigenen Kinder kennengelernt haben, verbindet uns bis heute eine enge Freundschaft.

Planen Sie mittägliche Ruhepausen ein, und wechseln Sie sich stundenweise mit Freunden in der Kinderbetreuung ab, wenn Sie merken, dass das durchaus legitime Bedürfnis, auch mal wieder einen Moment für sich ganz alleine zu haben, sich meldet. Ein Friseurbesuch oder Einkaufsbummel, eine Stunde Joggen oder «Kaffeetrinken und Zeitunglesen ohne Anhang» bewirken oft Wunder und erneuern die Bereitschaft, den Rest der Woche wieder fröhlich und gelassen «mit Klette» unterwegs zu sein.

Einige Gedanken zum Trockenwerden

Obwohl unser Kind sein Geschäft meist noch in die Windel macht, findet es das, was wir Erwachsenen auf dem Klo tun, äußerst spannend.

Es kann deshalb durchaus Sinn machen, jetzt das Töpfchen einzuführen. Dies sollte jedoch unbedingt spielerisch, ohne Druck oder Strafen, geschehen. Es ist in Bezug auf ein gesundes Körpergefühl wichtig, dass Ihr Kind seine Ausscheidungsorgane und alles, was damit zusammenhängt, als «gut und natürlich» erlebt und nicht als etwas Problembehaftetes, Schmutziges oder gar Böses, für das man bestraft wird.

Manche Kinder lassen sich fürs Trockenwerden sehr viel Zeit. Was bei uns Eltern durchaus Stress oder Ängste auslösen kann, vor allem wenn Gleichaltrige aus unserem Bekanntenkreis bereits ohne Windel unterwegs sind. Vergleiche sind diesbezüglich jedoch weder ermutigend noch besonders hilfreich. Kinder ticken nun mal nach ihrer ganz eigenen inneren Uhr. Geduld ist angesagt. Auch wir hatten Spätentwickler und Tiefschläfer im Familiensortiment vorzuweisen. Doch irgendwann, als wir es kaum noch zu hoffen wagten, konnten die Windeln dann tatsächlich und definitiv von der Einkaufsliste gestrichen werden …

Nackt herumtollen – den eigenen Körper entdecken

Noch ist es ganz natürlich, sich familienintern nackt zu zeigen. Viele Kleinkinder flitzen liebend gerne im Adam-und-Eva-Kostüm durch die Wohnung und genießen den nackigen Badeplausch mit Eltern und Geschwistern.

Jungen befassen sich, sobald sie unbekleidet sind, häufig sehr intensiv mit ihrem Penis. Was absolut nachvollziehbar ist, denn dieser bietet sich durch seine Beweglichkeit ja geradezu als faszinierendes Spielzeug an und steht bei jedem Pinkeln im Mittelpunkt eines hochinteressanten Geschehens.

Bei kleinen Mädchen sollten wir in dieser Phase bewusst erste Informationen zu den weiblichen Geschlechtsorganen geben. Zum Beispiel, indem wir diese beim Waschen ganz selbstverständlich benennen. (Durch das Benennen werden Dinge fassbar und zugehörig.) Weil Vulva, Klitoris und Vagina deutlich «verborgener» sind als der Penis, könnte sonst der Eindruck entstehen, dass Mädchen «dort unten» gar nichts haben oder dass ihnen etwas fehlt. Gerade für die Mädchen ist es in dieser Phase wichtig, dass sie ihren Körper unbeschwert erkunden und sich dadurch mit ihm vertraut machen dürfen.

Manche Kinder entdecken schon sehr früh, dass gewisse Berührungen oder sanfter Druck auf die Klitoris oder den Penis angenehme Empfindungen auslösen.

Ob im Bett, mit Plüschtier oder auf dem Teppich – kindliches Sich-selber-Stimulieren verunsichert viele Eltern. Nicht zuletzt deshalb, weil wir als Erwachsene mit dem Begriff Selbststimulation oder Selbstbefriedigung Gedanken oder Erfahrungen aus der Erwachsenenwelt verbinden.

Doch das Kind denkt dabei nicht an das, was wir Erwachsene «Sexualität» nennen. Erst in der Pubertät kommt bei der Selbststimulation durch den Einfluss der Hormone eine sexuelle Komponente hinzu.

Kinder empfinden angenehme oder beruhigende Gefühle, und weil sie diese mögen, versuchen sie, sich diese Empfindungen immer wieder mal zu verschaffen. Die Entdeckung, dass Berührungen Empfindungen und Reize auslösen, gehört zum natürlichen und wichtigen Sich-selber-Wahrnehmen mit dazu.

Was diesbezüglich «normal» ist, lässt sich meines Erachtens nicht generell sagen. Eine Mutter schrieb mir dazu:

«Unser Sohn ist jetzt viereinhalb und reibt sich, seit er zweieinhalb ist, in seinem Bett in Bauchlage auf der Matratze hin und her. Er macht dies vor allem, wenn er k.o. ist oder direkt vor dem Einschlafen. Falls ich gerade zugegen bin, schickt er mich ziemlich bestimmt aus dem Zimmer. Manchmal lässt er sich mit einem Buch ablenken, aber das klappt nicht immer. Es gibt Momente, wo ich mir wirklich unsicher bin, was noch normal ist, was zur gesunden Entwicklung gehört bzw. wo und wie ich einschreiten soll.» – Falls Sie wie diese Mutter den Eindruck haben, dass Ihr Kind sich übermäßig oft selbst stimuliert:

Sind Muster erkennbar, oder gibt es handfeste Gründe dafür, dass das Kind sich ins Bett flüchtet? Fühlt Ihr Kind sich einsam, braucht es Trost, Nähe oder mehr Körperkontakt? Kennt es andere Möglichkeiten, um Druck abzubauen oder mit Frustrationen umzugehen? Oder ist die Flucht in die Selbststimulation seine einzige Strategie, um mit frustrierenden Erfahrungen umzugehen? Falls ja, liegt eine Lösung des Problems möglicherweise darin, Ihrem Kind bei den betreffenden Punkten Hilfe anzubieten.

Ganz generell empfiehlt es sich, kein großes Aufheben um kindliche Selbststimulation zu machen. Stellen Sie Ihr Mädel sanft wieder auf seine Füße oder lenken Sie es ab, wenn Ihnen die Rumrutscherei auf Ihren Knien, dem Treppengeländer oder dem Sofa zu viel wird. Lenken Sie die Aufmerksamkeit Ihres kleinen Jungen unaufgeregt auf etwas anderes und bieten Sie Alternativen an. Achten Sie darauf, dass Ihr Kind nicht zu lange schlaflos in seinem Bett liegen muss. Manche Kinder verbringen viel Zeit mit Selbststimulierung, weil es ihnen langweilig ist oder um sich besser entspannen zu können. Lesen Sie zum Einschlafen eine Geschichte vor, und gestalten Sie das Gute-Nacht-Ritual so, dass Ihr Kind zur Ruhe kommt und alles Belastende loslassen kann.

Es empfiehlt sich auch, möglichst viel Zeit im Freien zu verbringen. Kinder, die tagsüber ausreichend Bewegung und frische Luft haben, sind abends entspannter und haben meist auch bedeutend weniger Einschlafschwierigkeiten als solche, die den ganzen Tag in der Wohnung hocken.

Auch wenn es uns je nach Typ unangenehm ist, wenn ein Kind sich zu Hause selbst stimuliert: Persönlich halte ich wenig davon, ein Kind dafür jedes Mal in sein Zimmer zu schicken, denn damit verbanne ich das Thema (in diesem Alter) für mein Empfinden zu stark in den privaten oder «heimlichen» Bereich.

(Gleichzeitig ist es natürlich richtig, dass wir manches nur zu Hause tun oder wenn wir alleine sind. Und dass nicht alles in die Öffentlichkeit gehört.) Wie gesagt: Es ist schwierig, hier allgemeingültige Aussagen zu machen. Viel Beziehung, Nähe, Zärtlichkeit und Gemeinschaft anzubieten (zusammen kochen, singen, spielen oder ...), tut unserem Zweijährigen aber in jedem Fall gut.

Persönlich hielten wir es so, dass wir unaufgeregt intervenierten, wenn uns bei unseren Jungs das Spielen mit dem Penis zu viel wurde. Wir forderten den kleinen Mann auf, seinem faszinierenden Spielzeug nun wieder etwas Erholung zu gönnen, und zogen ihm ohne viel Aufhebens wieder seine Unterhose oder Windel an.

Als unsere Jungs älter wurden, thematisierten wir übermäßig häufiges Betasten des Penis auf humorvolle Weise. Wir erinnerten unsere «Männer» daran, dass das wertvolle Stück ganz bestimmt noch vorhanden sei. Weil es ja fest angewachsen sei und deshalb nicht so ohne Weiteres gestohlen werden könne! Beobachteten wir – beispielsweise bei Fußballspielen –, dass Männer sich ständig in den Schritt griffen, witzelten wir: «Schau, der muss auch immer wieder nachschauen, ob ihm nichts gestohlen wurde! …»

Oder wir fragten nach, ob sie es schätzen würden, wenn die Mama sich während des Mittagessens mit Freunden dauernd an ihre Brüste fassen würde. Würden sie natürlich nicht, das wäre ja für alle am Tisch so was von peinlich! Das Thema hat sich unterdessen erledigt, und noch immer ist alles genau da, wo es naturgemäß sein soll …

Sich auf gesunde Art abgrenzen lernen

Neugierig inspizieren die kleinen Entdecker den Körper von Papa oder Mama. Alles okay, solange es Ihnen angenehm ist. Wo dies nicht der Fall ist, stehen Sie klar und deutlich dazu. «Das mag die Mama (oder der Papa) nicht, hör damit auf!» Ihr Kind muss jetzt akzeptieren lernen, dass seine Eltern oder Geschwister *auch* Bedürfnisse und Gefühle haben. Dass es in Ordnung ist, wenn Menschen persönliche Grenzen signalisieren, und dass diese Schranken unbedingt zu respektieren sind.

Heute wird viel über die Prävention von seelischem und körperlichem Missbrauch gesprochen. Genau darum geht es hier. Von Ihnen lernt das Kind jetzt ganz natürlich, wie man sich verhalten soll, wenn andere einem zu nahe kommen oder etwas tun, das man nicht mag.

Einige Fragen dazu:

- *Haben Sie ein gutes Gespür für Nähe und Distanz?*
- *Haben Sie es gelernt, sich gegen unerwünschte Nähe abzugrenzen?*
- *Können Sie ohne schlechtes Gewissen Nein sagen?*

Falls Sie diese Fragen nicht alle mit Ja beantworten können, ist dies kein Grund, frustriert zu sein. Im Gegenteil: Jetzt ist ein idealer Zeitpunkt, um an diesen Themen zu arbeiten. Kinder sind *die* Chance, wenn wir persönlich wachsen und reifen wollen. Wie ein Spiegel zeigen sie uns, was bei uns selbst noch mangelhaft entwickelt ist und sich entfalten soll.

Die Hälfte der Erziehungsarbeit ist bereits erledigt, wenn Eltern kontinuierlich ihre «Hausaufgaben» machen. Denn wie bereits erwähnt: Am meisten geprägt werden unsere Kinder durch das, wer wir sind, und durch das Miterleben, wie wir als Eltern an unseren Defiziten und Schwächen arbeiten.

Grundwerte vermitteln

Ein wichtiger Teil der Sexualerziehung ist das positive Vermitteln von Grund-Lebenseinstellungen, die uns als Eltern wichtig sind. Jeder Mensch trägt solche Werte in sich und gibt diese weiter. Sogar dann, wenn er dies nicht will oder sich dessen nicht bewusst ist.

Ich meine, dass wir Kindern einen großen Dienst erweisen, wenn wir uns als Eltern darüber klar werden, welche Grundwerte für uns persönlich, aber auch für unser Familienleben zentral sein sollen.

- *Welche Überzeugungen und Werte sind uns besonders wichtig?*
- *Woran orientieren wir uns, welchem Wertekompass folgen wir?*
- *Wofür sind wir bereit, allenfalls sogar Opfer zu bringen oder Unannehmlichkeiten in Kauf zu nehmen?*

Die Antworten auf diese grundlegenden Fragen beeinflussen unseren Lebensstil entscheidend. Die Werte-Prioritäten, die wir setzen, werden den Umgang mit dem Ehepartner und den Kindern ebenso prägen wie unsere Arbeitsweisen, unseren Umgang mit Finanzen, unser Einkaufsverhalten oder die Wahl unseres Freundeskreises.

Je eindeutiger wir uns als Eltern positionieren, desto leichter wird es für unsere Kinder sein, sich zu orientieren und eigene tragfähige Überzeugungen zu entwickeln und zu verinnerlichen. Prägen Sie Ihr Kind, bevor andere es tun!

Als Christ erziehen

Die Bibel ermutigt Eltern, die als Christen erziehen wollen, dazu, überall mit ihren Kindern über Gott und seine guten, lebensfreundlichen Ordnungen im Gespräch zu sein.

Der Glaube gehört in erster Linie nicht in die Kirche, sondern in die Küche. Und ins Wohnzimmer, ins Schlafzimmer, ins Bad und in den Familienurlaub. Überall dahin, wo wir gerade sind. Ganz natürlich und ohne großes Aufheben.

Schon kleine Kinder können lernen, Gottes Größe und Kreativität in allem, was sie sind und was sie umgibt, zu entdecken: in ihrem einzigartigen Fingerabdruck, ihrem Körper oder im Käfer, der über die kleine Hand krabbelt. Im Regen, der die vielen Blumen wachsen lässt. Im Sonnenstrahl, der die Nase kitzelt. In Freunden, die uns trösten, wenn wir traurig sind. Und im guten Essen, für das wir uns vor jeder Mahlzeit bedanken.

Erzählen, vorlesen, vorleben

Eine absolut geniale Möglichkeit, Glauben und Werte zu vermitteln, liegt im Erzählen von Geschichten. Die Atmosphäre, die entsteht, wenn Eltern und Kinder sich aneinandergekuschelt in ein Buch vertiefen, gehört für mich zum Schönsten am Familienleben überhaupt. Lebendiger Glaube wird ja nicht nur über das gesprochene Wort, sondern über alle Sinne vermittelt.

Als unser erstes Kind etwa sechzehn Monate alt war, fingen wir an, abends aus einem kleinkindgerechten Bibelbilderbuch vorzulesen. Es war uns als Eltern wichtig, dass unsere Kids das, was unserem Leben Sinn und Inhalt gibt, schon früh und in einem geborgenen Rahmen für sich entdecken können.

Mit großer Begeisterung wollten unsere Zweijährigen jeweils

ein ums andere Mal die gleichen Geschichten bis ins Detail genau gleich erzählt bekommen.

Kleine, nicht immer ganz saubere Finger blätterten sich durch die Schöpfungsgeschichte. Wache, interessierte Kinderaugen suchten mit Noah den leuchtenden Regenbogen oder zählten mit Abraham die Sterne am Himmel.

Jede Geschichte, die Sie Ihrem Kind erzählen, transportiert eine Botschaft und vermittelt Werte.

Einige Beispiele dazu: Die Schöpfungsgeschichte[9] redet davon, dass am Anfang – lange bevor irgendetwas existierte, das wir heute kennen – Gott war. Gott, der Schöpfer, der das Leben will und sich von Herzen an allem freut, was er geschaffen hat.

Der Regenbogen ist das Zeichen dafür, dass Gott mit seinen Menschen einen Bund schließt. Dass er seine Versprechen einhält, dass er treu und verlässlich ist.

Die Geschichte von Abraham und Sara, die sich so sehr ein Kind wünschen, transportiert die Botschaft, dass Kinder etwas Wünschenswertes sind. Ein kostbares Geschenk, um das man bitten darf.

Jeder dieser Werte schafft Geborgenheit, vermittelt Sicherheit und Vertrauen.

Geschichten zeigen auf, wie man Beziehungen leben, Freude teilen, Angst überwinden, Probleme lösen und nach Versagen neu beginnen kann. Gute Geschichten geben unseren Kindern Boden unter die Füße. Bis heute begleiten uns ausgewählte Vorlese-Bücher in den Urlaub und bereichern unser Familienleben. Selbst die unterdessen erwachsenen Kinder setzen sich gerne in die Runde, wenn Papa vorliest. Weil Geschichten schlicht und einfach ein Geschenk des Himmels sind.

Was hat das Geschichtenerzählen mit Sexualerziehung zu tun?

Ein persönliches Beispiel: Ein Freund unserer Familie lebte einige Jahre lang ohne Trauschein mit seiner Partnerin zusammen. Nun erwarteten die beiden ihr erstes Kind.

Als ich unseren Neunjährigen darüber informierte, fragte er ganz ernsthaft: «Du, Mama, ist das bei denen wie bei der Maria?» Ich musste mir das Schmunzeln verkneifen, war gleichzeitig aber auch berührt davon, zu sehen, wie stark unser Sohn durch das, was wir ihm neun Jahre lang an Werten vermittelt hatten, geprägt war.

«Ein Mann und eine Frau verlieben sich, heiraten und wünschen sich dann ein Kind.» So legten wir durch Bibelgeschichten, aber auch durch Märchen und andere Kinderklassiker die Reihenfolge fest, in der unserer Überzeugung nach Liebe, Sexualität und Familie ihren geborgenen Platz finden. Und jetzt wurde diese Reihenfolge für unseren Sohn plötzlich in Frage gestellt?!

Ich erklärte ihm, dass das Ganze nichts mit der Jungfrauengeburt von Maria gemeinsam habe. Sondern damit, dass nicht alle Menschen, die wir schätzen und lieben, unsere Wertvorstellungen und Maßstäbe teilen. Das verstand unser Junior – damit konnte er umgehen.

Er lernte durch diese kleine Episode, dass man persönliche Überzeugungen leben kann und leben soll, ohne deswegen den Kontakt zu Andersdenkenden abzubrechen. Dass man ein weites Herz haben kann, ohne deswegen den eigenen Weg verlassen zu müssen.

«Wertekollisionen» vorprogrammiert

Es wird sich kaum vermeiden lassen, dass unsere Familienwerte in Bezug auf Liebe, Beziehungen und Sexualität mit gesellschaftlichen Tendenzen kollidieren. Je eher Sie sich mit dieser Tatsache anfreunden, desto besser. Je früher Kinder lernen, in wesentlichen Fragen auch mal selbstbewusst und fröhlich gegen den Strom zu schwimmen, desto besser stehen die Chancen, dass es ihnen auch in ihrer Schulzeit oder der Pubertät gelingen wird, sich auf gute und natürliche Art abzugrenzen.

Kapitel 4
Drittes Lebensjahr: Kleine Leute, große Gefühle!

Früher oder später machen sich bei Ihrem Nachwuchs erste Gefühlsausbrüche bemerkbar. Willkommen in der «Trotzphase»! Sie ist in gewissem Sinne der Vorläufer der Pubertät. Die Themen, die jetzt in der Erziehung aktuell werden, begegnen uns in der Adoleszenz wieder: sich im eigenen Körper wohlfühlen, Gefühle wahrnehmen und benennen, Achtung und Respekt, Selbstbeherrschung einüben, beziehungsfähig werden, die große Freiheit und ihre Grenzen.

Jedem dieser Themen werden wir uns in diesem Kapitel widmen. Damit «Hänschen jetzt schon lernt, was dem Hans nur noch mit viel Mühe beizubringen ist».

Sich im eigenen Körper wohlfühlen

Ihr Kind hat unterdessen verschiedene große Entwicklungsschritte gemacht. Es kann sich verbal ausdrücken, hat seine grob- und feinmotorischen Fähigkeiten erweitert und kann möglicherweise bereits seine Ausscheidungen kontrollieren. Nach wie vor zeigen die meisten Kinder keine Schamgefühle, wenn sie nackt sind. Sie suchen Nähe und Körperkontakt, berühren andere interessiert und noch völlig unbefangen. Je nach Typ stellen sie erste Fragen über den eigenen Körper und den der anderen und wollen möglicherweise auch schon wissen, wie man die einzelnen Körperteile benennt und warum die Mama anders aussieht als der Papa.

Sie unterstützen Ihr Kind in einer gesunden Körperwahrnehmung, wenn Sie mit ihm kuscheln, ihm den Rücken kraulen, es sanft eincremen, sich mit ihm zusammen im Takt wiegen oder auch mal ausgelassen tanzen. Und natürlich auch, wenn Sie sich positiv über das Aussehen Ihres Kindes äußern. Auch im Spiel wird die Körperwahrnehmung gefördert: zum Beispiel beim Spielen im Sand oder mit Wasser, beim Werkeln oder Basteln mit verschiedenen Materialien, beim Klettern, Balancieren, Schwimmen, oder beim Turnen. Auch der Kontakt mit Tieren, das Streicheln eines weichen Fells oder des feinen Federkleids eines flauschigen Kükens fördert die Körper- und Sinneswahrnehmung.

Bewusst schickte ich meine ältere Tochter mit sechs Jahren ins Kindertanzen, während unsere jüngere Tochter beim Reiten nicht nur ihre Tierliebe, sondern auch Balance und Körpergefühl weiterentwickelte.

Es gibt so viele Gelegenheiten, um ganz natürlich das gesunde Körperbewusstsein unseres Kindes zu stärken. Wenn wir es in der Badewanne liebevoll einseifen und beim Herausfischen tüchtig knuddeln, unsere Nase im frischgewaschenen Lockenschopf versenken und dem Kind versichern, wie gut uns sein kleiner Druckknopf-Bauchnabel, seine schön geformten Zehen oder sein keck vorgestrecktes Bäuchlein gefallen, unterstützen wir es dabei, sich selber als schön und einzigartig zu erkennen und zu schätzen.

Falls Ihr Kind bereits Fragen zu stellen beginnt, beantworten Sie diese kindgerecht, ohne allzu sehr ins Detail zu gehen. Mama sieht anders aus als Papa, weil sie eine Frau ist und weil Frauen oft größere Brüste als Männer und keinen Penis, sondern eine Vagina haben.

Für weitere Erklärungen werden Sie in den nächsten Jahren noch viel Zeit und Gelegenheit haben. Sexualerziehung funktioniert wie ein Bausatz, bei dem wir sorgfältig und ohne Hast einen Baustein auf den anderen legen. Oder wie eine Art Frage- und Antwortspiel: Das Kind stellt eine Frage, die Mama oder Papa altersgerecht beantworten. Anschließend machen viele Kinder sich Gedanken und stellen irgendwann weitere Fragen, an denen die Eltern erkennen können, ob das Kind die vorhergehende Antwort richtig verstanden hat. Ist dies nicht der Fall, können Dinge nochmals erklärt oder richtiggestellt werden. Wie bei den anderen Körperteilen verwenden wir als Eltern auch für die Geschlechtsteile von Anfang an die korrekten Bezeichnungen. Sprache ist ein Mittel, Dinge einzuordnen und ihnen Bedeutung und Wert zuzusprechen. Die korrekten Bezeichnungen zu kennen, bedeutet Wissen, und Wissen unterstützt (in gesundem, altersentsprechendem Maß) das kindliche Selbstbewusstsein.

Selbstwert entwickeln – Verbundenheit betonen

Oft fällt in diese Entwicklungsphase die Geburt eines weiteren Kindes. Oder Ihr Kind erlebt mit, dass in Ihrem Freundeskreis ein Kind geboren wird.

Eine gute Gelegenheit, Ihrem Kind zu erzählen, dass es auch genauso geborgen in Ihrem Bauch gewachsen ist. Kaum etwas betont so sehr das Geheimnis der Mutter-Kind-Bindung wie das Sich-Erinnern an diese neun Monate engster Verbundenheit.

Ich habe meinen Kindern, auch als sie älter wurden, ganz bewusst immer wieder mal kleine, positive Erlebnisse aus den verschiedenen Schwangerschaften erzählt:

Wie ich jeweils ihre kleinen Füße an der Bauchwand spürte, wie wir uns gefreut haben, den ersten Herzschlag zu hören oder auf dem Ultraschallbild eine unserer Töchter am Daumen lutschen zu sehen.

Mit solchen Berichten festigen wir in unseren Kindern das Bewusstsein, wirklich ganz zu uns zu gehören. Nicht ohne Grund beginnen viele Adoptivkinder irgendwann, nach ihren leiblichen Eltern zu suchen. Zu wissen, wo unsere Herkunft liegt, wo unsere Wurzeln sind, schafft Identität.

Nehmen Sie sich deshalb immer wieder mal Zeit, mit Ihrem Kind zusammen die jeweiligen Ultraschallbilder oder Mamas riesigen Bauch im Fotoalbum anzuschauen.

Verwurzelung fördert die Identitätsbildung und die Entwicklung eines gesunden Selbstwertgefühls.

Gefühle wahrnehmen und benennen

Im dritten Lebensjahr regen sich in Ihrem Kind neue, bisher unbekannte Empfindungen, mit denen es noch nicht umzugehen weiß. Wundern Sie sich deshalb nicht, wenn Ihr Sohn sich wegen einer Kleinigkeit die Seele aus dem Leib schreit oder Ihre Tochter sich mitten im Einkaufszentrum zu Boden wirft, weil sie nicht bekommt, was sie will. Ihr Kind entdeckt neue Gefühle und testet, wie es durch deren Ausdruck seine Umwelt beeinflussen kann.

Es braucht jetzt verlässliche Gegenüber, die ihm helfen, Empfindungen und Wünsche zu benennen und so auszudrücken, dass Beziehungen dadurch nicht allzu sehr strapaziert werden. Gefühle wahrzunehmen und sie auf gesunde Weise regulieren zu lernen, ist gerade im Hinblick auf eine spätere Liebesbeziehung eine wichtige Kompetenz.

Für manche Eltern ist die Trotzphase eine große Herausforderung, weil ihr eigener Umgang mit Wut und Aggression durch negative Erfahrungen geprägt wurde. Aus dem Bedürfnis, sich vor erneutem Verletztwerden zu schützen, neigen sie als Erwachsene dazu, starke Gefühle zu ignorieren oder diese, falls sie doch aufkommen, rasch wieder unter Kontrolle zu bringen. Und jetzt ist da ein kleiner Mensch, der völlig unkontrolliert mit Gefühlen um sich wirft. Das kann ganz schön Stress auslösen!

Wer ein starkes Harmoniebedürfnis hat, tendiert dazu, leidenschaftlich geäußerte negative Gefühle als Bedrohung, als Angriff auf die Liebe zu empfinden. Und naturgemäß weichen wir Bedrohlichem entweder aus, oder wir versuchen es mit allen uns zur Verfügung stehenden Mitteln zu bekämpfen. Beide Strategien sind in der Erziehung von Kindern im Trotzalter jedoch wenig hilfreich.

Ein Umdenken, das Loslassen einer idealisierten Vorstellung vom «ach so harmonischen Familienleben» lohnt sich und führt zu mehr Ruhe und Gelassenheit. Heftige Gefühle sind nichts Schlechtes, das man unbedingt vermeiden müsste. Liebe und Aggression liegen oft sehr nahe beieinander, gehören zum Leben wie Lachen und Weinen, wie Angst und Wut.

An diesem Punkt möchte ich nochmals auf die Ausführungen zum Thema Eltern-Kind-Bindung im ersten Kapitel dieses Buches zurückkommen:

Das Wissen um die tiefe Verbundenheit zwischen Eltern und Kind hilft uns nämlich dabei, unsere Angst vor heftigen negativen Gefühlen Schritt für Schritt zu verlernen.

Die Verbindung zwischen uns und unserem Kind ist wie ein starkes Gummiseil, das von der Schöpfung her «gegeben», tief in uns drin angelegt ist. Sie wurde und wird uns immer wieder neu geschenkt, das Bindungsseil erträgt viel mehr, als wir oft zu glauben wagen. In mehr als dreißig Jahren, die wir jetzt mit unseren Kindern unterwegs sind, hat dieses Gummiseil viel Zug aushalten müssen. Unsere Kinder, aber auch wir Eltern haben immer wieder starken oder auch moderaten Zug ausgeübt, um Freiheit und Verbundenheit ins Gleichgewicht zu bringen. Unser Familien-Bindungsseil hat all diese Spannung und all den Druck ausgehalten und uns immer wieder aufs Neue zueinander hingezogen. Dieses Seil hält – Gott sei Dank! – heftigen Gefühlen und Auseinandersetzungen stand und gleicht viele Schwächen und Fehler aus.

Je mehr Sie mit dieser Verbundenheit rechnen, desto gelassener werden Sie als Eltern mit Spannungen und Konfliktsituationen umgehen können. Kinder binden sich in dieser Phase übrigens über Loyalität und Zugehörigkeit. Typisch für diese Phase sind Sätze wie «Das ist meine Mama», «Das ist unser Auto»; Sätze, die Zugehörigkeitsbekundungen und Besitzansprüche ausdrücken.[10] Dass sowohl diese Besitzansprüche wie das starke Bedürfnis nach Zugehörigkeit massive Gefühls-Konflikte auslösen können, liegt auf der Hand.

Bejahen Sie Ihren kleinen Trotzkopf mit Haut und Haaren, in all seiner Unberechenbarkeit.

Unterstützen Sie ihn dabei, den Ausweg aus dem Gefühlslabyrinth zu finden. Oft hilft allein schon der Versuch, das in Worte zu fassen, was im Kind vorgeht, prima weiter: «Gell, eigentlich bist du mehr traurig als wütend?» Oder: «Das verstehe ich, dass du jetzt noch gerne draußen bleiben möchtest.» So lernt Ihr Kind, seine Gefühle wahrzunehmen, sie ernst zu nehmen, sie einzuordnen und in Worte zu fassen. Ein wichtiger Faktor, gerade auch in der Missbrauchsprävention.

Ein Kind, das unangenehme Gefühle wie Verunsicherung, Scham, Angst oder Panik erkennt und ernst nimmt, wird in gefährlichen Situationen eher richtig reagieren als eines, das diese Gefühle ignoriert oder verdrängt.

Achtung und Respekt

Dass Ihr Dreijähriges sich in einer herausfordernden Entwicklungsphase befindet, ist eine Tatsache. Ihm deswegen alles durchgehen zu lassen, wäre jedoch ein Fehler.

Fordern Sie bei allem Verständnis für das überbordende Temperament Ihres Sprösslings immer wieder Respekt und Achtung von ihm ein. Verschieben Sie das nicht auf eine unbestimmte Zukunft.

Es mag harmlos, vielleicht sogar amüsant wirken, wenn Ihr Kind Sie schlägt oder in die Hand beißt; spätestens in zehn Jahren werden Sie dies jedoch ganz anders erleben.

Halten Sie deshalb jetzt schon das kleine Händchen fest und erklären Sie Ihrem Töchterchen klipp und klar, dass Sie ein solches Verhalten nicht akzeptieren. Schicken Sie Ihren Sohnemann auf sein Zimmer, wenn er verbal ausfällig wird oder seine Wut unkontrolliert an Ihnen auslässt.

Natürlich wird Ihr Dreijähriges über solche Maßnahmen nicht glücklich sein. Doch: Erziehen können wir nur, wenn wir es aushalten, dass unser Kind (kurzfristig!) auch mal unzufrieden oder unglücklich ist. Wer es seinem Kind um jeden Preis recht machen will, wer darauf angewiesen ist, dass sein Kind mit ihm zufrieden ist, gerät in eine fatale Rollenumkehrung.

Er wird vom Kind beherrscht, statt dieses, wie es die Aufgabe von Eltern ist, klar zu führen und dadurch in seiner Entwicklung zu fördern. Kinder können ihre Kindheit nur genießen, wenn wir als Erwachsene ihnen Schutz geben und den Lead übernehmen. Kinder können nur entspannt Kinder sein, wenn Eltern ihren Job als reifere, in Verantwortung stehende Erwachsene machen und ihre Kinder sich altersgemäß in diese gesunde Ordnung einfügen. Nicht das Kind ist für uns da und verantwortlich, sondern wir als Mütter und Väter sind für das Kind da.

Die Schweizer Psychologin Eva Zeltner schreibt in ihrem Buch «Generationen-Mix» zu der in Familien häufig stattfindenden Rollenumkehrung: «Ein Kind ist heute für viele Mütter und Väter das erste Liebesobjekt, das sich weder scheiden lassen noch weglaufen kann. Es gleicht Geborgenheitsdefizite seiner Eltern aus, erhellt als kleine Sonne ihren tristen Alltag.»[11]

Klingt reichlich überspitzt, ich weiß. Und doch ertappte ich mich selber früher immer wieder dabei, dass ich um die Anerkennung und Zuwendung meiner Kinder buhlte und mich – gerade wenn ich mich unausgefüllt oder unglücklich fühlte – mehr von ihnen abhängig machte, als dies unserer Beziehung guttat.

Sie werden während der ganzen Erziehungsphase entscheidend profitieren, wenn Sie es lernen, sich nicht von den Gefühlen Ihres Nachwuchses bestimmen zu lassen oder abhängig zu machen.

Mit sich und anderen sorgfältig umgehen, Selbstbeherrschung einüben

Zur Sexualerziehung gehört, dass Ihr Kind es einübt, sich selbst, aber auch sein Gegenüber zu achten. Trotz überbordender Gefühle muss es lernen, mit sich und anderen sorgfältig umzugehen und ein Mindestmaß an Anstand und Sorgfalt einzuhalten.

Geben Sie Ihrem Trotzkopf Orte und Gegenstände, an denen er seine Gefühle ausleben darf, ohne größeren Schaden anzurichten. Unsere Kinder durften beispielsweise statt der Mitmenschen ihre Betten traktieren und im eigenen Zimmer mit Plüschtieren oder Kissen um sich schmeißen. Nicht erlaubt war mutwilliges Zerstören von Gegenständen – hier forderten wir eine Wiedergutmachung ein.

Auch sich selber soll das Kind nicht verletzen. Weder körperlich noch gefühlsmäßig.

Unser Kind ist wertvoll und kostbar, trotz seiner Rebellion oder seines momentanen Fehlverhaltens, und es soll auch dementsprechend mit sich selbst umgehen lernen.

Manche Kinder brauchen in schwierigen Momenten Nähe, Zuwendung oder eine feste Umarmung. Die körperlich erlebbare Erfahrung, aller Aggression zum Trotz geliebt und angenommen zu sein, vermittelt ihnen Sicherheit.

Anderen hilft eine Auszeit, ein Time-out, eine ruhige Ecke, in der sie ohne Zuschauer erst mal wieder zu sich selbst finden können.

Mach mal Pause

Auszeiten sind wertvolle Überlebenshilfen im Familienalltag. Nicht nur unser Dreijähriges, auch wir selbst sind oft überfordert von all dem, was auf uns einstürmt. Bei uns war die Mittagspause während langer Zeit eine Oase im Alltagsgeschehen. Die Kleinen machten ihren Mittagsschlaf, und die Größeren hatten endlich mal Muße, um in Ruhe ein Buch zu lesen, leise eine CD zu hören oder ganz einfach vor sich hin zu träumen. Mein Mann und ich nutzten die Zeit, um ungestört Kaffee zu trinken und miteinander zu plaudern.

Danach legte ich mich für zwanzig Minuten aufs Ohr. Ich war schlicht und einfach viel genießbarer, wenn ich mir solche Ruhezeiten freischaufelte.

Auszeiten helfen auch, wenn die Kinder unsere Nerven bis aufs Äußerste strapazieren.

Es richtet bestimmt weniger Schaden an, wenn Mütter oder Väter sich für fünf Minuten ins Schlafzimmer, aufs Klo oder in den Garten zurückziehen, statt ihre Aggressionen ungefiltert aufs Kind loszulassen. Gönnen Sie sich selbst und Ihrem Kind deshalb unbedingt immer mal wieder eine Pause.

Beziehungsfähig werden

In den ersten ein bis zwei Lebensjahren sind Kinder noch stark auf sich selbst fixiert, erleben sich ein Stück weit als Zentrum des

Universums. Ungefähr im dritten Lebensjahr entdecken sie plötzlich, dass sie nicht Mittelpunkt, sondern lediglich Teil von etwas Größerem sind. Dass es andere Menschen gibt, die ebenso berechtigte Ansprüche geltend machen. Und dass das Prinzip von Geben und Nehmen beachtet werden muss, wenn liebevolle Beziehungen Bestand haben sollen.

Es ist notwendig, dass Ihr Kind – um seiner Beziehungsfähigkeit willen – in dieser Entwicklungsphase neben seinen eigenen Emotionen auch die seiner Mitmenschen zu erkennen und ernst zu nehmen lernt. Zeigen Sie ihm Ihre Gefühle, spiegeln Sie sein Benehmen, und erklären Sie Ihrem Sprössling, was sein egoistisches Verhalten oder das unkontrollierte Ausleben von Aggressionen bei Ihnen auslöst.

Stellen Sie klar, dass andere Menschen ebenso berechtigte Gefühle und Ansprüche haben, und unterstützen Sie Ihr Kind beim Pflegen von gesunden Beziehungen. Dazu gehört das Teilen mit anderen genauso wie das Danke-Sagen oder die Zeichnung, die Ihr Kind seiner Patin zum Geburtstag schenkt. Bleiben Sie geduldig am Ball, wenn manches noch überhaupt nicht klappen will. (Das Teilen beispielsweise ist für viele Kleinkinder noch eine hohe Anforderung, die in vielen kleinen Schritten eingeübt werden muss.)

Ihr Kind wird früher oder später den Wert positiver Verhaltensweisen entdecken und lernen, liebevolle Beziehungen zu anderen aufzubauen und zu pflegen.

Respekt, Höflichkeit und Dankbarkeit sind Haltungen, die Ihrem Kind das Leben erleichtern und ihm so manche Türe öffnen werden.

Die große Freiheit und ihre Grenzen

Kaum ein Thema begleitet uns in der Erziehung so hartnäckig wie die Frage nach Freiheit und Grenzen. Mein Leitsatz dazu lautet: «So viel Freiheit wie möglich und verantwortbar – und so viele Grenzen wie notwendig.»

Zwei Fragen dazu:

- *Was lösen die beiden Begriffe «Freiheit» und «Grenzen» spontan bei Ihnen aus?*
- *Sind Sie eher kontrollierend, ängstlich und vorausplanend veranlagt, oder gehören Sie eher zu den freiheitsliebenden, kreativ-chaotischen Typen?*

Davon hängt bei diesem Thema viel ab.

Ihre Grundveranlagung prägt Ihr erzieherisches Verhalten und das Familienklima entscheidend mit, und je nach Veranlagung werden Sie eher daran arbeiten müssen, entweder Ihrem Kind mehr Freiraum zu geben und immer wieder loszulassen, oder Ihrem Kind klarere Grenzen zu setzen und dem Familienalltag mehr Struktur zu geben.

Kinder, die zu sehr gegängelt und eingeengt werden, reagieren darauf tendenziell entweder mit starkem Widerstand oder mit Mutlosigkeit und Rückzug. Das ist verständlich, denn: *Wer mag es schon, andauernd ermahnt, kritisiert oder bei spannenden Projekten gestoppt zu werden? Mögen Sie selbst etwa Personen, die ungefragt Ihr Verhalten kommentieren oder pausenlos Ratschläge erteilen?*

Da bleibt als mögliche Reaktion ja wirklich nur die Flucht nach vorne oder der Rückzug in Passivität und Gleichgültigkeit. Manches Kind stellt dann auf «Durchzug», hört einfach nicht mehr hin und macht, was es will. Andere Kinder werden passiv und versuchen schon gar nicht mehr, etwas anzupacken, weil sie davon ausgehen, dass es «eh nicht geht».

Erleben Kinder zu Hause hingegen wenig Struktur und Grenzsetzung, tendieren sie dazu, entweder selber unstrukturiert, undiszipliniert und möglicherweise auch respektlos zu werden oder diesen Mangel durch viel Anstrengung und strenge Selbstdisziplin zu kompensieren.

Sie lassen sich also entweder fallen oder geben sich selbst den klaren Rahmen, den sie zu Hause vermissen.

Beide der beschriebenen Extreme sind ungesund. Freiheit und Grenzen sind wie zwei Jonglierbälle. Die Kunst des Erziehens besteht darin, beide Bälle gleichzeitig in der Luft zu halten oder wieder neu zu starten, wenn wir merken, dass wir aus dem Rhythmus gefallen sind. Das Training lohnt sich: Sie werden, als Belohnung für ausdauernde Jonglierübungen, Ihre Kinder entspannter und kooperativer erleben.

Wie viel Grenzsetzung Ihr Kind braucht, hängt von vielen Faktoren ab und kann nicht allgemein oder in einer Art Rezeptform thematisiert werden. Jedes Kind ist ebenso ein «Unikat», wie wir Eltern es sind. Was beim einen prima funktioniert, kann beim anderen Sprössling das genaue Gegenteil bewirken.

Besprechen Sie als Eltern, was Ihnen wichtig ist und welche Themen Sie momentan in der Erziehung angehen möchten. Dies immer im Blick nach vorne, auf das Ziel hin. Das besteht für mich darin, dass unsere Kinder zu lebens- und beziehungsfähigen Menschen heranwachsen.

Machtkämpfe reduzieren – «Nein» gezielt einsetzen

Lancieren Sie kräftezehrende Machtkämpfe nur da, wo sich dies wirklich lohnt und wo es um – im Blick aufs Ziel – wichtige Themen geht.

Ihr Familienklima sollte nicht den ganzen Tag von Auseinandersetzungen geprägt sein, denn auf die Dauer hält das erstens kein Mensch aus, und zweitens sind Niederlagen vorprogrammiert. Kinder haben nun mal viel mehr Ausdauer als ihre Eltern. (Dies war zumindest bei *unserem* Nachwuchs eindeutig der Fall! …)

In Erziehungskursen zum Thema «Grenzen setzen» schenke ich den anwesenden Müttern und Vätern zur Veranschaulichung dieses Prinzips immer je drei Steine. Sie stehen für die beschränkte Anzahl von «Neins», die wir pro Tag als Erziehende zur Verfügung haben, und dienen der Frage: *«Will ich für diese Sache einen mei-*

ner (in diesem Fall drei) Veto-Steine investieren? Oder spare ich mein Nein doch lieber für etwas noch Wichtigeres auf?»

Oft ist es hilfreich, sich mal eine Zeitlang selbst zu beobachten oder andere zu bitten, uns unser Erziehungsverhalten zu spiegeln. Gut möglich, dass Sie feststellen, dass Sie fast den ganzen Tag mit Befehlen und Verbieten verbringen. Dass Sie viel öfter Nein als Ja sagen.

Platzieren Sie deshalb die drei Steine oder einen anderen Hinweis so, dass Sie immer wieder daran erinnert werden, sich zu fragen, ob das Nein, das Sie gerade aussprechen wollen, tatsächlich sinnvoll und notwendig ist.

Dazu einige hilfreiche Fragen:

- *Weshalb will ich jetzt gerade Nein sagen?*
- *Handelt es sich um etwas Wesentliches oder nur um eine Banalität?*
- *Geht es bei meinem Nein um das Wohl des Kindes oder um meine eigene Bequemlichkeit?*
- *Sage ich Nein, weil ich mein Gesicht nicht verlieren oder es allen recht machen will?*
- *Soll dieses Thema in unserer Familie momentan so viel Macht erhalten? (Im Wort Machtkampf steckt ja der Begriff «Macht» mit drin …)*
- *Lohnt sich eine Auseinandersetzung, weil das T-Shirt schmutzig ist oder farblich nicht zur Hose passt?*
- *Ist es sinnvoll, jeden Tag in zum Schneiden dicker Luft am Familientisch zu sitzen, weil unser Kind die Vorzüge von Salat noch nicht entdeckt hat? Wie geht es uns, mir als Mutter oder Vater oder den anderen Tischgenossen, dabei? Ist uns der Appetit, die Freude am Zusammensein und Genießen längst vergangen?*

Manchmal braucht es ein ganz bewusstes Loslassen, weil wir uns als Mütter oder Väter in zu viele Themen gleichzeitig verbissen haben und unser Kind heillos überfordert ist. Veränderung findet ja oft in kleinen Teil-Etappen statt, und nicht alle Erziehungs-Baustellen können heute und morgen schon abgeschlossen werden.

Manche Themen können unbesorgt noch etwas warten, und anderes erledigt sich – mit etwas Geduld – überraschenderweise sogar ganz von alleine.

Ich erinnere mich an eine Zeit, wo sich das Einkaufen mit unseren Kindern regelmäßig zum Familiendrama ausweitete. Fernsehreife Schreiattacken seitens der Kinder und äußerst hilfreiche Kommentare aus den Zuschauerrängen strapazierten meine Nerven empfindlich.

Weshalb sollte ich mir, uns allen, das antun?

Bereits ein halbes Jahr später war diese Phase vorbei. Einträchtig schlenderten Mama und die süßen Kleinen wieder ein Mal pro Woche gemeinsam durch den Lebensmittelladen. Die Kleinen

durften sich ein Brötchen oder einen Saft aussuchen, und ich erledigte in aller Ruhe den Wocheneinkauf.

Nicht alle Probleme müssen mit erzieherischer Strenge durchgepaukt werden. Gehen Sie unnötigen Machtkämpfen, wo immer möglich, souverän aus dem Weg – Ihren Kindern und den eigenen Nerven zuliebe. Es wird Ihre Beziehung zum Kind entlasten, wenn Sie sich darum bemühen, das Wesentliche vom Unwichtigen trennen zu lernen. Je besser dies gelingt, desto kooperativer werden Ihre Kinder sein, wenn es um Entscheidendes geht.

Bitten Sie um Weisheit, lassen Sie sich täglich neu mit dieser kostbaren Gabe beschenken.

Zu spüren, dass Mama oder Papa nur dann Nein sagen, wenn es um wesentliche Themen oder wirklich wichtige Anliegen geht, bewirkt im Herzen Ihres Kindes Vertrauen und die Bereitschaft, zu gehorchen.

Sorgfältiges und gut überlegtes Grenzen-Setzen hat mit Weisheit zu tun. Und weise Eltern werden von ihren Kindern eher um Rat gefragt als Mütter und Väter, die unnötig oft gängeln und einschränken. Auch wenn ein Kind (noch) nicht immer versteht, weshalb eine Anweisung zu seinem Wohl dient, überwiegt im positiven Fall die Erfahrung, dass seine Eltern nicht Spielverderber, sondern kompetente Begleiter sind, die man bei wichtigen Fragen oder Entscheidungen unbedingt konsultieren sollte.

Von unseren unterdessen erwachsenen Kindern gelegentlich um Rat gefragt zu werden, ist für mich jedes Mal eine Ehre. Was mein Mann und ich, gerade auch im Umgang mit dem Thema «Freiheit und Grenzen», an Lernbereitschaft und Engagement in unsere Familie investiert haben, zahlt sich aus und trägt Früchte. Weit mehr, als wir dies verdient haben.

Hier kommt, als Zugabe zu unseren eigenen Bemühungen, immer wieder neu das Wort «Gnade» ins Spiel. Gnade hat für mich mit der Erfahrung zu tun, dass Gott, wie der große Liederdichter David es im Psalm 18 ausdrückt, «denen gerne hilft, die sich helfen lassen». Oft schickt er diese Hilfe – zumindest erlebe ich das so – in Form anderer Menschen zu uns. *Kennen Sie eine Mutter, einen Vater, ein Paar oder eine Familie, die so leben und miteinander umgehen, dass Sie gerne etwas von ihnen lernen würden?*

Ich meine, es wäre total sinnvoll und würde vielen Schwierigkeiten vorbeugen, wenn Eltern sich ein anderes Paar suchen, das sie unterstützt und begleitet. Idealerweise jemanden, der schon etwas ältere Kinder hat und aus der eigenen Erfahrung schöpfen kann.

Überall wird von Qualitätskontrolle, von Coaching und Supervision gesprochen. Warum nicht auch, wenn es um das wichtigste Kerngeschäft, die Prägung der nächsten Generation, geht?

Ich kann Ihnen nur warm ans Herz legen, sich persönliche Coachs zu suchen. Viel von dem, was ich heute über Erziehung weiß und anwende, habe ich anderen Eltern abgeschaut. Es lohnt sich, vertrauenswürdigen Menschen Einblick in unser Privatleben zu geben und auch mal zu fragen: «Du, wie erlebst du mich als Mutter? Ich habe mit meinem Dreijährigen dieses oder jenes Problem: Wie siehst du das? Was rätst du mir?»

Das kostet uns zwar etwas Stolz. Doch: Was bedeutet es schon, dass uns ein «Zacken aus der Krone fällt», wenn das Resultat davon ein besseres Familienklima ist?

Was Kinder brauchen, sind nicht perfekte, sondern lernbereite Eltern: Mütter und Väter, die weise genug sind, um rechtzeitig Hilfe zu suchen und anzunehmen.

Als Christ erziehen

Darf Gott Ihnen behilflich sein?

Als Erziehende stoßen wir täglich an die Grenzen unserer eigenen Geduld, Weisheit und Kraft. Nie zuvor lernte ich meine Schwächen und Defizite so gut kennen wie als (Kleinkind-)Mutter. Gefühle von Hilflosigkeit und Überforderung lösten in mir Zorn und Verzweiflung aus, machten mich reizbar und aggressiv. Ich hasse es, das Leben nicht im Griff zu haben!

Doch mitten in all diesen Herausforderungen lernte ich es Schritt für Schritt, mir von meinem himmlischen Vater auf ganz unterschiedliche Weise helfen zu lassen.

Da ist zum Beispiel diese leise Stimme in meinem Herzen, die mir immer wieder neu versichert, dass ich auch dann geliebt und angenommen bin, wenn ich nicht alles im Griff habe, und dass Gott mir das Vertrauen nicht entzieht, wenn ich Fehler mache.

Ich muss meinen Job nicht abgeben, wenn ich versagt habe. Elternschaft ist nicht ein Verdienst, sondern ein Geschenk und eine Berufung. (Das muss man «kauen», um es wirklich zu verstehen, ich weiß.)

Wir sind es gewohnt, uns unseren Platz im Leben mit Leistung zu erarbeiten. Wer einen verantwortungsvollen Job kriegen will, muss etwas vorzuweisen haben. Vertrauen auf Vorschuss? Schön wär's!

Doch genau dieses Vorschussvertrauen schenkt uns Gott, wenn wir zum ersten Mal ein hilfloses Neugeborenes im Arm halten. Nicht, weil er sich Illusionen über unsere Fähigkeiten macht, sondern weil Elternschaft offenbar die beste aller Möglichkeiten ist, Kinder großzuziehen.

Drohen Sie deshalb nicht mit der Kündigung, wenn Sie sich nicht fähig fühlen, Ihren Job gut zu machen. Lassen Sie Ihre Kinder nicht im Stich. (Die haben nämlich nur die Eltern, die ihnen zugeteilt wurden, und niemand anders!) Sie sind für Ihre Kinder genau die richtige Mutter, Sie sind für Ihren Sohn oder Ihre Tochter der beste Vater, ob sich das nun gerade so anfühlt oder nicht.

Es geht beim Elternsein nicht darum, alles richtig zu machen. Sondern darum, Schritt für Schritt in eine Aufgabe hinein zu wachsen, die Ihnen zugetraut wird und für die Sie sich täglich neu vom Chef persönlich befähigen lassen dürfen.

Auf den himmlischen Coach hören

Mit Gott unterwegs zu sein, ist ein geniales Abenteuer. Nicht zuletzt, weil uns dadurch schlicht und einfach eine zusätzliche Dimension eröffnet wird. Sie sind verbunden mit dem Schöpfer des Universums, mit dem Gott, der «alle Geheimnisse kennt und vor dem nichts verborgen ist», wie der Prophet Daniel es in seiner mutigen Rede vor dem babylonischen König ausdrückt.[12]

Je mehr wir es lernen, bis in die kleinsten Erziehungsfragen hinein mit Gottes unendlicher Weisheit zu rechnen, desto sicherer und mutiger werden wir. Bitten Sie Gott, Sie in der Erziehung Ihrer Kinder zu leiten und Ihnen das zu zeigen, was Sie von Ihren eigenen Möglichkeiten her nicht erkennen oder verstehen können.

Bei mir kamen solche Erziehungs-Impulse oft ganz unscheinbar, in Form eines Gedankens oder einer Frage. Ein Beispiel dazu: Einmal erwachte ich mit dem Eindruck, dass ich bei einem unserer Kinder mal nachfragen müsse, ob es heimlich, zum Beispiel frühmorgens oder nachts, an der Spielkonsole sitzt, obwohl klar vereinbart ist, dass es das nicht darf.

Ich marschierte also schnurstracks zum betreffenden Kind ins Zimmer und fragte nach. Voll ins Schwarze getroffen! Jetzt wusste ich auch, weshalb mir gerade dieses Kind schon seit einigen Tagen irgendwie sonderbar müde und bedrückt vorgekommen war. Tränen flossen, nicht nur wegen des heimlichen Gamens, sondern auch, weil unser Kind mich angelogen hatte, als ich es tags zuvor nach seinem Umgang mit dem verlockenden Spielzeug fragte. Erleichterung machte sich breit, als wir die Sache in Ordnung brachten und wieder klare Regeln absprachen.

Hören Sie auf die Impulse des Heiligen Geistes, erwarten Sie, dass Gott zu Ihnen spricht, und schränken Sie ihn dabei nicht ein. Gott redet, wie uns die biblischen Berichte zeigen, durch Träume und durch reale Begebenheiten, er redet hörbar und unhörbar, durch Gedanken und Gefühle, durch Naturereignisse und durch sein Wort, durch Menschen, die ihn kennen, und durch solche, die absolut nichts mit ihm am Hut haben. Und, ja, er redet auch durch Esel, wie meine beste Freundin, die meine Masche längst kennt, jetzt schmunzelnd ergänzen würde.[13]

Gott redet – wenn wir ihn nur hören wollen. Auch zu unseren Kindern. Weil Kinder von Anfang an einen voll entwickelten Geist haben, kann Gott durch seinen Heiligen Geist genauso direkt mit ihnen kommunizieren wie mit uns. «Bitte, rede Du zu meinem Kind!» ist eine Bitte, die oft hilfreicher und deutlich entlastender ist als meine überstürzten Interventionen oder Korrekturversuche.

Gleichzeitig gehört zum Hören selbstverständlich auch das Tun. Je nach Typ tendieren wir eher zu Aktivismus, oder wir neigen dazu, brav zu nicken und dann doch nicht in die Umsetzung zu kommen.

Jesus formulierte dies einmal sehr deutlich, als er sagte: «Wer meine Rede hört und das tut, was ich ihm sage, der gleicht einem klugen Mann, der sein Haus auf Felsen baut.»[14]

Manchmal ist dieses kleine Wörtchen «tun» eine ganz große Herausforderung, von der letztlich abhängt, ob wir vorwärtskommen oder auf der Stelle treten. Auch und gerade in der Erziehung unserer Kinder.

Immer wieder stand ich als Mutter vor der Entscheidung, ob ich umsetzen will, was ich höre, oder eben nicht. Es kam beispielsweise vor, dass ich verbal ausfällig und verletzend geworden war und wusste, dass ich mich beim davon betroffenen Kind entschuldigen sollte. Was definitiv einer meiner Schwachpunkte ist: Ich mag es überhaupt nicht, um Entschuldigung zu bitten. Und doch gab es nur zwei Möglichkeiten. Umsetzen oder Stillstand, Weiterkommen oder in alten Mustern stecken bleiben.

Ich überwand meine inneren Widerstände und stieß auf Seiten meiner Kinder immer wieder auf eine Vergebungsbereitschaft, die mich zugleich beschämte und beglückte.

Im Hinhören und Umsetzen liegt mehr Potenzial verborgen, als uns dies oft bewusst ist.

Ihr himmlischer Coach wartet ja nur darauf, Sie in Gottes (Erziehungs-)Geheimnisse einzuweihen. Der Liederdichter David schreibt dazu: «Der Herr zieht die Menschen, die ihn ernst nehmen, ins Vertrauen.»[15] Das sollten Sie sich, gerade auch als Mutter oder Vater, auf keinen Fall entgehen lassen!

Kapitel 5
Von 4 bis 6 Jahren: Junge oder Mädchen? – Neugier, Fragen, Doktorspiele …

Nach der bei vielen Kindern eher stürmisch verlaufenden Trotzphase kehrt wieder mehr Ausgeglichenheit in den Familienalltag ein.

Die Verbesserung grob- und feinmotorischer Fähigkeiten steht jetzt auf dem Entwicklungs-Stundenplan ganz obenan. Rennen, Hüpfen und Treppensteigen, Malen, Ausschneiden und Kleben nehmen die Aufmerksamkeit Ihres Vorschulkindes in Beschlag. Es kann seine Ausscheidungen tagsüber kontrollieren, und viele (aber längst nicht alle!) Kinder sind in diesem Alter auch nachts bereits trocken.

Ihr Kind hat gelernt zu kommunizieren, kann Gefühle und Wünsche verbal ausdrücken, und mit der erworbenen Selbstkompetenz steigt auch die Fähigkeit, andere Menschen wahrzunehmen und auf sie einzugehen.

Geschlechtsidentität stärken

Langsam, aber sicher entdeckt Ihr Sprössling die Unterschiede zwischen Knaben und Mädchen, zwischen Mann und Frau, und fängt an, sich selber als Jungen oder als Mädchen zu bezeichnen.

Dies ist ein idealer Moment, um sich ein erstes, kindgerecht illustriertes Aufklärungsbuch anzuschaffen. Aussagen wie: «Gell, ich werde dann mal ein Mann wie Papa?» oder «Wenn ich groß bin, bekomme ich ein Baby – wie die Mama», sind für dieses Alter typisch.

Eine wundervolle Gelegenheit, darauf hinzuweisen, dass die Gebärmutter im Bauch eines Mädchens gut geschützt ist, um –

wenn das Mädchen eine erwachsene Frau geworden ist – ein kleines Baby zu beherbergen.

Die Aussage «Wenn du dann mal groß bist» hat das Potenzial, zum Auftakt unzähliger Unterhaltungen rund um die Themen Körper, Geschlechtlichkeit, Ehe und Familie zu werden.

Eine Hebamme erzählte bei einem Elternbildungsabend zum Thema Sexualerziehung von einem herzerwärmenden Gespräch mit ihrem fünfjährigen Neffen. Als sie ihn zum Klo begleitete, sagte der Fünfjährige plötzlich mit einem schelmischen Grinsen: «Gell, ich habe da unten etwas, was dir fehlt?!» «Stimmt», meinte daraufhin seine Tante, «aber weißt du denn auch, was *ich* da unten habe?» «Na klar», meinte ihr kleiner Neffe, «Mädchen haben da drin ein kleines Häuschen, in dem ein Baby wohnen kann!»

Wie schön ist das, wenn kleine Jungen und Mädchen nicht nur Wissen haben, sondern auch einen positiven emotionalen Zugang zum Wunder ihres Körpers und zu seinen vielen «Schätzen» entwickeln können. Und gerade für die Mädchen ist es wichtig, zu entdecken, «was sie da unten haben», damit sie nicht neidisch auf die Jungs schielen, die es in bestimmten Punkten ja durchaus einfacher haben. Nicht zuletzt, weil sie ein Wettpinkeln veranstalten können oder sich nur mal kurz umzudrehen brauchen, wenn sie pinkeln müssen.

Gleichzeitig ist diese Phase für Jungen jedoch weit herausfordernder als für Mädchen, wie mir ein erfahrener Sexualberater erklärte. Knaben müssen sich, um in ihre geschlechtliche Identität hineinzuwachsen, von ihrer Mutter, mit der naturgemäß eine sehr enge Verbindung besteht, lösen. Was im Unterbewusstsein eines kleinen Jungen tiefe Ängste und Verunsicherungen auslösen kann.

An diesem Punkt sind engagierte Väter von entscheidender Bedeutung. Sie haben die Aufgabe, ihren Sohn bei der Hand zu nehmen, damit er geborgen den Schritt von seiner Mama weg in die Männerwelt wagen kann.

Väter sind gefragte Leute

Investieren Sie Zeit für typische «Männeraktivitäten», spielen Sie Kräftemessen, oder balgen Sie mit Ihrem Jungen herum. Planen Sie ab und zu einen Vater-Sohn-Abenteuertreck, schnitzen Sie Pfeil und Bogen oder auch Schwerter, gehen Sie auf eine imaginäre Wildschweinjagd … oder was immer Ihnen beiden Spaß macht.

Zu klischeehaft? Natürlich weiß ich, dass nicht alle Jungs (und auch nicht alle Väter) solch archaische Typen oder Abenteurer sind. Tun Sie einfach das gemeinsam, was Sie und Ihre Söhne zu einem unschlagbaren Team macht. (Der unzivilisierteste aller Ehemänner – meiner – empfiehlt dazu übrigens Wettspucken und gegen einen

Baum pinkeln.) Auf dem Schrottplatz Schätze sammeln, knifflige Sudokus lösen, mit Hilfe von Google Earth unbekannte Gegenden erforschen, Kartentricks einüben oder Feuerwerkskörper steigen lassen: Es gibt auf jeden Fall Varianten zu dem, was Ihre Töchter bevorzugen. Pflegen Sie den Unterschied. Sie tun damit auch den weiblichen Familienmitgliedern etwas Gutes.

Geschlechtsbedingte Unterschiedlichkeiten bejahen und unterstützen

In einer Zeit, die ideologisch stark von der Idee beeinflusst ist, dass das Geschlecht eines Menschen nicht «gegeben», sondern ein frei wählbares Konstrukt ist, mögen meine Ausführungen zum Thema «Geschlecht stärken» für die eine oder den anderen vielleicht etwas ungewohnt klingen. Doch ich kann die Theorie, dass Unterschiede zwischen den Geschlechtern nur anerzogen sind, weder aus wissenschaftlicher Sicht noch aus meiner Erfahrung heraus unterstützen. Auch wenn es selbstverständlich innerhalb des gleichen Geschlechts eine große Vielfalt gibt, verhalten Jungen sich in gewissen Punkten tendenziell schlicht und einfach anders als Mädels.

Doch nicht nur das Verhalten, auch die Körper von Mann und Frau unterscheiden sich nicht nur in Bezug auf primäre und sekundäre Geschlechtsmerkmale, sondern auch in vielen anderen Bereichen. Nicht ohne Grund kennt man in der Medizin die Fachrichtung «Gendermedizin», welche die spezifischen Unterschiede und die sich daraus ableitenden Erkenntnisse für eine wirksame Behandlung von Männern und Frauen erforscht.

Was für mich jedoch nicht bedeutet, dass wir Mädchen und Jungen schubladisieren und einengen sollten. Gerade im Blick auf den gegenwärtig starken Einfluss der Transgender-Ideologie ist es elementar, Kinder nicht in starre Rollenbilder zu pressen. Zu viele junge Frauen, die ihre Transition bitter bereuen, erkennen im Nachhinein, dass nicht ihr Geschlecht, sondern stereotype Vorstellungen über das Frau-Sein bei ihnen zu einer Fehlentscheidung geführt hatten.

Klar zu trennen ist die Transgender-Thematik übrigens vom Thema Intersexualität. Intersexuelle Menschen weisen (biologisch) nicht eindeutige Geschlechtsmerkmale auf.

Im richtigen Körper geboren

Manche Jungs spielen phasenweise tatsächlich lieber mit Puppen als mit Autos, andere gehören zur Spezies der empfindsamen Denker und Philosophen, mögen keinen Fußball und schätzen weder wilde Spiele im Freien noch das Übernachten am Lagerfeuer.

Manche Mädchen sind allergisch auf Pastellfarben und hocken, statt mit Barbie-Puppen zu spielen, viel lieber in Papas Werkstatt. Das alles ist in Ordnung und bedeutet noch lange nicht, dass solche Kinder, wie man früher sagte, «ihr Geschlecht verfehlt haben». Hier wird lediglich die unendliche Kreativität des Schöpfers sichtbar, der nicht Stereotypen, sondern Originale schafft.

Einer unserer Söhne stolzierte als Zweijähriger mit Begeisterung in den goldenen Stöckelschuhen einer Nachbarin durch die Wohnung, und viele Jungen machen zwischen drei und sechs Jahren mal eine Phase durch, in denen sie Rosa oder Pink zur Lieblingsfarbe küren. Lassen Sie sich dadurch nicht verunsichern oder einreden, Ihr Junge habe eine homo- oder transsexuelle Veranlagung. Bei fast allen Jungs geht diese Phase so schnell vorbei, wie sie gekommen ist, und zudem sind solch frühe Zuweisungen oder Festlegungen komplett verfehlt.

Mädchen und Jungen sollten weder im privaten noch im schulischen Umfeld auf ihr Geschlecht «reduziert» werden. In erster Linie sind sie: Kinder!, die in einem spannenden Entwicklungsprozess stecken. So manches kann und wird sich noch verändern, und vieles kommt ohne krampfhaftes Daran-Herumschrauben plötzlich ganz von allein ins Lot. Statt des «affirmativen Behandlungsansatzes», bei dem die Selbstdefinition des Kindes oder des Jugendlichen bestätigt wird, empfehlen viele verantwortungsbewusste Experten den sogenannt «explorativen Ansatz». Statt zu bestätigen, was ein Kind von seiner Reife her noch nicht überblicken kann, betrachtet und unterstützt man das Kind beim explorativen Behandlungsansatz ganzheitlich und versucht, das Kind in ganz verschiedenen Lebensbereichen zu fördern und zu unterstützen. Statt sich nur auf die Geschlechtsverunsicherung zu fokussieren, wird das ganze Erleben und Umfeld des Kindes miteinbezogen. So können Fehldiagnosen vermieden werden, Kinder erhalten eine umfassende kindgerechte Hilfe und werden gestärkt statt noch mehr verunsichert. Vermieden wird durch den explorativen Behandlungsansatz auch, dass Kinder zu «Trans»-Kindern erklärt werden, weil ihre Eltern dies so wollen und ihre Kinder in der Folge für die Verwirklichung der eigenen Ideologie hormonell oder chirurgisch «umbauen» lassen.

Sehr wichtig erscheint mir, dass wir Kinder nicht in Rollenklischees einsperren. Viele junge Frauen sagen, dass sie ein Mann werden wollten, weil sie nicht ins weibliche Rollenbild passten. Das sollte nun wirklich nicht sein! Gott hat Männer und Frauen, Jungen und Mädchen in einer unendlichen Vielfalt geschaffen, weil es diese Vielfalt innerhalb der zwei Geschlechter braucht. Sogenannt «maskuline» oder «wilde» Mädchen sind genauso richtig wie eher «feminin» oder «zart» wirkende Jungs. Lassen Sie sich bitte nicht einreden, Ihr Kind werde vermutlich homosexuell oder es stecke im falschen Körper, sondern lassen Sie Ihr Kind einfach Kind sein. Mädchen wachsen auch ohne Barbies und rosa Kleidchen zu prima Frauen heran, und Jungs müssen nicht Fußball spielen, um zu prima Kerlen heranzuwachsen.

Je gesünder unser Familienklima ist und je entspannter wir Eltern darauf vertrauen, dass wir selbst und unsere Kinder im richtigen Körper stecken, desto eher werden auch unsere Kids sich in ihrem Körper wohl und zu Hause fühlen.

Gleichzeitig gilt: Bei aller Vielfalt innerhalb des gleichen Geschlechts bleiben gewisse geschlechtsspezifische Unterschiede doch deutlich erkennbar.

Die drei Männer unserer Familie haben unter sich – trotz ihrer totalen Verschiedenheit – gewisse Verhaltensweisen, über die wir Frauen jeweils nur den Kopf schütteln und «typisch Männer!» murmeln können. Weil wir sie schlicht und einfach nicht verstehen. Müssen wir ja auch nicht!

Mütter: Bitte loslassen!

Als Mutter können Sie Ihrem Sohn nicht beibringen, wie es sich anfühlt, Mann zu werden. Überlassen Sie diese Aufgabe deshalb unbedingt vertrauenswürdigen männlichen Bezugspersonen. Dies können auch ältere Brüder oder engagierte Großväter sein. Wir stellen immer wieder fest, welch großen Einfluss unser Ältester trotz oder gerade wegen der zehn Jahre Altersunterschied auf seinen jüngeren Bruder hatte.

Falls solche Bezugspersonen innerhalb Ihrer Familie nicht vorhanden sind, empfehle ich Ihnen, sich Unterstützung in Ihrem Verwandten- oder Freundeskreis zu suchen. Verbringen Sie Frei-

zeit oder Ferien mit anderen zusammen, und pflegen Sie Kontakt zu Männern, denen Sie vertrauen können.

Oft braucht es in dieser ersten Phase der Loslösung von uns Müttern her die bewusste Entscheidung, unseren Sohn aus der mütterlichen Umklammerung freizugeben.

Dieses Loslassen mag schmerzhaft sein, ist für eine gesunde Identitätsbildung jedoch unerlässlich.

Und die Mädchen?

Mädchen erleben diesen Entwicklungsschritt in die eigene Geschlechterrolle hinein als deutlich weniger einschneidend, denn sie identifizieren sich in dieser Phase einfach noch stärker als bisher mit Mamas Weiblichkeit und Rolle.

Vielleicht sogar mehr, als dies uns Müttern manchmal lieb ist. Mich streifte gelegentlich ein Anflug von Eifersucht, wenn meine Töchter gekonnt mit Papa flirteten oder ihm gar einen Heiratsantrag machten. Trösten konnte ich mich damit, dass es auch bei unseren Jungs diese Zeiten gab, in denen Mama ganz einfach die Beste und Allerliebste war.

Als ich unserem Ältesten vor vielen Jahren erklärte, dass er später mal von zu Hause ausziehen würde, bestritt er dies heftig. Zitat: «Ich werde immer zu Hause bei dir bleiben, Mama!» Das schmeichelte meinem Mutterherzen natürlich sehr. Und ergab in den Teenagerjahren immer wieder mal Stoff für liebevolles Geplänkel …

Gesunde Abgrenzungen definieren und einhalten

Auch wenn es sich gut anfühlt, wenn Ihre Tochter Ihnen als Vater schöne Augen macht oder Ihr Sohn Mamas Liebling spielt: Machen Sie Unterschiede und deklarieren Sie, welche Kosenamen oder Zärtlichkeiten nur für Ihre Partnerschaft reserviert sind. Damit schützen Sie nicht nur Ihr Kind, sondern auch sich selbst.

Ein Beispiel dazu: Wir haben uns als Eltern dafür entschieden, unsere Kinder nicht wie den Ehepartner auf den Mund, sondern nur auf die Wange zu küssen. Dies hat sich bewährt, deklariert unserem Erleben nach selbstverständlich und klar den Unterschied zwischen der Eltern-Kind-Beziehung und der Paarbeziehung.

Auch wenn uns dies oft nicht bewusst ist: Die Versuchung, Kinder beispielsweise in Krisensituationen als Tröster oder gar als Partnerersatz zu benutzen, ist sehr real. Wappnen Sie sich dagegen. Es ist wichtig, dass wir uns als Eltern nicht von den Zärtlichkeiten oder der Zuwendung unseres Kindes abhängig machen. Nicht wir brauchen das Kind. Das Kind braucht uns. Nicht das Kind stillt unsere Bedürfnisse. Wir sind dazu da, die grundlegenden Bedürfnisse unseres Kindes zu stillen.

Spüren Sie den Unterschied?

Die Rolle des Schamgefühls in Sexualerziehung und Missbrauchsprävention

Mit dem Entdecken der eigenen Geschlechtlichkeit im Alter von circa vier bis sechs Jahren wächst auch die kindliche Fähigkeit, sich als Person von anderen abzugrenzen und zwischen Öffentlichkeit und Privatsphäre zu unterscheiden. Manche Kinder zeigen schon sehr früh ein ausgeprägtes Schamgefühl, andere haben noch absolut keine Hemmungen, sich im Schwimmbad vor den Augen aller umzuziehen oder nackt mit anderen zusammen zu spielen. Das Schamgefühl ist ein positives Gefühl, das natürlich im Menschen angelegt ist. Es hilft Kindern, sich zu schützen oder sich abzugrenzen und auch die Grenzen anderer wahrzunehmen und zu respektieren.

Unterstützen Sie Ihren Sohn oder Ihre Tochter beim Entwickeln eines gesunden Schamgefühls, und respektieren Sie unbedingt die Schamgrenzen, die Ihr Kind Ihnen von sich aus signalisiert.

Falls Ihr Kind auch mit fünf oder sechs Jahren noch keine Anzeichen von Scham zeigt, kann es sogar richtig sein, ihm mal liebevoll zu erklären, dass es sich von heute an in der Öffentlichkeit nicht mehr nackt sehen lassen soll. Dies, weil wir unsere Intimbereiche nicht wahllos allen Menschen zeigen. Weil nicht alles, was wir zu Hause tun, auch in den öffentlichen Raum gehört.

Ein gesundes Schamgefühl hat nichts, aber auch wirklich gar nichts mit Verklemmtheit zu tun. Es geht in der Sexualerziehung an diesem Punkt nicht darum, ein Tabu aufzubauen, sondern um ein natürliches Empfinden für den privaten Raum und für persönliche Grenzen, die wir klar definieren und, wo dies notwendig ist, auch schützen.

Ein Kind, das ein gesundes Empfinden für Intimität und natürliche Abgrenzung besitzt, ist in Bezug auf Übergriffe weniger gefährdet als eines, das kein Gefühl für Nähe und Distanz entwickelt hat. Nur wer seine eigenen Grenzen kennt, kann Grenzverletzungen klar als solche entlarven und sich dagegen zur Wehr setzen.

Wichtig ist es, gerade auch im Blick auf die Prävention von Übergriffen, Kindern den Unterschied zwischen ungesunder und gesunder Scham zu erklären. Gesunde Scham schützt oder hilft, ungutes Verhalten zu überwinden. Ungesunde Scham bedrückt und erniedrigt, löst oft ein anhaltendes und diffuses Gefühl von Wertlosigkeit und Trauer aus. Sich zu schämen, weil man etwas falsch gemacht hat, hilft, es ein anderes Mal besser zu machen. Sich zu schämen, obwohl man nichts falsch gemacht hat oder sogar Opfer wurde, ist hingegen zutiefst krankmachend.

Missbrauchstäter treiben Kinder oft in diese zerstörerische Scham, indem sie die Schuld für den Übergriff dem Kind zuschieben.

Achten Sie sowohl zu Hause wie auch in der Öffentlichkeit unbedingt darauf, Ihre Kinder nicht zu beschämen. Beschämung macht Kinder – im Gegensatz zu einem die Würde des Kindes jederzeit schützenden (Konflikt-)Gespräch – nicht lebenstauglich, sondern schwach.

Unverklemmtes Familienleben?

Beobachten Sie, ob es Ihrer Tochter oder Ihrem Sohn noch angenehm ist, Sie als Erwachsene nackt zu sehen. Oft leben Eltern –

aus dem Bedürfnis heraus, modern und aufgeschlossen zu sein – eine Freizügigkeit, die ihrem Kind längst peinlich oder sogar lästig ist.

Wenn Ihr Kind sich Ihnen nicht mehr nackt zeigen will, ist meiner Ansicht nach möglicherweise der Moment gekommen, wo Sie sich Ihrem Kind auch nicht mehr nackt zeigen sollten.

Lassen Sie Ihr Kind auch nicht zuschauen oder dabei sein, wenn Sie als Paar miteinander intim werden. Drehen Sie den Schlüssel der Schlafzimmertüre, oder verschieben Sie sexuelle Intimität auf Zeiten, in denen Ihre Kinder schlafen oder außer Haus betreut werden. Auch aufreizende Zärtlichkeiten oder erotische Anspielungen sollten meiner Ansicht nach nicht in der Gegenwart von Kindern ausgetauscht werden. Das Miterleben von sexuellen Handlungen zwischen Erwachsenen hat auf Kinder in vielen Fällen entweder eine beunruhigende und verstörende oder eine abschreckende, abstoßende Wirkung.

Aber was tun, wenn Ihr Kind Sie doch einmal beim Geschlechtsverkehr überraschen sollte?

Unterbrechen Sie die traute Zweisamkeit, und verschieben Sie die Fortsetzung auf einen anderen Zeitpunkt. Beobachten Sie, wie Ihr Kind reagiert, und handeln Sie dementsprechend. Wenn Ihr Sprössling völlig unbefangen sein Anliegen vorträgt und Sie merken, dass er gar nicht mitbekommen hat, was abgeht, braucht es möglicherweise überhaupt keine Kommentare oder Erklärungen.

Falls Ihr Kind jedoch nachfragt, was Sie denn da tun, oder Sie an Gesichtsausdruck oder Körperhaltung merken, dass Ihr Kind irritiert ist, dann suchen Sie auf altersgerechte Art das Gespräch. Erklären Sie Ihrer Tochter oder Ihrem Sohn, dass dies eine der Arten ist, mit denen Eltern oder andere erwachsene Paare einander zeigen, dass sie sich sehr liebhaben und einander ganz nah sein möchten.

Wichtig ist, dass Ihr Kind merkt, dass niemandem wehgetan wurde und es beiden Elternteilen gutgeht. (Ein Kind kann nämlich durchaus den Eindruck gewinnen, dass beispielsweise der Papa der Mama wehgetan hat.) Zeigen Sie Verständnis, wenn Ihr

Kind es unangenehm oder abstoßend findet, Liebe auf diese Art auszudrücken.

Ihr Kind muss Erwachsenen-Sexualität weder verstehen noch als schön empfinden, denn es ist ein Kind und soll auch genau das sein. Trennen Sie die Erwachsenenwelt immer wieder klar von der Kinderwelt ab. Erklären Sie Ihrem Sohn oder Ihrer Tochter (natürlich nur, falls dies zutrifft), dass Sie es früher auch komisch oder abstoßend fanden, sich vorzustellen, dass Erwachsene Geschlechtsverkehr haben.

Ich erinnere mich daran, dass ich als Kind davon überzeugt war, dass meine Eltern «das» nur vier Mal machten, weil es unvermeidbar war, um uns vier Kinder zu bekommen …

Kinder vor Übergriffen und sexueller Ausbeutung schützen

Wer sein Kind vor Übergriffen und sexuellem Missbrauch schützen will, muss wissen, dass es nicht damit getan ist, mit dem Kind ein Bilderbuch über das Nein-Sagen anzuschauen. Das Thema ist komplexer, insbesondere wenn eine Bindung oder ein Abhängigkeitsverhältnis besteht oder dem Kind mit Konsequenzen gedroht wird, falls es sich jemandem anvertraut.

«Mit dem Begriff ‹sexuelle Ausbeutung› bezeichnet man alle Formen von sexuellen Handlungen an Kindern oder Jugendlichen durch Erwachsene oder durch Jugendliche. Ein Erwachsener oder ein Jugendlicher nützt bei einer sexuellen Ausbeutung seine körperliche, geistige und emotionale Überlegenheit aus, um seine eigenen Bedürfnisse durch sexuelle Handlungen mit Kindern zu befriedigen. Fast immer kommen die Täter bzw. Täterinnen aus dem nahen sozialen Umfeld des betroffenen Kindes oder Jugendlichen. In der Mehrzahl, nämlich in rund 90 % aller Fälle, handelt es sich um männliche Täter.»[16]

Sexuelle Ausbeutung kann durch Vertrauenspersonen geschehen, die sich als lieb und gutmeinend präsentieren (Eltern, Großeltern,

Tanten, Cousins, Nachbarn, Familienfreunde, Jugendleiterinnen, Lehrer ...), oder durch (teilweise fremde) Personen, die aggressiv oder gewalttätig vorgehen. Übergriffe können mitunter auch als Bestrafung getarnt werden, indem erklärt wird: «Du bist ein böses Kind. Du verdienst das.»

Viele sexuelle Übergriffe finden leider innerhalb der Familie statt. Erhöht ist die Gefahr in Familien, die sich nach außen stark abschotten, Sexualität tabuisieren und die Gefahr von sexueller Ausbeutung verleugnen. («So etwas kommt bei uns nicht vor!»).

Ebenfalls erhöht ist die Gefahr von sexueller Ausbeutung in übererotisierten Familien oder Institutionen, wo Intimität nicht geschützt und natürliche Schamgrenzen überschritten werden. Beispielsweise indem erklärt wird, das Kind oder andere abhängige Personen würden in ihrer Entwicklung gefördert oder ihre sexuellen Bedürfnisse müssten gestillt werden.

Erklären Sie Ihrem Kind, dass niemand das Recht hat, es auf unerwünschte Weise zu berühren. Akzeptieren Sie, wenn es dem Opa oder der Patin keinen Kuss geben will, auch wenn die betreffende Person dies möglicherweise als Affront empfindet. Wer Grenzen zieht, muss es in Kauf nehmen, dass er dadurch auch Menschen vor den Kopf stößt. Man kann es nicht immer allen recht machen.

Klar sollte für jedes Kind sein, dass man nie mit Fremden mitgeht und nicht zu Unbekannten ins Auto steigt.

Einem Kind bis ins Detail zu erklären, was bei sexuellem Missbrauch geschieht, halte ich nicht für sinnvoll, weil das Kind solche Schilderungen nur schwer verkraften kann und dadurch möglicherweise ungesunde Ängste entwickelt.

Ich wollte und will nicht, dass meine Kinder in Bezug auf die Missbrauchsthematik wie die Maus vor der Schlange kauern und sich nur noch auf das fixieren, was ihnen alles zustoßen könnte. Stattdessen fördere und unterstütze ich sie lieber im Aufbau eines gesunden Selbstwert- und Schamgefühls.

Nähe und Distanz in Beziehungen

Dieses Thema ist ein wichtiges, jedoch gerade auch im Hinblick auf die Missbrauchsproblematik oft vernachlässigtes Lernfeld. Ein gesundes Gefühl für Nähe und Distanz gehört meiner Ansicht nach unbedingt zu dem, was Kinder in der Familie lernen sollten. Von uns Eltern lernen sie, zu fremden Menschen erst mal einen gesunden Abstand einzuhalten und sich dann langsam anzunähern. Beziehungen wachsen schrittweise. Vertrautheit braucht Zeit. Freundschaft ist nicht «sofort und jetzt gleich» zu haben, sondern wächst, wenn wir einer anderen Person Stück für Stück unser Herz öffnen.

Ein gesundes Empfinden für Nähe und Distanz wird unter anderem dadurch gefördert, dass Sie Ihr Kind nicht einfach wildfremden Menschen anvertrauen. Vertrauensvolle Beziehungen laufen grundsätzlich über uns Eltern.[17] Wir als Erziehungsverantwortliche entscheiden, wer unserer Ansicht nach vertrauenswürdig ist, und geben unserem Kind dann grünes Licht oder ein klares Stoppsignal.

Begleiten Sie Ihr Kind, wenn es das erste Mal seinen neuen Spielkameraden besucht. Lassen Sie sich zum Kaffee oder Tee bitten, oder laden Sie die andere Familie zu einem ungezwungenen Essen ein, bevor Sie sich dafür entscheiden, Ihr Kind mit ins Schwimmbad oder in den Tierpark gehen zu lassen.

Beobachten Sie, wie Menschen, bei denen Ihr Kind Zeit verbringen möchte, sich verhalten, und beobachten Sie auch, wie die Spielkameraden Ihrer Kinder sich verhalten. Fällt ein Kind durch eine stark sexualisierte Sprache oder nicht altersgerechtes, sexualisiertes Verhalten auf, empfehle ich Ihnen, nach Möglichkeit das Gespräch mit seinen Eltern zu suchen.

Nehmen Sie ungute Gefühle ernst und entscheiden Sie sich dementsprechend. Auch wenn dies bei Ihrem Kind vielleicht auf Widerstand oder Unverständnis stößt, weil es doch sooo gerne bei seiner neuen Freundin übernachtet hätte.

Kommunizieren Sie, dass Sie dazu noch nicht bereit sind oder dass Sie ein ungutes Gefühl haben und dieses nicht übergehen werden.

Ihr Kind wird dadurch lernen, seine eigenen Gefühle ebenfalls ernst zu nehmen; selbst wenn es dadurch bei anderen auf Unverständnis oder Ablehnung stoßen sollte.

Auch innerhalb der eigenen Verwandtschaft ist ein gesundes Maß an Vorsicht angebracht. Viele Missbrauchstäter stammen ja, so schrecklich dies klingt, aus dem nahen Familienkreis der Opfer. Entschließen Sie sich bereits jetzt dazu, zu reagieren und sich sofort Hilfe zu holen, wenn Sie übergriffiges Verhalten beobachten sollten.

Der Schutz Ihres Kindes steht, was die Missbrauchsthematik betrifft, in jedem Fall weit über allen anderen familiären oder freundschaftlichen oder geschäftlichen Interessen!

Die Entscheidung, Missbrauch in jedem Fall zu ahnden, ist in sich selbst schon präventiv, hat unbewusste Auswirkungen auf Ihr Umfeld. Dies, weil nämlich Übergriffe vom Dulden und Verschweigen leben. Bekräftigen Sie deshalb in Ihrem Herzen immer wieder neu den Entschluss, Übergriffe oder Missbrauch in jedem Fall aufzudecken und keine Verharmlosungen zuzulassen.

Auch dann nicht, wenn es einen Menschen betreffen sollte, den Sie von Herzen lieben.

Was sehr, sehr schwer ist, ich weiß! Man kann dies ja – auch bei sich selber, wenn man ehrlich ist – schon bei viel weniger dramatischen Vorkommnissen feststellen. Persönlich kämpfte ich als Mama immer wieder mal gegen die Versuchung, Dinge zuzudecken oder zu beschönigen, um den guten Ruf zu wahren oder das Gesicht nicht zu verlieren.

Sehr lebendig steht mir dazu eine Begebenheit vor Augen, die schon recht weit zurückliegt. Mein Mann und ich hatten uns heftig gestritten, worauf eines unserer Kinder nach draußen lief, um den dort Anwesenden zu erzählen, was bei uns zu Hause gerade abgegangen war. Wie peinlich! Am liebsten hätte ich zu meinem Kind gesagt: «Komm wieder ins Haus, du sollst solche Dinge doch nicht aller Welt erzählen! …»

Doch ich entschied mich, dies nicht zu tun. Ich will meine Kinder nicht auf unheiliges Verschweigen trimmen. Was bei uns zu Hause passiert, will ich nicht um des schönen Scheins willen unter Verschluss halten. Ich will nicht ins Fahrwasser des Ignorierens oder Beschönigens, des Banalisierens oder Duldens geraten. Ich will Offenheit leben, transparent, ehrlich und zur Korrektur bereit sein. Was wir – als Ehepaar und als Familie – immer wieder neu brauchen, ist tiefgreifende Veränderung. Und die geschieht unserer Erfahrung nach eben letztlich nur dort, wo wir uns der Wahrheit aussetzen, die uns, wie Jesus es formulierte[18], zu echtem Leben befreit.

Transparenz als Lebensstil

Die Bibel fordert uns heraus, «im Licht» zu leben. Sie tut dies unter anderem, weil Ehrlichkeit und Transparenz der beste Schutz gegen Versuchungen sind – mit denen gerade auch im sexuellen Bereich einfach nicht zu spaßen ist.

Sexueller Missbrauch ist kein Kavaliersdelikt. Er richtet in der Seele des betroffenen Kindes eine unermessliche Zerstörung an, und oft wird dieses Leiden noch dadurch verstärkt, dass andere – manchmal sogar die eigene Mutter – um die Übergriffe wissen, diese jedoch ignorieren und verharmlosen, statt dem Kind zu Hilfe zu kommen. Wie schrecklich!

Doch nicht nur körperlicher Missbrauch richtet große Schäden an. Wer ein Kind benutzt, um die eigenen emotionalen Defizite zu kompensieren oder den fehlenden Partner zu ersetzen, ist auch übergriffig. Und unter abwertendem oder verletzendem Verhalten innerhalb unserer Partnerschaften leiden nicht nur wir Eltern; nein, auch unsere Kinder leiden mit.

So sehr sich manche Experten bemühen, den modernen Familienformen Gutes abzugewinnen: Elterliches Fremdgehen, offene Beziehungen, Trennungen oder Scheidungen belasten Kinder und ziehen ihnen, bildlich gesprochen, ein Stück sicheren Bodens unter den Füßen weg. Lassen Sie es, soweit dies in Ihrer Macht steht, nicht dazu kommen. Investieren Sie in Ihre Partnerschaft, leben Sie – auch durch schwierige Zeiten hindurch – treu und verbindlich.

Ich denke, niemand von uns kann sagen: «Ach, was die Frau Lehmann hier aufzählt, hat doch alles gar nichts mit mir zu tun.» Je ehrlicher wir uns selbst in die Augen schauen, desto mehr realisieren wir, dass wir längst nicht so gut, so treu und vorbildlich sind, wie die meisten von uns es gerne sein möchten. Dass wir immer wieder aus unseren Defiziten, aus unserem Hunger nach Liebe und Anerkennung heraus reagieren und dadurch anderen Menschen schaden oder sie verletzen. Dass wir – auch unseren Kindern und unserem Ehepartner gegenüber – immer wieder schuldig werden. Und weil auch Gott dies weiß, hat er längst einen Entsorgungsplatz eingerichtet für all das Dunkle, das sich in unseren Herzen befindet.

Jesus Christus sagt von sich, dass er das Licht ist, welches das Leben aller Menschen hell machen will. Wir sollen nicht im Dunkeln tappen und uns selber belügen, sondern klar sehen und aus dieser Klarheit heraus so leben, dass wir uns selbst und anderen möglichst wenig Schaden zufügen. In diesem Licht, von dem die Bibel redet, begegnet uns dank Jesus der gnädige Gott, der zerstörerische Gedanken und Taten nicht nur aufdeckt, sondern auch gerne vergibt, wenn wir zur Umkehr bereit sind.

Stellen Sie sich den Problemen, die Sie bei sich selbst oder bei Ihrem Partner entdecken, ohne sich zu rechtfertigen oder das Ganze zu banalisieren, und nehmen Sie Hilfe in Anspruch, wenn Sie alleine nicht weiterkommen.[19]

Erfahrungen von Übergriffen und Missbrauch aufarbeiten

Falls Sie selbst Opfer von Übergriffen waren, möchte ich Sie dazu ermutigen, diese Erfahrungen mit Hilfe einer kompetenten Fachperson aufzuarbeiten. Sie finden im Anhang unter dem Stichwort «Adressen von Beratungsstellen» und «Buchempfehlungen» Links und Telefonnummern zu Fachstellen und Seelsorgeangeboten.

Auch wenn dieser Weg viel Kraft brauchen wird, ist er doch der einzig hilfreiche, den ich Ihnen empfehlen kann. Sie machen diesen Aufarbeitungsprozess letztlich nicht nur sich selbst, sondern mindestens so sehr auch Ihren Kindern zuliebe durch.

Verdrängte oder nicht verarbeitete Missbrauchserlebnisse wiederholen sich nämlich nur allzu oft in der nächsten Generation. Lasten werden von den Eltern an die Kinder weitergegeben. Von Herzen wünsche ich Ihnen deshalb allen Mut, aber auch alle Kraft und Hilfe, die Sie brauchen, um Schritte auf dem Weg zu innerem Heilwerden zu wagen.

Zum Schluss dieses Abschnitts

Mit meinen Ausführungen zum Thema Missbrauch geht es mir nicht darum, Sie zu grundsätzlich misstrauischem Denken oder Verhalten Ihren Mitmenschen gegenüber anzustacheln. Das Gegenteil ist der Fall: Ich wünsche Ihnen, dass Sie, gerade weil Sie auf gesunde Weise realistisch und wachsam sind, auch vertrauensvoll in Beziehungen investieren können.

Wer ein realistisches Bild von sich selbst und von den Mitmenschen hat, wer das Dunkle, das eben auch in uns Menschen steckt, nicht beschönigt oder ignoriert, der kann letztlich gerade deshalb gesunde Beziehungen aufbauen.

Wer die eigenen Gefühle ernst nimmt und seinen Wahrnehmungen traut, ist dadurch einerseits eher bereit, auf Gefahren zu reagieren und sich am richtigen Ort Hilfe zu holen, kann andererseits aber auch offen und angstfrei auf Menschen zugehen, denen er vertraut.

Nehmen Sie die Signale Ihres Kindes, aber auch Ihre eigenen Wahrnehmungen deshalb unbedingt ernst, ohne jedoch deswegen gleich «auf Panik zu machen». Sprechen Sie mit Ihrem Partner oder konsultieren Sie eine Vertrauensperson, wenn Ihr Kind sich ungewöhnlich verhält, den Kontakt mit einer bestimmten Person ängstlich zu vermeiden versucht, über dubiose Schmerzen klagt – oder was auch immer Sie als Mutter oder Vater hellhörig macht. Suchen Sie sich Hilfe, zum Beispiel bei Ihrem Kinderarzt, der Sie entweder selbst begleiten oder an eine Fachstelle weiterweisen wird.

Glücklicherweise liegen die Gründe für auffälliges Verhalten nicht immer in einem erfolgten Übergriff oder Missbrauch.

Eine unserer Töchter klagte während längerer Zeit vor allem abends über ein «komisches Gefühl» im Bauch. Weil wir den Grund nicht herausfinden konnten, meldeten wir sie bei einer Marionetten-Therapeutin an.

Spielerisch ermittelte diese den Grund für die Schwierigkeiten unserer Tochter und half ihr, bessere Lösungsstrategien zu erlernen. Es handelte sich bei den Problemen unserer Tochter nicht um eine Missbrauchserfahrung, sondern «nur» um massive Konflikte mit Freundinnen.

Es gibt heute wirklich ein breites Spektrum an guten Möglichkeiten, um Kindern beim Verarbeiten schwieriger oder traumatischer Erfahrungen zu helfen. Nutzen Sie diese unbedingt, und warten Sie nicht zu lange ab, wenn Ihr Kind besorgniserregende Signale aussendet.

Berührung erwünscht

«Männer haben's schwer, nehmen's leicht …», so beschreibt der Sänger Herbert Grönemeyer in seinem Song «Männer» das Mann-Sein.

Dass Männer es schwer haben, stimmt zumindest in Bezug auf das Thema Zärtlichkeit und sexuelle Übergriffe tatsächlich. Manche Väter sind zutiefst verunsichert und trauen sich – aus der Angst heraus, als übergriffig bezeichnet zu werden – kaum mehr, ihre Töchter irgendwo anzufassen. Was für diese einen großen Verlust darstellt.

Gesundes und stimmiges (nicht sexuell motiviertes) Berührtwerden seitens des Vaters brauchen nämlich auch die Mädchen unbedingt. Unsere Töchter liebten es, auf Papas Schoß zu sitzen oder auf seinem Rücken die Treppe hoch ins Bett bugsiert zu werden. Bis heute nutzen sie günstige Gelegenheiten, um sich bei Papa anzukuscheln oder sich eine herzhafte Umarmung zu holen. Trauen Sie sich bitte, liebe Väter, und lassen Sie Ihre Töchter nicht aus Angst, etwas falsch zu machen, emotional im Regen stehen!

Schutz vor Frühsexualisierung

Weil Kinder einen natürlichen Schutzschild besitzen und in Bezug auf ihre sexuelle Entwicklung einem ganz individuellen Rhythmus folgen, sollten sie nicht gezwungen werden, sich mit Sexualität zu befassen, wenn sie dazu (noch) nicht bereit sind.

Sexualität ist nicht etwas Technisches, das wie Mathematik oder Geometrie zu einem klar definierten Zeitpunkt vermittelt werden muss. Sie ist ganz natürlich im Kind drin angelegt und entwickelt sich grundsätzlich von alleine und zur richtigen Zeit. Ohne die Nachhilfe von Erwachsenen!

Schützen Sie Ihr Kind deshalb vor unerwünschten Informationen oder vor Praktiken, die Sie als unnatürlich oder übergriffig empfinden.

Reagieren Sie, wenn Sexfilme oder pornografische Darstellungen auf Kinderaugenhöhe im Regal eines Geschäftes stehen, und weisen Sie das Verkaufspersonal auf die entsprechenden Kinderschutzgesetze hin. Protestieren Sie an den dafür zuständigen Stellen gegen sexualisierende oder sexistische Werbung und schlucken Sie nicht kommentarlos alles, was Ihnen in der Öffentlichkeit präsentiert wird.

Viele Missstände – auch in Bezug auf die Sexualisierung unserer Gesellschaft – haben sich nach und nach eingebürgert, weil niemand dagegen protestierte.

Auch wenn Sie den Eindruck haben, Ihr Protest bewirke nicht mehr als der bekannte Tropfen auf den heißen Stein: Melden Sie sich zu Wort. Kinderschutz geht alle etwas an.

Wehren Sie sich, wenn Ihren Kindern Dinge gezeigt werden, die Sie für zu früh oder für schädlich erachten. Intervenieren Sie, wenn Sie den Eindruck haben, dass Ihre Kinder gezwungen werden, bei Spielen oder Übungen mitzumachen, die Sie als sexualisierend einstufen. Suchen Sie auf freundliche, sachliche und angenehme Art das Gespräch, und beraten Sie sich gemeinsam mit den involvierten Bekannten oder Freunden über mögliche Lösungen des Problems.

Falls die zur Sorge Anlass gebenden Vorfälle im Kindergarten oder in der Schule stattfinden, wenden Sie sich an die betreffende Lehrperson. Sollten Sie zu keiner Übereinstimmung kommen, kann es Sinn machen, die Schulleitung oder die für solche Konflikte vorgesehene Stelle aufzusuchen. Wichtig ist dabei, dass deutlich wird, dass Sie nicht gegen Sexualaufklärung sind, sondern sich für eine sorgfältige und kindgerechte Sexualaufklärung einsetzen.

Vielleicht besteht die Möglichkeit, Ihr Kind punktuell vom Unterricht abzumelden, oder die Schule bietet Ihrem Kind Alternativen an. Suchen Sie nach konstruktiven Lösungen, investieren Sie Engagement und Kreativität, um sich (im privaten wie auch im öffentlichen Bereich) der zunehmenden Sexualisierung von Kindern entgegenzustellen.

Im eigenen Zuhause einen Raum zu schaffen, in dem Kinder nicht sexualisiert werden, war mir als Mama wichtig. Dazu gehörte auch, dass ich Filme und Zeitschriften sorgfältig auswählte. Gratis-Zeitschriften, die in vielen Fällen sexualisierende Bilder und Texte enthalten, wollte ich in unserem Haus nicht herumliegen haben.

Dass meine Kinder außerhalb unseres Einflussbereiches mit diesen Dingen trotzdem in Kontakt kommen konnten, war mir dabei durchaus bewusst. Doch ich war und bin überzeugt, dass es sich lohnt, Kinder zu Hause für einen wertschätzenden Umgang mit Beziehungen und Sexualität zu sensibilisieren.

Unterdessen staune ich immer wieder dankbar darüber, wieviel Gutes unsere Kids aus ihrer Kinderstube mitgenommen haben. Auch wenn diese ganz und gar nicht perfekt war und es sich manchmal eher anfühlte, als würde ich in den Wind oder gegen Wände reden …

Aufklären – aber wie?

Mit der Entdeckung der eigenen Geschlechtsidentität steigt bei vielen Jungs und Mädels die Neugier dem anderen Geschlecht gegenüber. Meist ist diese Neugier bei Kindern, die nur gleichgeschlechtliche Geschwister haben, stärker als bei solchen aus gemischtem Geschwisterkreis, für die der Anblick des anderen Geschlechts viel natürlicher zum Alltag gehört.

Erklären Sie Ihrem wissbegierigen Kind anhand eines geeigneten Bilderbuches[20] die offensichtlichen Unterschiede zwischen Mädchen und Jungen, zwischen Mann und Frau. Beantworten Sie seine Fragen unbedingt wahrheitsgemäß, denn Ihr Kind soll Ihnen ja jetzt und in der Zukunft vertrauen können. Falls Sie im Moment überfordert sind, ist es absolut in Ordnung, wenn Sie Ihrem Kind erklären, dass Sie etwas Zeit zum Überlegen oder Recherchieren brauchen, aber gerne darauf zurückkommen. Beantworten Sie anschließend die Frage Ihres Sprösslings, ohne allerdings zu sehr ins Detail zu gehen. Viele Eltern schießen aus dem Bedürfnis heraus, es unbedingt richtig machen zu wollen, nämlich weit über das Ziel hinaus.

Vier- bis Sechsjährige müssen und wollen meist noch gar nicht bis in letzte Einzelheiten wissen, wie der Geschlechtsverkehr funktioniert oder was bei einer Geburt im Detail geschieht.

Alle Einzelheiten zu kennen, wäre für viele Kinder in diesem Alter erstens eine Überforderung und zweitens möglicherweise der Anstoß, mit anderen Kindern zusammen das Gehörte auszuprobieren.

Es reicht vollkommen, einem Kind in diesem Alter zu erklären, dass der Papa und die Mama sich sehr liebhaben und sich deshalb manchmal, wenn sie miteinander allein sind, ganz nah aneinanderkuscheln. Dass der Papa in den Hoden winzig kleine Samenzellen hat, welche die kleine Eizelle, die in Mamas Bauch gewachsen ist, befruchten können. Und dass sich dann aus dieser befruchteten Eizelle ein Baby entwickelt, auf das sich beide riesig freuen. Und falls Ihr Kind dies wissen möchte: Dass das Baby am Tag der Geburt bei der Öffnung zwischen Mamas Beinen, der Vagina, herauskommt. Falls das Kind mehr wissen möchte, wie die Geburt funktioniert, können Sie als Illustration einen Luftballon verwenden. Wie die Gebärmutter dehnt der Ballon sich und zieht sich wieder zusammen, und wie die Gebärmutter hat er eine dehnbare Öffnung (einen «Hals»). Will Ihr Kind wissen, wie die

Samenzellen denn in die Gebärmutter gelangen, erklären Sie ihm, dass der Penis des Papas steif werden muss, damit Papa die Samenzellen in Mamas Vagina legen kann. Da Jungen ja immer wieder erleben, dass ihr Penis steif wird, ist dies für sie gut nachvollziehbar. Und auch viele Mädchen haben bei kleineren Jungen ja schon mal gesehen, wie das aussieht.

Beiläufiges Weitergeben von Informationen und Werten

Nicht alle Kinder stellen unbefangen Fragen, wenn etwas sie interessiert. Falls Sie Söhne oder Töchter haben, die sich eher zurückhaltend-beobachtend verhalten, kann es sinnvoll sein, dass Sie bezüglich Sexualaufklärung dezent die Initiative ergreifen.

Reihen Sie ein altersgemäßes Bilderbuch ins Kinderzimmerregal ein, das Sie irgendwann mal, so wie andere Bücher auch, abends am Bett vorlesen und kindgerecht erklären.

Schneiden Sie gelegentlich, so ganz nebenbei – zum Beispiel beim Wäschefalten oder Fahrradreparieren – die Themen an, von denen Sie merken, dass sie Ihr Kind beschäftigen.

So vermeiden Sie, dass ein scheues Kind sich seine Informationen entweder selbst zusammenbastelt oder diese bei Gleichaltrigen oder anderen Quellen einholt.

Das Erwachsenenleben ausprobieren

Rollenspiele stehen bei den meisten Jungen und Mädchen in dieser Entwicklungsphase hoch im Kurs. Familie, Krankenhaus oder Geburt sind dabei oft Top-Favoriten, aber auch die Kirche (zum Beispiel Beerdigungen oder Hochzeiten) bietet sich an, um ein erstes Mal das Erwachsenenleben auszutesten.

Wundern Sie sich deshalb nicht, wenn Ihre Vierjährige plötzlich unverwechselbar Omas Sprechweise imitiert oder Ihr Sohn «genau wie der Pfarrer letzten Sonntag» auf der improvisierten Kanzel seine erste Predigt in nicht immer ganz lupenreiner Sprache hält.

Auch weniger amüsante Situationen gehören mit zum Programm: Was hab ich mich jeweils geschämt, wenn die Puppenmutter im Kinderzimmer ihre Sprösslinge in *meiner* Tonlage lautstark und mit nicht immer ganz salonfähigen Ausdrücken ausschimpfte. Die Sache mit dem Apfel, der nicht weit vom Stamm fällt, gewinnt in dieser Phase ganz eindeutig an Aktualität! …

Sexualisierte Sprache

Es gibt Momente, da bleibt uns Eltern echt die Spucke weg. Beispielsweise, wenn unser Fünfjähriger mit «schmutzigen» Wörtern um sich wirft oder unsere Sechsjährige sexualisierte Ausdrücke benutzt und interessiert beobachtet, ob wir schockiert reagieren oder cool bleiben. Nicht immer ist es sinnvoll oder notwendig, den Sinn solcher Worte zu erklären. Kinder wiederholen oft einfach, was sie bei Nachbarskindern oder auf dem Schulhof hören, und davon ist manches einfach noch nicht altersgerecht. Und natürlich testen unsere Kids, was sie mit solchen Wörtern auslösen können. Auch wenn sie vieles noch nicht verstehen, spüren sie oft schon irgendwie, dass es keine schönen Begriffe sind. Doch «schmutzigen» Wörtern hängt eine gewisse Faszination an, und Kinder haben manchmal durchaus Lust am Schockieren oder daran, Tabu-Grenzen zu überschreiten. Je cooler Sie reagieren, desto besser.

Gleichzeitig ist es wichtig, zu definieren, wie wir miteinander kommunizieren möchten und was bei uns zu Hause nicht toleriert wird. Wollen wir Begriffe (noch) nicht erklären, können wir beispielsweise sagen: «Dieser Begriff ist abwertend, respektlos, beleidigend … ich möchte nicht, dass du so sprichst.» Wichtig ist aber auch das Bewusstsein, dass es je nach Kind sehr herausfordernd sein kann, sich von solchen Ausdrücken nicht «anstecken» zu lassen. Eines meiner Kinder schrie, als ich es wegen seiner Sprache zurechtwies, laut heraus: «Mama, du hast keine Ahnung, wie schwierig es ist, solche Wörter nicht zu benutzen, wenn ich sie von meinen Schulkollegen ständig zu hören bekomme!» Das konnte ich nachvollziehen, und es half mir, nicht nur klar, sondern auch barmherzig zu sein.

«Doktorspiele» und Co.

Vier- bis Sechsjährige verwandeln das, was sie beschäftigt oder interessiert, oft in Rollenspiele.

Die Konsultation beim Kinderarzt oder ein Besuch im Krankenhaus liefern dazu äußerst spannende Drehbücher. Ich erinnere mich an Zeiten, wo wir als Kinder unser Zimmer regelmäßig in eine professionell eingerichtete Klinik verwandelten. Respekteinflößend stolzierten Ärzte mit umgehängtem Stethoskop und häubchengeschmückte Schwestern von Bett zu Bett. Arme und Beine wurden eingegipst und in Schlingen gehängt, Spritzen für alles Mögliche und Unmögliche verpasst und natürlich pausenlos Fieber gemessen und Medikamente (in Form von Smarties oder Traubenzucker) verabreicht.

Auch «Heiraten, Schwangersein und Kinderbekommen» spielten wir häufig – in wechselnden Kombinationen und Szenen. Wobei die Geburten immer sehr rasch und ohne Komplikationen vonstatten gingen …

Diese Art von Rollenspielen bereitet uns Eltern normalerweise kein Kopfzerbrechen. Weshalb auch?

Herausfordernd wird es erst, wenn wir unsere Kinder dabei überraschen, dass sie interessiert die Geschlechtsteile ihrer Patienten inspizieren oder splitternackt «Mama und Papa im Bett» spielen.

Wie sollen wir als Eltern auf diese Art von Beschäftigung, die im allgemeinen Sprachgebrauch häufig mit dem Begriff «Doktorspiele» umschrieben wird, reagieren?

Die Meinungen dazu sind ebenso vielfältig wie verwirrend. Von «Ach, das muss doch unbedingt sein, das gehört zur natürlichen Entwicklung» bis hin zu «Das musst du deinen Kindern in jedem Fall verbieten!» hört man so ziemlich alles.

Da mir beide der genannten Extreme nicht zielführend erscheinen, versuche ich, Ihnen das weiterzugeben, was ich aus der persönlichen Erfahrung heraus zu diesem Thema beitragen kann.

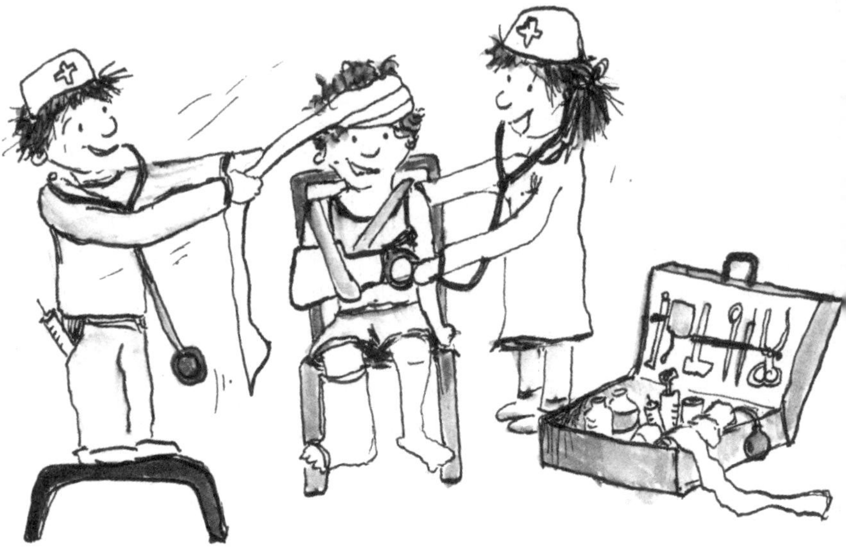

Bleiben Sie möglichst gelassen, wenn Sie Ihr Kind bei dieser Art von Spielen überraschen. Wenn Sie zu scharf oder sehr empört reagieren, könnte dies bei den spielenden Kindern das Gefühl auslösen, Nacktheit sei grundsätzlich böse und die Geschlechtsteile seien etwas Schlechtes, das man auf keinen Fall berühren dürfe – oder was auch immer Kinder aus solchen Erfahrungen für Schlüsse ziehen mögen.

Nehmen Sie beim Versuch, sachlich und ruhig zu reagieren, aber auch Ihre spontanen Gefühle zu dem, was Sie sehen und wahrnehmen, unbedingt ernst.

Falls es Ihnen bei dem, was die Kinder miteinander machen, unwohl ist, möchte ich Sie dazu ermutigen, dass Sie Maßnahmen ergreifen. Erklären Sie, dass es jetzt Zeit wird, sich wieder anzuziehen. (Auch im Krankenhaus liegen Patienten schließlich nicht für längere Zeit nackt auf dem Untersuchungstisch …) Machen Sie einen anderen attraktiven Spielvorschlag, oder offerieren Sie eine leckere Zwischenmahlzeit. Dies verschafft Ihnen die notwendige Zeit, um erst mal Ihre Gedanken und Gefühle zu sortieren.

Abends, wenn die eifrigen kleinen Entdecker längst im Land der Träume weilen, können Sie dann in aller Ruhe mit Ihrer Partnerin oder Ihrem Partner über das Erlebte sprechen und darüber beraten, ob Sie Ihren Kindern gegenüber das Ganze nochmals thematisieren wollen und wie Sie in Zukunft auf ähnliche Vorfälle reagieren könnten.

Falls Sie unsicher sind, ob das beobachtete Spiel entwicklungs- und altersgemäß war, kann es hilfreich sein, erfahrene Mütter und Väter aus Ihrem Bekanntenkreis oder Ihren Kinderarzt um Rat zu fragen.

Einige grundsätzliche Hinweise

Sogenannte «Doktorspiele» sollten sich altersgemäß abspielen. Wenn Vierjährige beispielsweise den Geschlechtsverkehr ausprobieren und dabei das Verhalten von Erwachsenen beim Liebesakt perfekt imitieren, ist das meiner Ansicht nach nicht der natürlichen Entwicklung entsprechend. Die Vermutung liegt nahe, dass Kinder, die sich so verhalten, bereits Dinge gesehen oder erlebt haben, die nicht kindgerecht sind.

Versuchen Sie, wo dies möglich ist, der Ursache für das nicht altersgemäße Verhalten des betreffenden Kindes auf den Grund zu gehen und Hilfe anzubieten. Lassen Sie Ihren Sohn oder Ihre Tochter nicht unbeaufsichtigt mit Kindern spielen, die ein auffälliges oder stark sexualisiertes Verhalten an den Tag legen, und achten Sie bei dieser Art von Spielen unbedingt auf einen geringen Altersunterschied zwischen den Beteiligten (max. 3 Jahre). Es ist kräftemäßig nicht ausgewogen und entwicklungsmäßig auffällig, wenn der achtjährige Nachbarjunge auf die oben beschriebene Weise mit Ihrer Vierjährigen spielt.

Die «Doktorspiel-Phase» sollte irgendwann auch wieder abgeschlossen sein. Sie gehört klar zur Welt der etwa Vier- bis Sechsjährigen. Wenn ältere Kinder auf solche Inszenierungen drängen, ist Vorsicht und möglicherweise auch eine gründliche Abklärung des betreffenden Kindes angesagt.

Auf keinen Fall sollten beim Spielen Gegenstände in Körperöffnungen eingeführt werden. Das ist schlicht und einfach zu gefährlich, kann zu Entzündungen oder Verletzungen führen.

Abschließende Gedanken

Doktorspiele können ein natürlicher Bestandteil der kindlichen Entwicklung und des kindlichen Spielverhaltens sein. Viele Kinder zwischen ca. vier und sechs Jahren interessieren sich sowohl für die Unterschiede von Jungen und Mädchen als auch für körperliche Vorgänge wie beispielsweise das Pipi-Machen. Kindergärtnerinnen können ein Lied davon singen, dass jedes Jahr von Neuem irgendwann die «Pipi-Kaka-Po-Phase» ausbricht. Und irgendwann auch wieder abklingt.

Dasselbe gilt in der Regel für Doktorspiele – die Vier-bis Sechsjährigen haben genug Informationen erhalten, und ihr Interesse wendet sich wieder anderen Themen zu.

Bewusst sein sollte uns als Eltern, dass es bei Doktorspielen um intime und sensible Bereiche geht. Nicht jedes unserer Kinder hat gleich viel Mut und Kraft, um sich gegen unerwünschte Nähe oder unangenehme Berührungen von Spielkameraden zu wehren. Nicht jedes Kind möchte sich nackt anschauen oder berühren lassen. Die Abmachung, dass Unterwäsche beim Spielen nicht ausgezogen wird, kann deshalb eine sinnvolle Schutzmaßnahme gegen die Verletzung der kindlichen Intimsphäre sein.

Grundsätzlich empfehle ich Ihnen, während des Spielens immer wieder mal ein wachsames Auge und Ohr auf Ihre Sprösslinge zu haben und innerhalb Ihrer Familie ein Klima der Offenheit zu pflegen. Kinderzimmertüren sollten zumindest eine Türspaltbreite offenstehen, damit Sie jederzeit sehen und hören können, was und wie gerade gespielt wird.

Zu viele Heimlichkeiten von Seiten der Kinder sind meiner Erfahrung nach oft ein Signal dafür, dass tatsächlich irgendetwas nicht stimmt. Seien Sie präsent und aufmerksam, aber bitte nicht überängstlich oder übertrieben kontrollierend.

Trauen Sie als Vater oder Mutter Ihrem Gefühl. Sie kennen Ihre Pappenheimer ja am allerbesten!

Kapitel 6
Von 7 bis 9 Jahren: Persönlichkeit entwickeln
(Kinder vor Cybergrooming und Pornografie schützen)

Nach dem Entdecken und Festigen der geschlechtlichen Identität kommen neue Herausforderungen auf Ihr Kind zu. Einen großen Teil seines Tages verbringt es nun außerhalb der Familie. Schule und Hausaufgaben, Musikunterricht oder sportliche Betätigungen beanspruchen eine Menge Energie, und auch im sozialen Bereich wird einiges von ihm erwartet.

Mit einer Horde von Mitschülern und wechselnden Lehrpersonen klarkommen zu müssen, löst bei manchen Kindern Ängste und Überforderungsgefühle aus, und oft braucht es eine gewisse Zeit, bis Ihr Kind seinen Platz in diesem System gefunden hat. Es lernt nun, sich in größeren Gruppen von Gleichaltrigen zu behaupten, ohne bei auftretenden Schwierigkeiten immer gleich einen fürsorglichen Erwachsenen zur Seite zu haben.

Geschlechtertrennung

Die Jungs bewegen sich in dieser Phase hauptsächlich unter sich. Mädchen werden gemieden – und sind darüber alles andere als unglücklich, denn die Grenze zwischen den Geschlechtern wird in diesem Alter hochgehalten. Das ist ein wichtiger Teil der Identitätsfindung, der uns als Erwachsene jedoch ganz schön irritieren kann, weil wir schlichtweg nicht kapieren, warum der Nachbarjunge, mit dem unser Töchterchen jahrelang im Sandkasten gebuddelt hat, von einem Tag auf den andern ein absoluter Blödmann sein soll. Warten Sie einige Jahre. Es wird bezüglich Jungs auch mal wieder anders klingen …

Mädchen schließen unter sich in dieser Phase oft überschwängliche Freundschaften. Ringe oder «Friends forever»-Armbänder werden erstanden und ausgetauscht – um zwei Wochen später im Müll zu landen, weil unsere Tochter «diese blöde Zicke» über Nacht nicht mehr ausstehen kann.

Der Schulalltag Ihres Kindes kann in diesem Entwicklungsabschnitt ganz schön herausfordernd sein. In manchen Klassen ist der Umgangston rau. Anführertypen dominieren ganze Schulklassen und geben vor, was cool und was definitiv out ist. Während Jungen ihre Männlichkeit eher durch eine große Klappe, durch Raufereien oder Mutproben demonstrieren, arten Machtkämpfe bei Mädchen oft in äußerst verletzendes Lästern und regelrechtes Mobbing aus. Insbesondere für eher zartbesaitete Kinder kann dies sehr herausfordernd sein.

Innere Unabhängigkeit fördern – Selbstwertgefühl stärken

Das Selbstwertgefühl Ihrer Tochter oder Ihres Sohnes wird in dieser Zeit einer harten Prüfung unterzogen. Als Eltern ist es jetzt Ihre Aufgabe, Ihrem Kind den Rücken zu stärken und ihm immer wieder zu versichern, dass es Ihnen – genau so, wie es ist – rundum recht ist und prima gefällt.

Falls Ihr Kind in seiner Schulklasse eher Außenseiter ist, kaum beachtet oder gar gemieden wird, braucht es Ihren Rückhalt in besonderem Maße.

Unsere eigenen Töchter gehörten bis zur achten, neunten Klasse jeweils absolut nicht zu den Mädchen, die von den anderen beachtet oder umworben wurden – was ihnen gelegentlich durchaus zu schaffen machte. Ich ermutigte sie dabei, ihren Wert nicht davon abhängig zu machen, ob sie den gängigen Idealen und Vorstellungen ihrer Mitschüler entsprachen, und versicherte ihnen, dass die Zeit kommen werde, wo andere ihren Wert und ihre vielen Qualitäten entdecken würden. Ich erklärte, dass es dafür von ihren Kameradinnen und Schulkollegen her noch etwas mehr Reife brauche. Nur Kenner wüssten Qualität eben wirklich zu schätzen! … (Klingt vielleicht etwas arrogant, tut den geplagten Kids aber wahnsinnig gut!)

Ich behielt – zum Glück für mich – recht. An den weiterführenden Schulen, wo aufgrund der zunehmenden Reife der Klassenkameraden mehr Wert auf Persönlichkeit, Eigenständigkeit und Originalität gelegt wird, waren unsere Töchter in ihren jeweiligen Klassen voll integriert und gern gesehen.

Manchmal helfen uns auch kleine Rollenspiele dabei, unserem Kind zu zeigen, wie kostbar es für uns ist. Ein Beispiel dazu: Bei uns kam es gelegentlich vor, dass eines der Kleineren vom älteren Bruder oder einem Besucher zum Spaß «gekidnappt» und mir mit einer Lösegeldforderung zum Rückkauf angeboten wurde. Meine Reaktion darauf war jeweils: «Lass mein Kind los, sonst erlebst du dein blaues Wunder! Ich lass mich da nicht auf Diskussionen ein. Hau ab, mein Kind ist unbezahlbar!» Was immer ein riesiges, glückliches Grinsen auf das Gesicht des oder der armen Gekidnappten zauberte und zeigte, dass die Botschaft angekommen war: «Wow, die Mama legt sich ja richtig ins Zeug, für die bin ich echt wertvoll! …»

Je mehr es Ihnen gelingt, den gesunden Selbstwert Ihres Kindes zu stärken, desto wirksamer unterstützen Sie Ihren Nachwuchs dabei, eine innere Unabhängigkeit von der Meinung anderer zu entwickeln.

Freundschaften fürs Leben

Neben manch oberflächlichen oder schwierigen Beziehungen kann es durchaus sein, dass Ihre Tochter oder Ihr Sohn in dieser Lebensphase eine Freundschaft knüpft, die während vieler Jahre Bestand haben wird. Unterstützen Sie gute Zweierschaften unbedingt, sie sind wertvoller als Gold und können für Ihr Kind zu einem Anker im herausfordernden Alltag werden.

Es lohnt sich, dafür auch als Eltern etwas zu investieren: Gemeinsames Übernachten bei Ihnen im Garten mit leckerem Frühstück unter dem Apfelbaum, Ausflüge, zu denen Freunde eingeladen werden dürfen, eine große Tischrunde, Heimkino und so weiter … Das klingt nach ganz viel Arbeit für Mütter und Väter. Ist es auch.

Doch dieser Aufwand wird sich auszahlen. Kinder, die sich mit ihren Freunden gerne bei Ihnen zu Hause aufhalten, werden dies mit hoher Wahrscheinlichkeit auch als Teenager oder Jugendliche tun, weil sie die eigene Familie als Ort erleben, an dem sie mit ihren Freunden willkommen sind und Spaß haben können. Ohne dafür erst Alkohol oder Drogen zu konsumieren oder teures Geld für Eintritte und Verpflegung auszugeben.

Bieten Sie Ihren Kindern ein herzliches und offenes Zuhause an – ohne deswegen jedoch zum Hotelbetrieb zu mutieren. Die Kids und deren Freunde sollen unbedingt ihren Teil an Mitarbeit leisten. Das Leben ist kein Schlaraffenland; je früher Kinder es lernen, fröhlich und selbstverständlich mitanzupacken, desto besser.

Zu lernen, wie viel Nähe, aber auch, welches Maß an Distanz eine Freundschaft braucht, gehört – genauso wie das Überwinden von Krisen oder das Streiten und Sich-Versöhnen – zur hohen Schule der Beziehungen. Ihr Kind kann und soll jetzt lernen, sich Konflikten zu stellen und trotz Schwierigkeiten an einer Beziehung festzuhalten. Unterstützen Sie es in diesem für das ganze Leben überaus wichtigen Lernprozess.

Die Familien-Insel gestalten und pflegen

Als Familie gestalten wir unseren ganz persönlichen Lebensraum, den ich hier mit dem Begriff «Familien-Insel» bezeichnen möchte.

Jede Familie ist, bildlich gesprochen, so etwas wie ein eigenes kleines Eiland inmitten von anderen Inseln. Sie als Eltern entscheiden gemeinsam, welche Werte und Ordnungen für Ihre Familie verbindlich sein sollen. Als Mütter und Väter geben Sie den Kurs an und gehen Ihren Kindern ganz selbstverständlich voran.

Sie als Eltern stellen – wo sinnvoll durchaus in Absprache mit Ihren Kindern – die Spielregeln auf, die für Ihre Familie gelten.

(Sie müssen mit Ihren Kindern zusammen ja auch die Konsequenzen getroffener Entscheidungen ausbaden. Das nimmt Ihnen kein Außenstehender ab. Ihr Kind hat bestimmt schon die Erfahrung gemacht, wie rasch selbsternannte Anführer sich verdrücken, wenn es darum geht, eine eingebrockte Suppe auszulöffeln oder mutig zu Fehlern zu stehen.)

Die Beteuerung: «Aber alle anderen dürfen das!», verbunden mit vorwurfsvollem Augenaufschlag, gehört wohl zu den am häufigsten von Kindern verwendeten Sätzen überhaupt. Lassen Sie sich davon nicht in die Enge treiben, wenn Sie überzeugt sind, dass die von Ihnen getroffene Anordnung zum Besten Ihres Kindes ist. Erklären Sie, dass in Ihrer Familie interne Maßstäbe gelten und dass es Ihnen schnuppe ist, ob eine Mehrheit diese teilt oder nicht.

Wir alle wissen, dass ein schöner, gepflegter Lebensraum nicht ohne unseren Einsatz, nicht ohne Zeitaufwand und Engagement entstehen kann. Meiner Erfahrung nach ist es deshalb unabdingbar, fixe Daten für Familienzeiten im Voraus einzuplanen und diese konsequent durchzuziehen. Dies manchmal auch gegen den Widerstand einzelner Familienmitglieder.

Gehen Sie nicht auf jedes Genörgel ein, und schenken Sie nicht jedem Murren oder Gebrumm Ihrer Kinder Beachtung. Meinen eigenen Kindern habe ich manchmal gesagt: «Ich verstehe, dass du gerade keine Lust hast, den Kompost rauszubringen» oder «Du musst es nicht gerne tun, du musst es nur einfach erledigen.» (Wer macht schon immer alles gerne, was erledigt sein will? Ich jedenfalls nicht!) Oft sind es schlussendlich die Stänkerer, die den meisten Spaß haben.

Persönlich nahmen wir uns immer wieder Zeit, um als Familie unsere Insel zu pflegen. Eine gute Gelegenheit dazu boten die täglichen Mahlzeiten, die wir – wo immer möglich – gemeinsam einnahmen. Wir kämpften darum, uns beim gemeinsamen Essen so wenig wie möglich stören zu lassen. Sollte das Telefon trotzdem mal klingeln – nun, wir waren nicht abkömmlich, weil wir die kostbare Zeit nutzen wollten, um mit den Menschen zu sprechen, die uns gegenübersaßen.

Im Zeitalter des Smartphones ist es aus meiner Sicht unumgänglich, das Thema «Handy und Essen» zu regeln. Bei uns war es so, dass wir Eltern diese Geräte bei Tisch weder sehen noch hören wollten. Solche Abmachungen durchzuziehen braucht – auch und gerade von uns Erwachsenen – Disziplin, lohnt sich meiner Erfahrung nach aber unbedingt.

Als Eltern achteten wir beim Essen auch darauf, dass möglichst wenig Rumgerenne herrschte. Wir fingen gemeinsam an, und die Kinder blieben (ab zwei bis drei Jahren, je nach Charakter) am Tisch, bis alle in Ruhe fertig gegessen hatten. Was für mich als Köchin bedeutete, dass ich die Mahlzeit so vorbereitete, dass auch ich selbst während des Essens möglichst nicht mehr aufste-

hen musste. Eine ruhige Atmosphäre fördert nicht nur die Tischgemeinschaft, sondern auch gesundes und genussvolles Essverhalten. Ständiges Gemecker über das von mir gekochte Essen tolerierte ich nicht. Wer kocht, verdient dafür Respekt, auch wenn nicht alles jedem gleich schmeckt. Das ist aus meiner Sicht schlicht und einfach Teil einer wertschätzenden Familienkultur.

Auch beim Vorlesen oder beim gemeinsamen Singen und Musizieren festigten wir unser Familiengefüge. Bewusst legten wir Familienrituale fest und feierten Geburtstage, Advent, Weihnachten oder Ostern immer wieder auf ähnliche Art. Wir erstellten einen «Lehmann-Ordner» mit Liedern, die uns gefallen oder für uns als Familie eine ganz besondere Bedeutung haben. Es gibt familieninterne Witze und Geschichten, die bei uns bis heute immer wie-

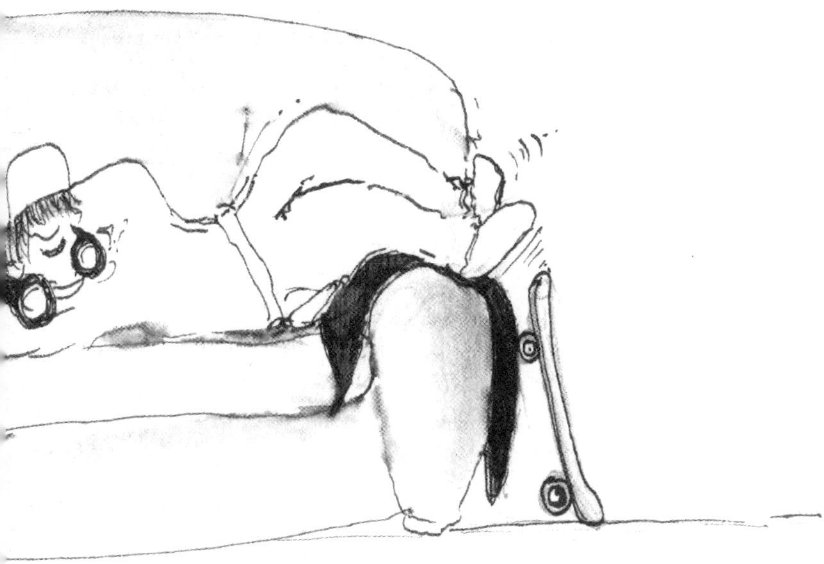

der mal erzählt werden und dadurch längst «Lehmann-Familienkulturerbe» sind.

Ein kleines Beispiel dazu: Wenn wir zum Frühstück weichgekochte Eier verspeisten, drehte regelmäßig einer von uns heimlich sein leergegessenes Ei um und bot es einem anderen Familienmitglied oder dem vollkommen ahnungslosen Gast an. Mit diesem banalen Spielchen haben wir – wie Sie sich sicher vorstellen können – schon manch witzige Szene erlebt …

Familienferien erlebten wir immer wieder neu als Gelegenheit, die familiäre Verbundenheit zu pflegen. Auch wenn es dabei längst nicht immer harmonisch zu- und herging. Viele Leute auf engem Raum, keine Ablenkung durch Arbeit, Computer oder Telefon, das gab hin und wieder mal so richtig Zoff, schuf aber auch Nähe. (Reibung erzeugt ja bekanntlich Wärme.) Gerne erinnern wir uns an gemeinsame Ausflüge, ans Spielen oder an das besondere Buch, aus dem der vorlesefreudigste aller Väter stundenlang vorgelesen hat, um das Urlaubs-Hundewetter zu überbrücken.

Im Voraus festgelegte Familienzeiten, in denen jeder etwas Persönliches erzählt und wo über Probleme geredet und nach Lösungen gesucht wird, sind ebenfalls ein hilfreiches Instrument, um die eigene Familien-Insel zu gestalten.

Den eigenen Werten und Prinzipien treu bleiben

Als verantwortlich denkende und handelnde Eltern werden Sie sich in verschiedenen Punkten nicht immer den gerade aktuellen Gesellschaftstrends anschließen können.

Stellen Sie deshalb immer wieder klar, dass Anpassung kein primäres Ziel Ihrer Familie sein soll. Pflegen Sie selbstbewusst und fröhlich Ihren eigenen Stil. Damit meine ich nicht ein weltfremdes, misstrauisches Sich-Abschotten. Es geht nicht darum, «aus Prinzip anders» zu sein. Übernehmen Sie von Ihrem Umfeld oder der Gesellschaft das, was gut ist, und lassen Sie außen vor, was gesundem Familienleben schadet. Definieren Sie diejenigen Werte, die Ihren Lebensraum prägen sollen, und verzichten Sie auf Dinge, die Ihren Insel-Prinzipien zuwiderlaufen.

Dazu einige persönliche Beispiele: Wir haben uns, als die Kinder klein waren, dazu entschlossen, den Fernseher nur zum DVD-Schauen zu nutzen. Das hat sich für uns bis heute mehr als bewährt. Wir vermissen die Möglichkeit, tausend und einen Kanal anzappen zu können, nicht und sind dankbar dafür, dass wir in unserem privaten Kino nicht ungefragt mit Werbung, Beziehungsknatsch, Sexszenen und Gewalt berieselt werden. Poster von Stars und Sternchen, aber auch Gruselaufdrucke auf Kleidern waren bei unserem Nachwuchs grundsätzlich wenig gefragt und sorgten kaum für Debatten. Als ich unserem Jüngsten etwa im Kindergartenalter mal ein Spiderman-Shirt anziehen wollte, wehrte er entschieden ab. So etwas trage er definitiv nicht, wurde mir erklärt. Das verachtete Shirt wanderte ungetragen in die Kleidersammlung.

All dies hatte sich recht selbstverständlich so eingebürgert, ohne große Appelle oder Interventionen unsererseits. In manchen Punkten waren unsere Kinder sogar deutlich radikaler als wir Eltern. Da hieß es beispielsweise, obwohl der Totenkopfaufdruck auf dem Hockeystock im Grunde ja gar nicht auffiel: «So benutze ich den bestimmt nicht!» (Die Köpfe wurden in aufwändiger Handarbeit seitens unserer Tochter übermalt.)

Stimmig oder nicht?

«Ich finde, das passt irgendwie einfach nicht zu uns» ist eine wichtige Aussage, wenn es um das Definieren eines Familienstiles geht.

Eine unserer Töchter erhielt, als sie ungefähr neun Jahre alt war, von ihrer Freundin ein Poster aus der Zeitschrift «Bravo» geschenkt. Darauf war eine knapp bekleidete Frauen-Band abgelichtet. Was vom Stil her zum einen überhaupt nicht in ihr kindlich-fröhlich eingerichtetes Zimmer passte und mir zum anderen unsympathisch war, weil das Bild etwas ausdrückte, das nicht unseren Wertvorstellungen entspricht. Frauen sind in unserer Familienkultur keine Sexobjekte, an denen man sich aufgeilt.

Sexualität ist unserer Ansicht nach nicht dazu da, sich besser zu verkaufen; dafür ist dieses Geschenk viel zu wertvoll.

Weil es mir als Mama wichtig war, diese Grundsätze auch in den kleinen, alltäglichen Dingen umzusetzen, fragte ich meine Tochter: «Du, findest du, das passt in dein Zimmer?»

Die Antwort kam postwendend: «Nein, das passt eigentlich nicht.» Das Bild wanderte in den Abfalleimer. Ganz ohne Aufhebens, vielleicht sogar mit leiser Erleichterung.

«Ob die Frau Lehmann in dem Punkt nicht etwas übertreibt?», fragen Sie sich jetzt möglicherweise.

Persönlich bin ich überzeugt, dass das, was wir uns an die Wand hängen und dadurch täglich anschauen, uns prägt. Ob wir uns dessen bewusst sind oder nicht. Nicht grundlos verwenden wir im deutschen Sprachgebrauch den Begriff «Vor-Bilder».

Solche Poster waren bei unseren Girls jedenfalls bis heute nie wieder ein Thema. Auch während der Pubertät belebten fröhliche Poster, witzige oder ermutigende Spruchkarten und coole Fotos das Mädchenzimmer. Dass es «passt», dass unser Lebensstil in jedem Bereich bestmöglich mit unseren Überzeugungen übereinstimmt, war uns im Unterwegssein als Familie wichtig. Unsere Kinder lernten – wenn auch je nach Typ in unterschiedlichem Tempo –, sich gegen Gruppendruck und Konsumzwang abzugrenzen. Wir sind nicht «alle», wir sind Lehmanns.

Möglicherweise fragen Sie sich jetzt, ob es nicht zu «eng» ist, wenn Kinder sich so stark an die Familie binden oder über die Familie definieren. Selbstverständlich soll das Kind sich auch Schritt für Schritt als Individuum erkennen und definieren dürfen. Also nicht nur «Ich bin Lehmann», sondern auch «Ich bin ich». Da Kinder sich jedoch, wie wir bereits gesehen haben, über «Gleichheit» binden, ist diese Gleichheit eine stärkende und identitätsgebende Kraft und kein Widerspruch zur sich entwickelnden Individualität und Eigenständigkeit. Je besser verankert unsere Kinder sind, desto weiter können und sollen sie ihre Flügel ausspannen und sowohl zugehörig als auch unabhängig sein können.

Eigenständig, aber nicht abgeschottet

Unsere Familien-Insel ist über Brücken mit vielen anderen Inseln verbunden.

Wir haben keine Angst vor den Bewohnern anderer Inseln und teilen unser Leben immer wieder gerne mit Menschen, die andere Werte hochhalten, als wir dies tun. Gleichzeitig pflegen wir bewusst den Kontakt zu Familien mit ähnlichem Inselklima und weitgehend übereinstimmenden Grundwerten. Dies, weil es einfach guttut, mit Menschen zusammen zu sein, die unsere Wertvorstellungen teilen, und Freunde zu haben, die das, was uns wichtig ist, unterstützen. Es hilft Kindern, zu sehen, dass andere Gleichaltrige ebenfalls gehorchen müssen, noch nicht allein in der Stadt rumhängen dürfen oder ebenfalls nicht die Erlaubnis haben, frei nach Belieben im Internet zu surfen.

Als Familien brauchen wir in diesem Punkt eine gewisse Ausgewogenheit: einerseits den Kontakt mit Menschen, denen andere Werte und Maßstäbe wichtig sind, andererseits aber auch das Pflegen der Beziehung zu Gleichgesinnten. Dieses Gleichgewicht muss, je nach der Entwicklung unserer Kinder oder der Familienphase, in der wir uns gerade befinden, immer wieder neu gesucht und ausbalanciert werden.

Werte vermitteln – beurteilen lernen

Jetzt wird es Zeit, Ihrem Kind beizubringen, das, was andere tun (oder lassen), zu beurteilen. Ich weiß, dass bei dieser Aussage möglicherweise Ihre innere Alarmanlage losgeht und Hunderte roter Lämpchen aufblinken, weil Sie auf keinen Fall moralisieren oder jemanden verurteilen wollen.

Doch die Frage, die im Raum steht, lautet nicht: «Wie viel Verurteilen darf es denn sein?» Sondern: «Wie soll und kann ein Kind erkennen, was lebens- und beziehungsfördernd ist, wenn seine Eltern sich konsequent weigern, zu dem, was andere tun, Stellung zu beziehen?»

Kinder lernen am Vorbild. Und da gibt es nun mal nicht nur Gutes zu sehen. Auch bei uns Eltern nicht, das ist sonnenklar. Es geht hier nicht um Überheblichkeit, sondern um Werteerziehung.

Wenn es Ihnen wichtig ist, dass Ihr Kind sich Erwachsenen gegenüber respektvoll verhält und Schwächere nicht ausnutzt, werden Sie darüber sprechen müssen, dass andere Kinder oder Erwachsene genau dies tun. Wenn Sie nicht möchten, dass Ihr Kind sich als Teenager bis zur Besinnungslosigkeit betrinkt oder sich auf One-Night-Stands einlässt, werden Sie nicht darum herumkommen, hin und wieder in Bezug auf das, was an Schulen oder im Umfeld Ihrer Familie geschieht, Klartext zu reden. Ohne dadurch Menschen zu verurteilen oder über anderen den Stab zu brechen. Entscheidend bei dieser Art von «Wertevermittlung durch das Beurteilen von Verhalten» ist die Fähigkeit, zwischen der Person an sich und ihrem Tun unterscheiden zu lernen.

Am Beispiel lernen

Wir alle lernen an Beispielen. Im guten wie auch im negativen Sinn. Die Bibel ist randvoll von Beispielgeschichten, weil wir Menschen offenbar so gestrickt sind, dass wir am besten aus der Praxis und an Vorbildern lernen. Auch bei Ihrem Kind ist dies der Fall. Es soll – unter anderem auch durch das Lernen am Beispiel anderer – zu einem selbständig denkenden Menschen heranwachsen, der klare Entscheidungen trifft und die Verantwortung für sein Handeln übernimmt.

Helfen Sie Ihrem Kind bei diesem wichtigen Lernschritt, und verschieben Sie diesen nicht auf einen späteren Zeitpunkt. Am besten, indem Sie selber anfangen, über das zu reden, was Sie in Ihrem Umfeld beobachten.

Als Mutter darf und soll ich meinem achtjährigen Sohn erklären, dass ich es voll daneben finde, wenn Jungs als Mutprobe krumme Dinger drehen. Und meine neunjährige Tochter soll ruhig mitbekommen, dass es mir schwer zu denken gibt, wenn hübsche junge Frauen sich bereits mit achtzehn das erste Mal vom Gesichtschirurgen operieren lassen, weil sie mit ihrem Aussehen nicht zufrieden sind.

Ich kann verurteilen, dass ein Bekannter von mir eine Affäre mit einer verheirateten Frau eingeht, ohne ihn als Person zu verachten oder mich selbst als etwas Besseres anzusehen.

Ich darf am Familientisch erzählen, dass ich es traurig finde, wenn eine junge Frau aus meinem Umfeld sich bereits nach einem Jahr Ehe wieder scheiden lässt, weil sie einen anderen Mann kennengelernt hat, der ihr besser zusagt.

Es ist richtig und normal, dass wir Verhalten beurteilen; wer behauptet, dies nicht zu tun, macht sich und anderen etwas vor. Problematisch wird das Ganze nur, wenn wir glauben, dass wir selbst durch «anderes» Verhalten zu besseren oder wertvolleren Menschen werden. Das werden wir nämlich nicht, weil der Wert eines Menschen eben gerade nicht von seinem Verhalten abhängt, sondern davon, dass er Geschöpf und Abbild Gottes ist. Die Würde jedes einzelnen Menschen ist «unverlierbar», weil sie nicht in seinem Verhalten gründet, sondern ihm unabhängig von seinem Verhalten zugesagt ist und jeden Tag neu zugesprochen wird.

Respekt bedeutet nicht, dem Verhalten von Menschen zuzustimmen; Respekt bedeutet, in jedem Menschen dieses Abbild Gottes zu sehen. Ich kann Menschen zustimmen und sie innerlich doch verachten. Und ich kann Menschen widersprechen oder ihr Tun ablehnen – und doch ihre Würde hochhalten. Das ist nicht immer einfach, aber es ist die Grundlage für einen wahrhaftigen, aus dem Herzen kommenden Respekt und für echte Toleranz.

Tischgespräche: Über Gott und die Welt reden

Kein Ort eignet sich für natürliche Wertevermittlung besser als der Familientisch. Was habe ich als Jüngste jeweils gespannt zugehört, wenn meine Eltern und Geschwister dort über das Tagesgeschehen, den aktuellen Schulstoff oder andere wichtige Themen diskutierten!

Ich hatte das Privileg, in einer sehr gastfreundlichen Familie aufzuwachsen. Menschen jeden Alters saßen bei uns am Tisch, berichteten von ihren Abenteuern und nahmen uns dabei gedanklich auch immer wieder mal in ferne Länder und fremde Kulturen mit.

Manche von ihnen wurden von mir heimlich zu Helden gekürt. Lebhaft erinnere ich mich beispielsweise an zwei Frauen, die uns engagiert und mit viel Humor davon erzählten, wie sie regelmäßig Bibeln in die damalige DDR schmuggelten. Für mich als Kind war das spannender als jede Abenteuerserie; es machte mir deutlich, dass echte Überzeugungen immer auch Taten erfordern. Und dass es sich lohnt, für das, was einem wichtig ist, auch mal Risiken einzugehen oder Unannehmlichkeiten in Kauf zu nehmen.

Was an unserem Tisch besprochen wird, prägt die Vorstellungen und Meinungen unserer Kinder weit mehr, als uns dies oft bewusst ist. Von uns, aber auch von unseren Freunden und Bekannten lernen sie, wie man anderen zuhört (oder auch nicht), wie man argumentiert und debattiert.

Ob es bei diesen Gesprächen um die weltweite Hungerbekämpfung, um den Schutz vor Gewalt oder Sexualisierung, um Umweltschutz oder soziale Gerechtigkeit geht – immer werden dabei wichtige Denkprozesse in Gang gesetzt. Durch jeden Austausch, der am Familientisch stattfindet, werden das innere Wertesystem und das Gewissen unseres Kindes in irgendeiner Form geprägt. – Wertevermittlung am Familientisch? Auf jeden Fall!

Gewissensbildung

Jetzt ist die Zeit, wo Sie bei Ihrem Kind das Empfinden für Recht und Unrecht fördern und verfeinern können. Das Fördern gesunder Gewissensbildung ist eine der verantwortungsvollsten Erziehungsaufgaben überhaupt, weil das Gewissen eines der wichtigsten inneren Steuerorgane des Menschen ist. Geprägt wird das kindliche Gewissen auf jeden Fall. Fragt sich also nur, von wem oder von was.

Unsere Gesellschaft leidet an einer zunehmenden Zahl sogenannter gewissenloser Menschen. Wenn Manager Millionen unterschlagen, Firmen aus Profitgier den Armen den Zugang zu Trinkwasser verunmöglichen oder Jugendliche einen alten Mann, der gestürzt ist, mehrfach gegen den Kopf treten, sind das keine Kavaliersdelikte. Sondern eine Aufforderung, wieder vermehrt in das Vermitteln von Werten wie Empathie oder Rücksicht auf Schwächere zu investieren. Eine Gesellschaft, in der jeder nur noch tut, was für ihn stimmt und ihm Spaß macht, zerstört sich langfristig gesehen selber.

Fachleute aus dem Strafvollzug weisen darauf hin, dass die Zahl der Straftäter, die gar kein Bewusstsein mehr für Gut und Böse haben, stetig zunimmt. Wenn es doch Spaß gemacht hat, dieses Ding zu drehen! …

Ein ähnliches Phänomen erwähnte auch meine Frauenärztin, die in einer Klinik auf der Kindergynäkologie arbeitet. Sie trifft dort immer öfter Teenagermädchen, die wegen ihres riskanten Sexualverhaltens an Infektionen leiden oder Genital-Verletzungen aufweisen. Auf die Frage, ob sie denn nicht Angst um sich hätten, wenn sie diese Dinge tun oder mit sich machen lassen, ernte sie zunehmend verständnislose Blicke. «Angst? Weshalb denn? Das ist doch normal!» oder «Es war doch geil!»

Doch zurück zu Ihrer eigenen Familie, in der Sie heute, jetzt, Einfluss nehmen können.

Nutzen Sie die Chancen des gegenwärtigen Entwicklungs-Zeitfensters. Begeistern Sie Ihr Kind für das Gute, unterstützen Sie es bei Aktivitäten, die es positiv beeinflussen und seinen Selbstwert stärken. Jetzt werden bezüglich Hobbys, Freizeitgestaltung und Freundschaften entscheidende Weichen gestellt, denn:

Wo und mit wem Ihr Kind seine Zeit verbringt, wird starke Auswirkungen auf seine Charakterbildung und sein zukünftiges Verhalten haben.

Schutz vor Frühsexualisierung

Weil Kinder einen natürlichen Schutzschild besitzen und, besonders in Bezug auf den intimen Bereich der sexuellen Entwicklung, einem ganz individuellen Rhythmus folgen, sollten sie auf keinen Fall gezwungen werden, sich mit Erwachsenen-Sexualität zu befassen, wenn sie dafür noch nicht bereit sind. Sexualität ist, wie bereits erwähnt, etwas natürlich Angelegtes und entwickelt sich bei einem gesunden Kind von alleine und zur richtigen Zeit. Ohne die Nachhilfe von Erwachsenen.

Der kindliche Hormonspiegel spricht zu diesem Thema eine deutliche Sprache: Er steigt in den ersten Stunden nach der Geburt steil an, fällt danach aber sofort wieder auf ein sehr tiefes Niveau und bleibt dort bis zum Einsetzen der Pubertät stehen. Weshalb also Kinder mit Dingen bombardieren, für die sie körperlich und seelisch noch gar nicht reif sind?

Eine unserer Töchter kehrte als Neunjährige mal ganz verstört aus dem Schulunterricht zurück. Eine fremde Person hatte Sexualkunde erteilt und den Kindern unter anderem demonstriert, wie ein Kondom richtig angewendet wird. Unsere Tochter interessierte sich zu diesem Zeitpunkt absolut nicht für Verhütungsmittel. Für ihr Empfinden war das Ganze abstoßend und ein unerwünschter Eingriff in ihre kindliche Privatsphäre. Wir meldeten dem Lehrer zurück, dass unsere Tochter den Unterricht als verstörend erlebt hatte, und baten ihn, in Zukunft mehr Rücksicht auf diejenigen Mädchen und Jungen zu nehmen, die noch sehr kindlich unterwegs sind. Es gibt keinen Grund, Kinder möglichst früh aus ihrer Kinder-Welt herauszureißen, nur weil andere Kinder schon stark sexualisiert sind. Haben Lehrer den Eindruck, dass einzelne Kinder Informationen zu Verhütung brauchen, muss diese nicht allen anderen Kindern auch gleich «mitverordnet» werden. Wird das Schamgefühl von Kindern durch nicht entwicklungsgerechte Informationen verletzt, führt dies in vielen Fällen dazu, dass das Kind sich verschließt. Scham macht tendenziell stumm, führt ins Schweigen.

Wer das offene, unverkrampfte Gespräch fördern möchte, muss deshalb unbedingt sensibel und altersgerecht vorgehen.

Schützen Sie Ihr Kind vor beschämenden oder verstörenden Informationen. Setzen Sie sich, auch was die Schule betrifft, für eine sorgfältige, altersgerechte und individuell gestaltete Sexualaufklärung ein.

Führen durch Vorbild

Was wir täglich sehen, hören und konsumieren, prägt uns selbst, aber auch unsere Kinder oft weit mehr als die Sonntagspredigt. Positive Wertevermittlung gelingt dann am ehesten, wenn unsere Kinder miterleben, wie wir als Eltern unser ganzes Leben immer

wieder neu an den von uns gewählten Prinzipien ausrichten. Auch dort, wo uns das etwas kostet.

Wenn ich einen fesselnden Krimi in den Müll schmeiße, weil er Fremdgehen und sexuelle Gewalt verherrlicht, spricht das lauter, als wenn ich meinem Kind einen Vortrag darüber halte, wie man negativer Beeinflussung aus dem Weg geht.

Nichts spricht in der Sexualerziehung so laut wie unser ganz privates Leben. Kinder haben feine Antennen, nehmen auch manches wahr, das wir gut getarnt glauben.

Ihr Kind bekommt durch Ihr Reden und Ihr Verhalten, aber auch via Unterbewusstsein mit, was Sie als Frau über seinen Papa und über Männer im Allgemeinen denken. Oder über Sexualität, über Beziehungen und über die Herkunftsfamilie Ihres Partners.

Ihre Tochter spürt im Unterbewusstsein, ob Sie als Vater in Bezug auf Sexualität und Frauen auch in Ihren Gedanken sauber und nicht übergriffig sind.

Ich erinnere mich daran, wie sehr ich mich bereits als Kind abgestoßen fühlte, wenn Männer aus unserem Bekanntenkreis sexistische Bemerkungen machten oder sich anzüglich verhielten. Obwohl ich damals nicht wusste, dass zwei dieser Bekannten tatsächlich junge Frauen belästigten und fremdgingen, fühlte ich mich von ihnen abgestoßen und irgendwie «beschmutzt». Auch wenn diese Männer ja kein sexuelles Interesse an mir zeigten, spürte ich doch instinktiv, dass etwas Ungutes in der Luft lag, das ich von meinem eigenen Vater oder von anderen männlichen Bezugspersonen her nicht kannte.

Einige Fragen zum Thema «Vorbild sein»:

- *Denke ich grundsätzlich positiv über das andere Geschlecht?*
- *Bin ich, auch in meinen Gedanken, in dem, was ich lese oder mir anschaue, in den Sprüchen, die ich klopfe, und den Witzen, die ich erzähle, in Bezug auf Sexualität in Übereinstimmung mit den Werten, zu denen ich mich bekenne?*
- *Bin ich meinem Partner (dem Vater oder der Mutter meiner Kinder) auch in Gedanken treu?*

- *Ziehe ich in Bezug auf Nähe und Zärtlichkeiten eine saubere, klare Grenzlinie zwischen mir und meinen Kindern? (Oder benutze ich mein Kind unbewusst als Zärtlichkeiten-Lieferant oder Partnerersatz?)*

Keiner von uns wird jede dieser Fragen mit einem hundertprozentigen Ja beantworten können. Sexualität ist ein Spannungsfeld, das uns ein Leben lang sowohl beglücken als auch herausfordern wird.

Veranstalten Sie regelmäßig ein inneres Reinemachen und pflegen Sie mindestens eine Beziehung, in der Sie offen und transparent über die vorangehend gestellten Fragen und andere Ihr Verhalten oder Ihren Charakter betreffende Themen reden. Am meisten geprägt wird Ihr Kind durch das, was Sie sind, wer Sie sind und wie Sie an Ihrer Persönlichkeit arbeiten.

Sieben- bis Neunjährige sind auf der Suche nach echten und glaubwürdigen Vorbildern, an denen sie sich orientieren können. Als Vater oder Mutter sind Sie diesbezüglich eindeutig die gefragte Nummer 1. Nutzen Sie Ihre Chance als Ersterziehende unbedingt. Prägen Sie Ihr Kind. Bevor andere es tun!

Immer früher und immer öfter: Cybergrooming und Pornografie

Die Konsumenten von Pornografie werden immer jünger. Immer mehr Kinder stoßen – in vielen Fällen ungewollt – schon mit sieben oder acht Jahren zum ersten Mal auf pornografisches Bildmaterial. Mehr als die Hälfte der Zehn- bis Dreizehnjährigen hat schon Pornos angeschaut; was da unter Kindern herumgereicht wird, ist erschütternd. In ihrem Bestseller «Wir verlieren unsere Kinder: Gewalt, Missbrauch, Rassismus – Der verstörende Alltag im Klassenchat»[21] schildert Autorin Silke Müller unter anderem Erfahrungen aus ihrem Leben als Schulleiterin. Kinder würden durch verrohende Entwicklungen im Netz massiv gefährdet und beeinflusst. Folter, Gewalt, Pornografie, Ekel, Anleitung zum Suizid – all das lässt sich im Netz ganz leicht finden und kursiert bereits auf den Smartphones von Kindern im Alter von 12 Jahren oder jünger. «Ich will aufrütteln und ein Bewusstsein dafür schaffen, dass unsere Kinder und Jugendlichen in ihrem Alltag und ihrer Lebenswelt durch die negativen, mehr und mehr verrohenden Entwicklungen im Netz so gefährdet und beeinflusst sind wie nie zuvor. Unsere Kinder entgleiten uns an vielen Stellen.»

Auch das sogenannte Cybergrooming beunruhigt Eltern zurecht. Erwachsene stellen dabei online den Kontakt zu Kindern her, um einen sexuellen Übergriff anzubahnen. Über soziale Netzwerke wie TikTok, Instagram, Facebook oder beliebte Videospiele wie Fortnite finden Täter und Täterinnen heraus, was ihre potenziellen Opfer mögen, welche Musik sie hören, welchen Hobbys sie nachgehen usw. Dadurch bauen sie Vertrauen auf, das Kind erlebt sie als zugewandte GesprächspartnerInnen. Wie die JAMES-Studie 2022 der ZHAW belegt, wurden fast die Hälfte der Jugendlichen (47 %) bereits online von einer fremden Person mit unerwünschten sexuellen Absichten kontaktiert. 41 Prozent der 14- bis 15-jährigen Jugendlichen in der Schweiz sind davon betroffen, bei den 16- bis 17-Jährigen sind es gar 56 Prozent. Mädchen sind rund doppelt so häufig als Opfer betroffen wie Jungen. Je besser Kinder und Jugendliche über Gefahren und Risiken im Internet informiert sind, umso eher können sie sich vor Cybergrooming schützen. Erlebt Ihr Kind Cybergrooming, sollten Sie sich umgehend an eine Fachstelle wenden. Diese kann Sie zum einen darüber beraten, wie Sie Ihr Kind konkret unterstützen können, und zum anderen, wann und wo Sie Anzeige gegen die Täter erstatten können.

Herausforderung digitale Medien

Fakt ist: Was früher nur an Erwachsene verkauft oder ausgeliehen werden durfte, flimmert heute, für clevere Cyber-Kids und -Teens problemlos zugänglich, über die Bildschirme von Smartphones und Tablets. Ignorieren hilft uns da nicht weiter. Wir müssen als Familien einen hilfreichen Umgang mit dieser Thematik und, damit zusammenhängend, mit den Geräten entwickeln, auf denen

Kinder oft ohne zu wollen auf sexualisierende Inhalte und Pornografie stoßen.

Eine wirksame Maßnahme ist das Installieren von Schutzsoftware, mit der Apps zugelassen oder blockiert und Bildschirmzeiten nicht nur festgelegt, sondern auch kontrolliert werden können. Weiter sollte der Laptop, den Ihr Kind benutzt, an einem öffentlichen Ort aufgestellt werden, wo jeder Vorbeikommende einen Blick auf den Bildschirm werfen kann.

Kindern eigene Fernseher und PCs ins Zimmer zu stellen, kann ich Ihnen nicht empfehlen, und je seltener das Smartphone im Kinderzimmer benützt wird, desto besser. Machen Sie es zur Familientradition, dass Smartphones über Nacht nicht im Schlafzimmer, sondern an einem klar definierten Ort aufbewahrt werden. Richten Sie für die ganze Familie einen «Handyparkplatz» ein, damit auch wirklich alle zur wohlverdienten Nachtruhe kommen.

Ab wann ein Kind welche Geräte verantwortungsvoll nutzen kann, hängt stark von seinem Charakter und seinen Interessen ab. Unsere Töchter beispielsweise hatten beide wenig Probleme im Umgang mit Handy und Computer, während einer unserer Söhne schon früh eine starke Faszination entwickelte für alles, was flimmert. Dass unser Jüngster sich erst mit 16 Jahren ein Smartphone anschaffte, erwies sich als kluge Entscheidung. Nicht zuletzt, weil in Klassenchats teilweise sehr destruktive Nachrichten herumgereicht wurden. Falls Sie sich dazu entschließen, Ihrem Kind ein Smartphone zu kaufen, sollten Sie klarstellen, dass Sie Ihr Kind im Umgang damit begleiten werden. Je nach Kind immer wieder mal nachzufragen oder mit dem Kind zusammen einen Blick auf die aufgerufenen Seiten und Inhalte zu werfen, ist nicht übergriffig, sondern unbedingt notwendig. Nicht nur Kinder, auch wir Erwachsenen sind im Umgang mit digitalen Geräten ganz schön herausgefordert. Auch für uns ist es wichtig, einen transparenten und verantwortungsvollen Umgang einzuüben. Mir persönlich ist es beispielsweise wichtig, nichts auf dem Smartphone zu haben, das ich vor meinem Ehepartner oder einer Freundin verstecken muss. Kinder und Teenager ohne jede Unterstützung der digitalen Welt zu überlassen, wäre verantwortungslos.

Ein sehr hilfreiches Buch, das man bereits mit Kindern ab acht Jahren anschauen kann, ist «Einfach mal anklicken»[22]. Ohne Pornografie spannend zu machen, zeigt das Buch anhand einer positiven Beispiel-Geschichte, wie Kinder und Eltern gemeinsam und hilfreich mit schädlichen Inhalten im Internet umgehen können.

Als Christ erziehen

Vielleicht haben Sie sich im Lauf dieses Kapitels gefragt, welches für Sie als christliche Eltern wichtige Überzeugungen und Werte in Bezug auf Liebe und Sexualität sein könnten, die Sie Ihrem Kind weitergeben wollen.

Aus meiner Erfahrung heraus empfehle ich Ihnen, den Schwerpunkt in diesem Alter auf das biblische Verständnis und die Anweisungen Gottes in Bezug auf liebevolle und verbindliche Beziehungen zu legen.

Alles beginnt mit Verbindlichkeit & Treue – mit dem Bund

Gott ist durch die ganze Heilige Schrift hindurch *der* große «Bundes-Schließer».

Wenn der Dreieinige mit einem Menschen in Beziehung tritt, dann schließt er zum Zeichen dafür einen Bund. Treue, Beständigkeit und Liebe machen Gott zum perfekten Bundespartner. Mit Noah und Abraham, mit seinem Volk, mit Ihnen und mir als Menschen des «Neuen Bundes» geht Gott eine absolut verbindliche Beziehung ein.

Gott macht keine «halben» Sachen, er tut alles hundertprozentig und aus ungeteiltem Herzen. Das bekennen wir ja – unter anderem – in vielen Liedern, die unser Kind aus dem Gottesdienst oder vom Singen zu Hause kennt. Jesus Christus ist das menschgewordene Zeichen für den Bund, den Gott mit jedem Menschen schließen will.

Von ihm gucken wir uns ab, wie wir mit anderen umgehen sollen, und üben uns darin, in unseren Mitmenschen geliebte Geschöpfe Gottes zu sehen und sie auch dementsprechend zu behandeln. Jesus lebte uns vor, wie wir andere annehmen und achten können, ohne ihr Verhalten deswegen gutheißen zu müssen, und von ihm lernen wir auch, Menschen, die an uns schuldig wurden, zu konfrontieren und uns danach wieder echt mit ihnen zu versöhnen.

Sexualität: Auf uns selbst achten

Gott als Schöpfer von Erotik und Sexualität macht sich in diesem Bereich über unsere Versuchbarkeit und Schwachheit keine Illusionen. Statt über den idealen Menschen zu philosophieren, zeigt er uns in der Bibel auf, wie wir sexuellen Versuchungen begegnen und widerstehen können, und bietet uns Vergebung und einen Neuanfang an, wo wir schuldig geworden sind.

Vergebung bedeutet jedoch in keinem Fall, dass wir zerstörerisches Verhalten fromm unter den Teppich kehren oder ihm naiv den Rücken zudrehen. Wurde jemand beispielsweise einem Kind gegenüber übergriffig, braucht diese Person langfristige Fach-Begleitung, und in vielen Fällen ist nicht nur eine Anzeige, sondern auch eine Therapie ein Muss. Der Kindesschutz hat absolute Priorität, es gilt Nulltoleranz! In vielen Fällen muss darauf geachtet werden, dass diese Person nie mehr allein mit Kindern arbeitet. Mit einer übergriffigen Person zu beten, dann aber nicht mehr hinzuschauen und Kinder nicht in Sicherheit zu bringen, ist definitiv ein NO-GO!

Nehmen Sie unbedingt und umgehend Kontakt mit einer Fachstelle auf, wenn Sie einen Verdacht haben oder um (sexuelle) Übergriffe wissen.

Auswendig lernen

Lernen Sie mit Ihren Kindern zusammen einzelne prägnante Bibelverse zum Thema «Nächstenliebe und Zusammenleben» auswendig. Das muss keine langweilige Sache sein. Mit coolem Sound unterlegt, macht das Ganze wirklich Spaß![23]

Warum nicht die Zehn Gebote beim Esstisch aufhängen und jede Woche eines davon zum Thema machen? Sie sind aktuell wie eh und je.

Ebenfalls empfehlen möchte ich Ihnen, mit Ihren Kindern auch mal das Vaterunser zu beten, denn darin ist alles zusammengefasst, was wir als Menschen zu gelingendem Leben und Zusammenleben brauchen.

Das Verständnis von Ehe im Kontext der Bundestheologie

Verständlich und absolut nachvollziehbar ist für mich aus dem Bundesgedanken heraus auch das, was Gottes Wort über die Ehe aussagt: Gott verschenkt sich ganz, er schließt «einen ewigen Bund» mit seinem Volk[24], und die Ehe ist das markanteste menschliche Gleichnis für diesen göttlichen Bundesschluss. Ein Zeichen, das mitten in unserer unverbindlichen und kurzlebigen Welt fassbar und erlebbar ist.

Robertson McQuilkin, ehemaliger Präsident der Columbia International University, schreibt dazu in seinem Standardwerk *Biblische Ethik:* «Die eheliche Beziehung wird in der ganzen Heiligen Schrift dazu verwendet, uns über die Beziehung zu belehren, die Gott zu uns Menschen haben möchte.»[25]

Die Ehe ist, biblisch gesehen, wie ein hoher Leuchtturm, der die Botschaft von Gottes Verbindlichkeit und Treue ausstrahlt. Nicht zufällig ist sie nach wie vor das tragende Fundament unserer Gesellschaft. Wo wichtige Grundwerte zu Fremdwörtern werden, sinkt die gesellschaftliche Temperatur erfahrungsgemäß markant ab. Eheliche Verbindlichkeit und Treue sind – weil sie ein Abbild von Gottes Wesen darstellen – wie ein Feuer, an dem unsere eigenen Kinder, aber auch deren Freunde und andere Menschen aus unserem Bekanntenkreis sich wärmen und Geborgenheit erleben.

Vermitteln Sie Ihrem Sohn oder Ihrer Tochter auf altersgerechte Weise, wie wichtig nicht nur für Gott, sondern auch für uns Menschen das Festhalten am Eheversprechen ist.

Erklären Sie, wo Ihnen dies sinnvoll erscheint, dass außereheliche Beziehungen und Scheidungen nicht nur der betroffenen Familie, sondern auch den Menschen im Umfeld dieses Paares ein Stück sicheren Boden unter den Füßen wegziehen. Das erleben ja nicht nur wir Erwachsenen, sondern auch unsere Kinder und Jugendlichen in ihrem Umfeld hautnah mit. Wenn mein Mann und ich uns gestritten hatten, kam von unseren Kindern immer wieder mal die bange Frage: «Lasst ihr euch jetzt scheiden? Bei den Eltern vom Timmy und von der Anna war das nämlich so.» Meine Antwort darauf war jeweils: «Nein, ganz im Gegenteil: Wir streiten, weil wir zusammenbleiben wollen!»

Mit Ihrer Entscheidung, zum einmal geschlossenen Bund mit Ihrem Partner zu stehen, geben Sie Ihren Kindern Boden unter die Füße. Zur Tendenz, sich scheiden zu lassen, «weil man sich eben verändert», erklärte der Theologe Christoph Raedel in einem Referat: «Dass wir uns im Lauf einer Ehe verändern, ist Fakt. Doch ich bin immer noch diese Person, die dieses (Ehe-)Versprechen gegeben hat!» Auch wenn Ihre Ehe nicht das Paradies auf Erden ist, wenn darin gestritten und gelitten wird, so ist sie doch die Heimat Ihrer Kinder und ein wichtiger Stützpunkt von Gottes Liebe und Treue, den Sie nicht kampflos preisgeben sollten.

Ein Plädoyer gegen die Mutlosigkeit

Ohne Zweifel, unsere Kinder wachsen in einer herausfordernden Welt auf. Doch es gibt keinen Grund, deswegen die Flinte ins Korn zu werfen. Die ersten Christen lebten ihren Glauben sehr überzeugend, und zwar in einer Gesellschaft, die unserer sehr ähnlich war. Mit dem Unterschied, dass Kinder und Jugendliche Pornografie und anderes nicht in digitalen Medien, sondern «live» in den Straßen, bei Festgelagen usw. miterlebten. In seinem zweiten Brief an die Gemeinde in Rom ermutigt Petrus diese mit dem Hinweis, dass Gott ihnen durch Jesus alles geschenkt hat, um ein Leben zu führen, das ihm gefällt.[26] Was für eine Zusage und Ermutigung auch für uns!

Ich staune beim Nachdenken oft darüber, wie willig sich unsere eigenen Kinder an der Hand nehmen ließen, um sich mit uns Eltern zusammen immer wieder neu an biblischen Grundwerten auszurichten. Gemeinsam entdecken wir bis heute immer wieder neue Facetten dieser guten Ordnungen und Gedanken, «die dem, der sie beherzigt und verinnerlicht, Leben und Segen bringen»[27], wie Gott es seinem Volk durch Mose, den großen Gottesmann, ausrichten lässt.

Und noch etwas ist in Bezug auf die zunehmende gesellschaftliche Sexualisierung Mut machend: Kinder mit intakten Schutzmechanismen besitzen die beneidenswerte Fähigkeit, Dinge, die sie nicht sehen oder hören wollen, einfach wegzufiltern.

Sexistische Werbung an der Plakatwand, aufreizende Frauenbilder im Schaufenster des Sexshops, an dem wir in der Autobahnraststätte mit unseren Kids vorbeimussten, um zum Klo vorzudringen, stressten uns als Eltern jeweils gewaltig. Doch kaum zu glauben: Unser Nachwuchs hatte nicht die Hälfte davon mitbekommen, war gerade in seiner ganz eigenen Welt und mit viel Interessanterem beschäftigt. Genial!

Familien-Zeiten: Gott in unserer Mitte feiern

Wir erlebten unser Christsein gerade auch in der Familie als großes Privileg. Unseren Familienkreis durch alle Höhen und Tiefen hindurch immer wieder auf eine Mitte hin ausrichten zu können, tat gut.

Gott selber will derjenige sein, der uns als Familie verbindet. Wir als Eltern haben mit Gott einen Bund geschlossen, in den auch unsere Kinder mit eingeschlossen sind. Darauf bauen wir und wollen alles daransetzen, treue Bundespartner zu sein. Immer wieder neu entscheiden wir uns wie Josua dafür, mit unserem ganzen Haus dem Herrn zu dienen[28] und fordern auch unsere Kinder dazu heraus, entschlossen und klar mit Gott unterwegs zu sein und zu bleiben.

Bewusst nahmen wir uns Zeit, gemeinsam unseren Gott zu loben und ihm unseren Dank und unsere Bitten zu bringen. Die Form, wie wir dies taten, veränderte sich mit dem Älterwerden unserer Kinder natürlich immer wieder mal. War es zu Beginn eher das Geschichtenerzählen, Singen und ein gemeinsames Gute-Nacht-Gebet, so trafen wir uns später meist am Sonntag, wenn auch die Großen zu Hause waren, zu einer etwa halbstündigen Familienzeit. Viel Raum nahm darin das gemeinsame Singen ein. Singen ist für uns eine Art «Familiensprache». Danach beteten wir füreinander. Manchmal reihum, jeder für seinen Sitznachbarn, dann wieder ohne besondere Form. Auch die Fürbitte für Menschen in Not hatte ihren Raum. Wenn wir vor schwierigen Entscheidungen standen, besprachen wir diese miteinander und brachten sie vor Gott.

In einer sehr schweren Zeit, die uns als Paar an den Rand unserer seelischen Kräfte brachte, haben wir mit unseren Kindern zusammen darum gerungen, den Menschen, die uns verletzt und betrogen hatten, zu vergeben, um danach befreit weitergehen zu können. In solchen Zeiten gewinnt der Glaube an Substanz. Unsere Kinder erleben hautnah mit, was es bedeutet, mit Gott unterwegs zu sein und ihn auch dann zu suchen, wenn wir mutlos und frustriert sind. Sie erfahren ganz praktisch, was es heißt, den Vater aller Väter auch dann nicht loszulassen, wenn wir ihn nicht verstehen, und dabei die Erfahrung zu machen, dass er – trotz allem – da ist und uns mitten in allem drin und durch alles hindurch tragen will.

Lassen Sie Gott immer wieder neu Mittelpunkt Ihres Familienlebens sein. Nur dort, wo sich alles um *ihn* dreht, läuft die Sache richtig rund.

Kapitel 7
Von 10 bis 12 Jahren: Vorpubertät: Wertesysteme entwickeln und verinnerlichen

Die Zeitspanne von zehn bis zwölf gehört für mich zu den faszinierendsten Etappen der Kindererziehung. Es wird immer spannender, mit unserem Nachwuchs über aktuelle Themen zu diskutieren und zu debattieren. Humor und Zungenfertigkeit entwickeln sich. Als Eltern sind wir nicht mehr unantastbare Größen, sondern werden zunehmend dem Echtheitstest unterzogen. Glaubwürdige und überzeugende Vorbilder sind gefragter denn je.

Die Hirnentwicklung ist laut Forschungsergebnissen mit zehn Jahren auf einem absoluten Höhepunkt. Ihr Kind ist interessiert und lernbereit. Also, nichts wie ran ans Festigen und Verinnerlichen von positiven Einstellungen und Verhaltensweisen. Sie werden während der Pubertät enorm von dem profitieren, was Sie jetzt an Beziehung, Wertevermittlung und Begleitung in Ihr Kind investieren.

In Bezug auf die körperliche Entwicklung zeigen sich in der Gruppe der Zehn- bis Zwölfjährigen riesige Unterschiede. Die erste Menstruationsblutung (Menarche) tritt bei Mädchen irgendwann zwischen neun und sechzehn Jahren ein.

Es kann also durchaus sein, dass Ihre Elfjährige bereits ihre Regel hat, während deren fünfzehnjährige Cousine erst kurz vor diesem einschneidenden Ereignis steht.

Bei den Jungs beginnt die Pubertät durchschnittlich um ein bis drei Jahre später als bei den Mädels. Sie wirken in diesem Altersabschnitt, verglichen mit den Mädchen, oft noch recht kindlich und verspielt. Was bei ihren Klassenkameradinnen nicht immer auf Verständnis stößt.

Falls Ihr Kind zu den Frühentwicklern gehört, empfehle ich Ihnen, nach diesem Kapitel auch gleich das folgende über die Teenagerjahre zu lesen. Altersgrenzen sollten in diesem Bereich sehr flexibel betrachtet und gehandhabt werden.

Die kurz bevorstehende Pubertät möchte ich in diesem Kapitel mit einem Sturm vergleichen – und die Vorpubertät demzufolge mit der oft zitierten «Ruhe vor dem Sturm».

Wie wir uns auf die Pubertät vorbereiten können, wird von diesem Bild her vielleicht etwas leichter verständlich. Wir nutzen die Vorpubertät als eine Vorbereitungsphase, in der wir als Eltern tun, was jeder vernünftige Mensch macht, wenn ein Sturm angekündigt wird: Wir befestigen, was nicht niet- und nagelfest ist, und holen das ins Haus, was besonderen Schutz braucht.

Wer die notwendigen Sicherheitsvorkehrungen getroffen hat, kann dem aufziehenden Sturm einigermaßen gelassen entgegenblicken oder ihn vielleicht sogar genießen. Auch stürmisches Wetter hat ja durchaus seinen Reiz!

Das Beziehungs-Haus sturmsicher machen

Es ist empfehlenswert, in der Vorpubertät nochmals genau hinzuschauen, wie es um unsere Beziehung zum Kind steht und wie unsere Zehn- bis Zwölfjährigen sich verhalten. Dadurch können wir Schwachstellen, welche in der Pubertät zu ernsthaften Problemen führen könnten, erkennen und bearbeiten. Wenn die Pubertät erst mal begonnen hat, herrschen aufgrund des hormongesteuerten «Umbaus» erschwerte Bedingungen.

Ich schreibe dies jedoch nicht, um Ihnen Angst vor der Pubertät Ihrer Kinder einzujagen. Wir erlebten die Teenagerjahre unserer Kinder längst nicht so dramatisch und zermürbend, wie uns dies von manchen Bekannten «angedroht» worden war. Unsere Großen waren insgesamt recht pflegeleichte Teenager. Ob dies damit zusammenhängt, dass sie ihre Rebellion in der Trotzphase ausgiebig ausgelebt haben, kann ich nicht mit Gewissheit sagen. Unser Jüngster war in der Trotzphase viel ruhiger, forderte uns in der Pubertät aber deutlich mehr heraus. Es gab Phasen, wo ich wirklich nicht sicher war, ob unser Jüngster seinen Weg machen wird. In manchen Nächten plagte mich die Angst, die Beziehung und Nähe zu ihm zu verlieren. Für meine Tätigkeit als Elterncoach kam diese schwierige Phase mir jedoch auch zugute: Zum einen, weil ich dadurch mehr Verständnis und Empathie für Eltern mit schwierigen Teenagern entwickelte. Und zum anderen, weil ich in dieser Zeit die Kraft des Gebets und die Kraft der Eltern-Kind-Bindung erlebt habe. Weil ich lernte, mit aller Kraft in Beziehung zu investieren, auch wenn ich nicht sofort Erfolge erzielte.

Sicher ist, dass alles, was wir bis zur Pubertät gelernt und in tragfähige Beziehungen investiert haben, uns während der Pubertät zugutekommt.

Wer Schäden an seinem Familienhaus laufend repariert, statt sie zu banalisieren und zu hoffen, dass sie sich irgendwann dann schon noch (durch ein Wunder beispielsweise) in Wohlgefallen auflösen, wird davon profitieren, wenn die Stürme kommen.

Ignorieren Sie undichte Stellen im Dach Ihres Familienhauses nicht. Das hilft nämlich ebenso wenig wie die Taktik, sich mit dem noch schlechteren Zustand anderer Häuser zu trösten.

Der bekannte Schweizer Pädagoge und Familientherapeut Peter Angst schreibt zu diesem Thema:

«Viele engagierte Eltern beruhigen sich mittels unglückseliger Vergleiche mit ähnlich kranken Erscheinungsbildern (wie sie sie bei den eigenen Kindern feststellen): ‹Auch die Kinder des Pfarrers und des Lehrers sind doch ähnlich wie unser Sohn. Andere Kinder kiffen und konsumieren doch auch! Es ist doch heute einfach so!› Was aber, wenn sie alle zusammen falsche Muster stricken? Vielleicht überschreiten wir alle zusammen bereits gesunde Normen und Grenzen, obschon unsere Töchter und Söhne längst Korrektur nötig hätten?»[29]

Ihr Sohn behandelt Sie respektlos oder hält sich des Öfteren nicht an Abmachungen?

Jetzt ist der Zeitpunkt, an einer Verhaltensänderung zu arbeiten.

Ihre Kinder bleiben von zu Hause weg, ohne sich abzumelden?

Treffen Sie Maßnahmen, und arbeiten Sie an einem familiären Klima von Offenheit und Verlässlichkeit.

Ihre Tochter benimmt sich öfters distanzlos?

Warten Sie nicht auf bessere Zeiten. Helfen Sie ihr jetzt dabei, ein gesundes Empfinden für Nähe und Distanz zu entwickeln.

Ihr Kind reagiert jeder Anweisung gegenüber mit Rebellion?

Höchste Zeit, herauszufinden, warum es das tut, und Gegenmaßnahmen zu ergreifen.

Wagen Sie es, den Tatsachen ins Auge zu sehen. Stellen Sie sich den Problemen, die sich in Ihrer Familie zeigen, und leiten Sie notwendige Veränderungen mit Entschlossenheit ein. Die positiven Auswirkungen werden nicht lange auf sich warten lassen, auch wenn dies natürlich nicht heißt, dass dann garantiert alles gut kommt und kein Kind je auf Abwege geraten wird. Nicht alles steht in der Macht von uns Eltern. Heranwachsende treffen in ihren Herzen wesentliche Entscheidungen, die wir ihnen nicht abnehmen können.

Unser Job ist es, das uns Mögliche zu tun. Nicht mehr und nicht weniger wird von uns erwartet.

All dies wird tendenziell (auch darin sind Kinder natürlich sehr unterschiedlich) vor der Pubertät leichter sein als mitten im Hormongetöse drin. Während der Teenagerjahre wird viel Energie vom inneren Umbau abgezapft, und Gefühlsschwankungen strapazieren nicht nur Ihr Kind, sondern auch die familiären Beziehungen.

Suchen Sie sich deshalb jetzt Beratung und Hilfe, wenn Sie merken, dass Sie nicht weiterkommen. Warten Sie damit bitte nicht, bis die Schäden kaum mehr erträgliche Ausmaße annehmen. Sie werden dabei allerhöchstens Ihr Gesicht verlieren. (Ich weiß, wovon ich rede, glauben Sie mir. Ich habe schon viele Stunden in Beratungssitzungen verbracht, die uns persönlich oder unsere Erziehungsmethoden betrafen.) Doch: Was bedeutet es schon, einige Zacken der imaginären Krone von unseren Köpfen herunterpurzeln zu sehen, wenn es um das langfristige Wohlergehen unserer Familien geht?

Erziehung zur Eigenverantwortung

Das Ziel jeder Erziehung besteht letztlich darin, dass Kinder zu selbständig denkenden und eigenverantwortlich handelnden Menschen heranwachsen.

Je älter Ihr Kind wird, desto mehr sollte es gute Entscheidungen aus eigenem innerem Antrieb treffen können. Und zwar ohne Aufforderung oder Kontrolle durch seine Eltern und auch außerhalb des elterlichen Einflussbereiches. Diese Fähigkeit zur Eigenverantwortung hat ihre Wurzeln in einem gesunden Selbstwertgefühl und wächst aus der inneren Stärke und Festigung Ihres Kindes heraus.

Fritz Künkel, der bedeutende Alfred-Adler-Schüler, schrieb dazu: «Das wirklich mutige Kind ist ebenso wenig gefügig, wie es trotzig ist. Es tut, was es für richtig hält, nicht weil der Erzieher es befiehlt, sondern eben weil es recht ist.»[30]

Ein Beispiel dazu: Unsere Kinder hatten sich in Bezug auf den Umgang mit PC-Games und Internet noch an klar definierte Regeln zu halten. Sie völlig frei im Netz surfen zu lassen, wäre verantwortungslos gewesen. Doch spätestens mit dem Ausziehen von zu Hause mussten sie fähig sein, selbst die Verantwortung für das, was sie am Computer oder Smartphone tun, zu übernehmen.

Unser Ältester studierte weit entfernt in einer anderen Stadt, und ich hatte null Einfluss mehr darauf, was er dort an seinem PC machte. Glücklicherweise hatte unser Sohn irgendwann im Zeitraum zwischen zehn und sechzehn wirklich verstanden, dass er selber dafür verantwortlich ist, die persönliche Innenweltverschmutzung in Grenzen zu halten und sich vor Bildern und Inhalten zu schützen, die beispielsweise ein völlig verzerrtes Bild von Beziehungen und Sexualität vermitteln.

Die Erziehung zur Eigenverantwortlichkeit nimmt in der zweiten Erziehungsetappe, also im Alter von zehn bis zwanzig Jahren, viel Raum ein und gehört zu den wichtigsten elterlichen Kernaufgaben. Ihr Kind wächst nun immer mehr zu einer selbständig denkenden Person heran, die ihre Umgebung auf Herz und Nieren testet, um herauszufinden, welche Einstellungen und Werte sich wirklich bewähren.

Selbsterkenntnis, Eigenverantwortung und Integration

Markus Hoffmann, Leiter des Lehrgangs Entwicklungssensible Sexualpädagogik ESSP[31], machte bei einer Schulung zum Thema «Erziehung zum Person-Sein» die folgende Aussage: «Person ist man nur, wenn man sich selbst besitzt.» Worum geht es bei dieser Aussage? Ich versuche hier, zu formulieren, was ich begriffen habe: Damit ein Kind «aus sich heraus» entscheiden und handeln kann, braucht es einen möglichst unverstellten Zugang zu sich selbst. Damit es diesen findet, ist es wichtig, dass grundsätzlich mal alles sein und wahrgenommen werden darf. Auch das Negative, das, was wir als Erwachsene leider oft längst zu verstecken gelernt haben. Was dazu führt, dass wir nicht mehr wirklich «in der Wahrheit unserer Person» leben.

Sich zu spüren, zu merken: «Das möchte ich», «Ich möchte es, weil ...», führt das Kind ins innere Gespräch. Es kann nun fragen: Was sind die Werte, die ich dazu kenne? Was brauchen die Anderen, was würde ihnen guttun? Was fördert meine Beziehung? Was sind etwaige Konsequenzen? Was würde es über mich aussagen, wenn ich das tue, und wie wirkt das auf mich als Person zurück? Das Kind soll verstehen, dass es bei Entscheidungen auch um uns als Person geht, um eine Person, die sowohl etwas gewinnen als auch etwas verlieren kann.

Entscheidungen werden verdichtet, wenn das Kind sagen kann: «Diese Entscheidung ist richtig, weil ...», «Ich kann entscheiden, weil ich ein freier Mensch bin», «Ich kann, ich darf und ich muss entscheiden, darf mir aber Unterstützung holen.» Beobachten Sie, wie Ihr Kind sich in diesem wichtigen Bereich entwickelt, und reagieren Sie darauf. Fördern Sie diesen inneren Dialog und schrauben Sie als Eltern Ihre Kontrolle und Einflussnahme in dem Maß zurück, wie die Fähigkeit zur Eigenverantwortung bei Ihrem Kind zunimmt. Wie gesagt, das Ganze ist ein Prozess, der schrittweise stattfindet – und auf den wir uns vielleicht ja auch gerade zusammen mit unserem Kind einlassen können, weil wir möglicherweise selbst noch Nachholbedarf in den Bereichen Selbsterkenntnis und «Person-Werden und Person-Sein» haben.

Kinder zu erziehen ist aus meiner Sicht die beste Weiterbildung, die Mann und Frau kriegen können. Ich bin unendlich dankbar für alles, was ich in den letzten 30 Jahren erkennen und lernen durfte.

Diskutieren und Argumentieren

Lassen Sie sich nicht einschüchtern oder entmutigen, wenn Ihr Kind plötzlich in Frage stellt, was bis dahin einfach klar war, und anfängt, zu diskutieren, zu hinterfragen oder zu kritisieren. Stellen Sie sich diesen neuen, unbedingt notwendigen Herausforderungen, durch die Ihr Kind sich zu einem eigenständigen Menschen mausern wird.

Es kann sein, dass Ihr Nachwuchs Sie in diesem spannenden Entwicklungszeitraum in Diskussionen und Konflikten auch mal hart attackiert oder herausfordert; was nicht für jeden Typ gleich einfach zu verkraften ist. Mein Mann beispielsweise mag solche Diskussionen – im Gegensatz zu mir – ganz und gar nicht. Falls Sie wie er zu den Menschen gehören, die Streitgespräche fürchten, kann es Ihnen helfen, sich immer wieder neu daran zu erinnern, dass Sie und Ihr Kind trotz aller Konflikte zusammengehören und Verbündete – nicht Feinde – sind. Das Vertrauen, das in den vielen Jahren, die Sie bereits miteinander unterwegs sind, gewachsen ist, wird auch den kommenden Auseinandersetzungen standhalten.

Schnappen Sie nicht ein, wenn Ihnen von Ihrem Zehnjährigen knallhart ein Spiegel vorgehalten wird. Oder wenn Ihre Tochter den Nagel mal wieder voll auf den Kopf trifft und Ihr Fehlverhalten konfrontiert. Wer den eigenen Kindern aufmerksam zuhört, erspart sich manch teure Selbstfindungs-Sitzung.

Lachen Sie herzhaft – auch über sich selber –, wo immer sich Gelegenheit dazu bietet. Humor ist ein ganz großer Erziehungshelfer. Kinder mögen Erwachsene, die über sich selber lachen und Fehler zugeben können, und zumindest in unserer Familie gibt es zuhauf Situationen, die Anlass zu Heiterkeit oder Selbstironie bieten.

Beantworten Sie die Fragen Ihres Kindes, diskutieren Sie mit ihm, legen Sie Ihre Meinung dar und interessieren Sie sich für die Gedanken, die Ihr Sprössling sich zu verschiedenen Themen macht. Stellen Sie sich kritischen Fragen, antworten Sie ehrlich und klar. Nehmen Sie Ihr Kind als Gesprächspartner ernst, und lassen Sie es ausreden, auch wenn Ihnen längst eine Entgegnung auf der Zunge liegt. Fordern Sie es heraus, zu wichtigen Themen Stellung zu beziehen und zu begründen, warum es Dinge so und nicht anders tun will.

Trauen Sie Ihrem Kind zu, auch mal gegen den Strom zu schwimmen und sich nicht immer der Meinung der Mehrheit anzupassen. Ein gesundes Maß an Fähigkeit zum Widerstand gehört doch ganz sicher mit zu dem, was ein Kind in der Familie lernen sollte.

Der gemeinsame Besuch von Vorträgen oder Ausstellungen, von Konzerten, Theater oder Kino verbindet, öffnet den Horizont Ihrer Kinder und liefert spannenden Gesprächsstoff.

Nutzen Sie die Vorpubertät, um die Beziehung zu Ihrem Sohn oder Ihrer Tochter weiter zu vertiefen. Machen Sie Ihr Familien-Haus wetterfest, und entdecken Sie gemeinsam mit Ihren Heranwachsenden ganz neu, welche Werte und Ordnungen wirklich den Alltags-Test überstehen. Wie dies konkret aussehen könnte, werden wir in den folgenden Abschnitten näher betrachten.

Körperliche Veränderungen, Liebe und Sexualität

Aufklärungsgespräche führen oder abwarten?

Früher oder später tauchen rund ums Thema Sexualität neue Fragen und Themen auf.

Beobachten Sie, wie Ihr Kind reagiert, wenn Sie das Thema Pubertät oder Sexualität «so ganz nebenbei» mal streifen. Wirkt es interessiert oder eher abwehrend?

Sexuelle Aufklärung ist am hilfreichsten, wenn sie vom Kind her (zumindest einigermaßen) willkommen ist. Wenn Ihr Kind noch überhaupt nicht bereit ist, sich mit diesen Themen zu befassen, sollten Sie dies meiner Ansicht nach respektieren und ganz gelassen, aber aufmerksam auf den richtigen Zeitpunkt warten.

Doch auch hier gibt es Ausnahmen: Es kann sein, dass Sie aufgrund äußerer Umstände gezwungen sind, Ihr Kind über ein Thema zu informieren. Wenn beispielsweise in der Nachbarschaft oder im Schulhaus, das Ihr Kind besucht, sexuelle Übergriffe geschehen und die Täter noch nicht gefasst wurden, können Sie nicht einfach abwarten, bis Ihr Kind sich freiwillig mit dem Thema befassen mag. Dann müssen Sie, um der Sicherheit Ihres Kindes willen, auf altersgerechte Weise mit ihm darüber reden, wie es sich vor Übergriffen schützen kann.

Falls jedoch keine äußere Notwendigkeit besteht und Ihr Zehnjähriger oder Ihre Zehnjährige Gespräche diesbezüglich eher abblockt, kann es Sinn machen, das Thema einige Tage oder Wochen ruhen zu lassen und zu einem späteren Zeitpunkt nachzuhaken.

Weichen Sie den Themen rund um die Teenagerjahre deswegen jedoch nicht aus, sondern nutzen Sie natürliche Gelegenheiten für Gespräche unbedingt. Reden Sie mit Ihrem Mann oder Ihrer Frau, mit den älteren Geschwistern oder mit Freunden am Tisch darüber, zu welch wunderschöner junger Frau Ihr Patenkind herangewachsen ist, wie tief die Stimme des Nachbarjungen plötzlich klingt, dass die ältere Tochter heute nicht zum Schwimmen gehen wird, weil sie ihre Tage hat, oder dass Pickel zum Glück auch mal wieder verschwinden …

Ihr Sprössling kriegt dadurch – so ganz nebenbei – immer wieder mal ein Häppchen an Information mit über das, was in der Pubertät auf ihn zukommt. Dies ganz ohne dass Sie ihn, wie es in manchen Sketchs humorvoll dargestellt wird, zu einem aufgesetzt und peinlich wirkenden Aufklärungsgespräch zitieren.

Gutes Infomaterial zur Verfügung stellen

Sorgen Sie dafür, dass Ihrem Kind gute Sachinformationen zum Thema Körper, Empfängnis, Schwangerschaft und Geburt zur Verfügung stehen. Schaffen Sie sich gute Hefte oder Bücher zum Thema an, in welchen Ihr Kind bei Interesse blättern und sich informieren kann. Schauen Sie sich gemeinsam altersgerechte Videos über den Körper und seine Funktionen oder über die Entwicklung des Kindes im Mutterleib an.

Den aktuellen Schulstoff und Ereignisse im Bekanntenkreis als Trittbrett für Gespräche nutzen

An den meisten Schulen werden Zeugung, Empfängnis und Schwangerschaft in diesem Alter thematisiert. Interessieren Sie sich dafür, fragen Sie beiläufig nach, ob das schon Thema war – und wenn ja, was Ihr Kind davon spannend oder besonders eindrücklich fand. Erzählen Sie Ihren Heranwachsenden, was Sie selber am Thema fasziniert und begeistert.

Nehmen Sie Ihren Sohn mit, wenn Sie (Ihrem Kind bekannte) frischgebackene Eltern besuchen, und geben Sie ihm Gelegenheit, über diesen winzigen neuen Menschen zu staunen. Bitten Sie als Vater darum, das kleine Wunder auch mal halten zu dürfen. Sie zeigen Ihrem Jungen dadurch, dass Babys auch Männersache sind und dass an Schwangerschaft und Geburt nichts Komisches oder Peinliches dran ist.

Es ist sinnvoll, darauf zu achten, dass Kinder bis spätestens zum Beginn der Pubertät die biologischen Funktionen und alle korrekten Bezeichnungen der Geschlechtsorgane kennen und über Empfängnis, Schwangerschaft und Geburt Bescheid wissen.

BLÄSCHENDRÜSE
DARM
HARNBLASE
PENIS
AFTER
SAMEN LEITER
HARNRÖHRE
HODEN
Ach
Baus

ung
telle
EILEITER
EIERSTOCK
GEBÄRMUTTER
HARNBLASE
KLITORIS
DARM
AFTER
SCHAMHÜGEL
HARNRÖHRE
SCHEIDE
ÄUSSERE + INNERE SCHAMLIPPEN

Lassen Sie sich als Eltern immer wieder neu mit Weisheit und Humor, mit Kreativität und einem Gespür für den richtigen Zeitpunkt beschenken, um das Gespräch zu suchen.

Sehr bewährt hat es sich für viele Eltern, während der Vorpubertät zusammen mit ihrem Kind ein Buch über die Pubertät zu lesen. Besonders empfehlenswert ist es, dies als Vater mit dem Sohn und als Mutter zusammen mit der Tochter zu tun.

Grundsätzlich macht es Sinn, daraus wo immer möglich eine «Mutter-Tochter-Zeit» oder eine «Vater-Sohn-Zeit» zu machen. Zusammen mit dem Kind einen Pubertäts-Ratgeber zu lesen ist empfehlenswert, weil Sie als Eltern dadurch (noch) sprachfähig(er) werden, und weil dadurch ein Gespräch über Körper, Geschlecht, Sexualität, Selbstschutz usw. in Gang kommt, an das Sie in der Pubertät anknüpfen können. Dazu ein Beispiel aus meiner Elternberatung: Eine Mutter rief mich an, weil sie gemerkt hatte, dass ihr Sohn Pornos konsumierte und dabei war, in eine Sucht abzurutschen. Als ich sie fragte, ob Sie mit Ihrem Sohn über solche Themen sprechen könne, bejahte sie und erklärte: «Ich habe vor zwei Jahren mit meinem Sohn Ihr Jungenbuch [‹Rakete startklar!›] gelesen. Das hat uns eine Basis gegeben, an die ich immer noch anknüpfen kann.»

Fruchtbarkeit wertschätzen und feiern

Mädchen sollten, sobald sich abzeichnet, dass sie innerhalb einer absehbaren Zeit ihre Periode haben werden, wissen, was für ein Wunder sich jeden Monat aufs Neue in ihrem Körper vollzieht. Allein die Tatsache, dass jeder Eierstock eines Mädchens bei der Geburt bereits ca. 400.000 Eizellen enthält, von denen nun jeden Monat eines (selten zwei oder mehrere) sprungreif werden, ist überwältigend. Mädchen sollten unbedingt wissen, was beim Monatszyklus in ihrem Körper geschieht, wie sie sich pflegen können und wie sie Binden oder Tampons richtig anwenden. (Mehr Informationen zum Thema Menstruation finden Sie im nächsten Kapitel.)

Überlegen Sie sich, wie Sie wichtige körperliche Meilensteine mit Ihren Kindern feiern könnten. Die erste Regelblutung macht Ihre Tochter zur Frau – ein guter Grund, finde ich, als Mutter mit der Tochter schick essen zu gehen, ihr Blumen oder Schmuck zu schenken oder was immer zu Ihnen passt und auch der jungen Frau recht ist.

Ganz schön potent, Mann!

Beim Jungen ist der erste Samenerguss das Zeichen dafür, dass er jetzt fruchtbar ist. Im Gegensatz zur Menstruation wird darüber aber allzu oft gar nicht wirklich geredet. Es werden vielleicht ein paar Sprüche geklopft, aber sowohl vielen Jungen wie auch vielen Mädchen fehlen die Informationen darüber, was bei einer Erektion oder einem Samenerguss im Detail abläuft. Dabei geschieht auch im Körper des Jungen so viel Faszinierendes, das durchaus das Potenzial hat, einem Jungen Begeisterung und Selbstbewusstsein zu vermitteln.

Die Hoden bestehen aus rund 500 Metern feiner Kanälchen, in denen Spermien produziert werden. An die 100 Millionen Spermien werden pro Tag in den beiden Hoden zusammen produziert, das bedeutet 500 bis 1000 Spermien pro Sekunde. Die Ausreifung der Spermien findet in den Nebenhoden statt. Hoden und Nebenhoden befinden sich im Hodensack, der unter anderem als Thermostat wirkt. Weil die ideale Temperatur für die Spermienreifung zwei bis vier Grad tiefer ist als die Körpertemperatur, werden die Hoden nicht im Bauchraum aufbewahrt, sondern quasi ausgelagert. Bei Kälte zieht sich der Hodensack zusammen und bringt die Spermien damit näher an den Körper und seine Wärme. Reife Spermien werden entweder durch einen Samenerguss ausgestoßen oder lösen sich auf und werden vom Körper wieder aufgenommen. Ganz schön potent, die Sache, nicht?

Der erste Samenerguss ereignet sich übrigens irgendwann zwischen dem 11. und dem 16. Lebensjahr. In der Regel tritt er nachts auf und wird oft von Träumen mit sexuellem Inhalt begleitet.

Auch die Erektion, die ab dem Eintritt in die Pubertät häufiger auftritt, ist ein äußerst faszinierendes Geschehen, über das Mann unbedingt Bescheid wissen sollte. Eine Erektion wird durch ein kompliziertes Zusammenspiel von Nervenreizen, Botenstoffen, Blutzirkulation und Muskeln ausgelöst. Der Penis enthält drei Schwellkörper, die in erschlafftem Zustand nur wenig Blut enthalten, weil dauerhaft kontrahierte, glatte Muskelstränge in den Arterien verhindern, dass sich die Adern ausdehnen und zu viel Blut in die Schwellköper strömt. Gesteuert wird diese Muskulatur vom Sympathikus, einem Nervengeflecht, das im Bereich der oberen Brustwirbelsäule entspringt und in die Genitalregion ausstrahlt. Bei sexueller Erregung, die durch eine Berührung, einen reizvollen Anblick, einen anregenden Geruch oder einen erotischen Traum ausgelöst werden kann, startet ein komplexer biochemischer Mechanismus:

Das Gehirn sendet das Signal «erotischer Reiz», und der Parasympathikus (Gegenspieler des Sympathikus) sorgt dafür, dass die Muskulatur in den Arterienwänden im Penis erschlafft. Dadurch erweitern sich die Gefäße, wodurch sich die Schwellkörper mit Blut füllen. Der Penis wird hart und richtet sich auf, während sich die Hoden gleichzeitig in Richtung Bauch und Damm verlagern.

Je nachdem kann es bei einer Erektion zur Bildung eines sogenannten «Lusttröpfchens» kommen. Dies ist eine kleine Menge eines klaren Sekrets aus den Cowperschen Drüsen, die sich im Bereich der Prostata befinden. Manchmal können im «Lusttröpfchen» auch schon Spermien enthalten sein (die zu einer Befruchtung führen können).

Warum nicht etwas Besonderes planen, um zu feiern, dass Ihr Sohn jetzt zur Männerwelt gehört? Gemeinsam einen Rasierapparat und After-Shave einkaufen zu gehen könnte ein solches Ritual sein. Selbstverständlich kombiniert mit herzhaftem Essen – bei fast allen Jungs geht Liebe in diesem Alter schlicht und einfach (auch) durch den Magen.

Übergangsrituale sind eine wertvolle Möglichkeit, die geschlechtliche Entwicklung positiv zu betonen und dadurch die Identität Ihres heranwachsenden Kindes zu stärken.

Fragen beantworten

Je aufmerksamer Ihre Zehn- bis Zwölfjährigen die Welt, in der sie sich bewegen, beobachten, desto mehr Fragen dazu tauchen auf. Ihr Kind möchte vielleicht wissen, was der Begriff «Bisexuell» bedeutet und warum auf der Werbung der Aidspräventionsfachstelle ein Kondom abgebildet ist. Es fragt, was Sie davon halten, dass seine Schulkameraden bei zwei Frauen oder zwei Männern aufwachsen, und will wissen, was mit «Samenspende» gemeint ist. Auch die Frage, warum man heiraten soll, wenn rund die Hälfte aller Paare sich doch nur wieder scheiden lässt, kann durchaus auf der Liste Ihres Sprösslings stehen und Sie als Eltern tüchtig ins Schwitzen bringen.

Lassen Sie sich nicht stressen. Bitten Sie Ihren Sohn oder Ihre Tochter um Bedenkzeit, wenn Sie noch keine befriedigenden Antworten geben können. Es tut Heranwachsenden gut, mitzuerleben, dass auch wir Erwachsenen über Fragen nachdenken und um tragfähige Antworten ringen müssen.

Eindeutigkeit

Spätestens jetzt ist es entscheidend, dass Sie als Eltern sich zu all diesen Themen und Trends eine klare Meinung bilden und diese auch verständlich begründen können. Sie als Mutter oder Vater sind jetzt gefragt, um Ihrem Kind tragende Werte in Bezug auf Geschlecht, Liebe, Beziehungsgestaltung und Sexualität zu vermitteln und selber vorzuleben. Je eindeutiger diese Werte sind, desto leichter wird Ihr Kind sie nachvollziehen können.

Zehn- bis Zwölfjährige denken noch in deutlichen Kontrasten und wollen erst einmal wissen, was richtig oder falsch ist. (Bevor sie dann später durchaus auch lernen werden, zu differenzieren.) Kinder und Teenager mögen es, wenn Erwachsene klare Überzeugungen vertreten – nicht irgendeinen multioptionalen Mischmasch, der keine Orientierung gibt, weil das oberste Ziel irrtümlicherweise darin besteht, sich nur ja nicht festzulegen und niemandem zu nahe zu treten.

Einige persönliche Fragen dazu:

- *Was wünschen Sie sich in Bezug auf Liebe und Sexualität für Ihr Kind? Welche Ziele steuern Sie diesbezüglich an?*
- *An welchen Maßstäben orientieren Sie sich? Welche Theorien und Experten erscheinen Ihnen stimmig oder kompetent genug, um Ihre Sexualerziehung danach auszurichten?*
- *Wann ist für Sie der richtige Zeitpunkt für Liebe und Freundschaft?*
- *Was raten Sie Ihrem Kind in Bezug auf das Ausleben seiner Sexualität?*
- *Finden Sie es wichtig, dass Jugendliche schon früh sexuelle Erfahrungen sammeln, oder raten Sie Ihrem Sprössling, damit noch zu warten? Und falls Sie zum Warten tendieren: Wie lange, bis zu welchem Zeitpunkt?*
- *Würde es Sie stören, wenn Ihr Kind Liebesbeziehungen zu gleichgeschlechtlichen Partnern eingehen würde?*
- *Wünschen Sie Ihrem Kind eine lebenslängliche Beziehung, oder sympathisieren Sie eher mit der Idee von Lebensabschnitts-Partnerschaften?*
- *Freuen Sie sich darauf, möglicherweise eines Tages Großeltern zu werden? Oder empfehlen Sie Ihren Kindern eher, Karriere, Freiheit, Unabhängigkeit und Hobbys an die erste Stelle der Lebensplanung zu setzen?*

Welche Werte Sie Ihren Kindern in der Vorpubertät und Pubertät mitgeben, hängt stark mit der Beantwortung dieser und anderer Fragen rund um Beziehungen, Liebe und Sexualität zusammen.

Der Begriff Erziehung beinhaltet das Verb «ziehen». Wir ziehen unsere Kinder mit ganzem Engagement in die Richtung, in der unserer Meinung und Erfahrung nach echtes Glück, liebevolle Beziehungen und ein erfülltes Leben zu finden sind. Wählen kann nur, wer verschiedene Wege kennt, und es macht absolut Sinn, unsere Kinder mit den Wegen vertraut zu machen, die uns als zielführend erscheinen.

Als Erwachsene werden sie dann selbst entscheiden, welche Wege sie einschlagen und ob sie unsere Werte teilen wollen oder nicht.

Ein persönliches Beispiel dazu: Meine Mutter war der Meinung, dass Themen wie Freundschaft und Sexualität Pubertierende noch überfordern. Als ich zum Teenager heranwuchs, sagte sie deshalb gelegentlich zu mir: «Bevor du zwanzig bist, musst du keinen Freund heimbringen!» Was so viel bedeutete wie: «Es eilt nicht, lass dir Zeit. Du bist noch jung. Werde erst mal eine eigene Persönlichkeit, bevor du dich an eine andere Person bindest.»

Dies war mir als Teenager durchaus eine Hilfe und wirkte auf mich wie eine Art «Entschleuniger». Als ich dann mit gut neunzehn Jahren zu Hause meinen heutigen Ehemann vorstellte, war das für meine Mama völlig okay. Es war ihr nicht um ein pingeliges Abzählen von Monaten gegangen, sondern darum, mich vor Druck und überstürzten Entscheidungen zu bewahren. Ihre Offenheit und die Klarheit, mit der sie mir ihre Meinung in Bezug auf verschiedene Lebensthemen mitteilte, waren für mich Wegweiser, an denen ich mich auch dann orientierte, wenn ich ausbildungsbedingt weit weg von zu Hause lebte.

Spätentwickler oder frühreife Kinder

Je nach Klassenzusammensetzung sind Freundschaft und Liebe bereits im Alter von zehn bis zwölf Jahren ein hochaktuelles Thema. In fast jeder Schulklasse gibt es Kinder, die früh in die Pubertät kommen oder bereits stark sexualisiert sind. Andere wirken daneben noch überaus kindlich.

Grundsätzlich ist zu sagen, dass Normal- oder Spätentwickler es eher einfacher haben als frühreife Kinder. In der Pubertät eilt die körperliche Entwicklung der Reifung von Geist und Seele voraus, was dazu führen kann, dass frühreife Kinder einen Teil ihrer Kindheit verpassen, weil sie bereits versuchen, mit der Erwachsenenwelt Schritt zu halten.

Körperlich frühentwickelte Teenager stehen erfahrungsgemäß auch eher in der Gefahr, sich auf Beziehungen oder sexuelle Handlungen einzulassen, die sie später, wenn die emotionale und geistige Reifung stattgefunden hat, bedauern.

Frühreife ist jedoch nicht immer nur genetisch bedingt. In welchem Umfeld Kinder aufwachsen und welchen Einflüssen sie ausgesetzt werden, spielt ebenfalls eine entscheidende Rolle.

Die gestohlene Kindheit

Ich bin der Ansicht, dass vielen Kindern heute ein Teil ihrer Kindheit gestohlen wird – mit fatalen Folgen: Mühsam versuchen manche dieser Bestohlenen später, in Therapien noch ein Stück Kinder- und Jugendzeit nachzuholen.[32]

Eine zunehmende Zahl von Eltern drängt ihre Kinder geradezu in die Erwachsenenwelt hinein. Fünfjährige Mädchen werden teilweise wie Erwachsene eingekleidet und behandelt. Siebenjährige sind bereits mit dem neusten Smartphone ausgerüstet und lernen von Stars und Sternchen aufreizende Gesten, statt eigene Spiele zu entwickeln. Manche Mütter und Väter fragen ständig, in wen das Kind denn verliebt sei oder ob es schon mal geschmust habe.

Wen wundert es da noch, dass viele Kinder Kopf und Herz bereits mit ganz vielen nicht altersgemäßen Dingen angefüllt haben und über Stars aus Erwachsenen-Serien besser Bescheid wissen als über den kleinen Ritter Trenk und andere Kinderklassiker?

Ich kann Ihnen nur empfehlen, Ihren Sohn oder Ihre Tochter möglichst lange Kind sein zu lassen. Kindgerechte, fröhliche Kleidung, der Kinderfantasie entsprechende Hefte, Bücher und Filme, geeignete Spiele und eine altersgerechte Freizeitgestaltung unterstützen Ihr Kind dabei, seine Kindheit voll auszukosten. Denn Fakt ist: Erwachsen kann es schließlich danach noch ein ganzes Leben lang sein.

Rechtzeitig über Pornografie informieren

Informieren Sie Ihre Kinder im Alter von zehn bis vierzehn Jahren altersgerecht über die Auswirkungen und Gefahren von Pornografie. Weisen Sie darauf hin, welch großes Geschäft mit der Sexualität gemacht wird, die uns doch eigentlich als größter Ausdruck der Liebe zwischen zwei Menschen geschenkt wurde. Zeigen Sie auf, wie diese kostbare Gabe in der Pornografie missbraucht und der Mensch zum Objekt wird, durch das die Konsumenten ihre Lust befriedigen.

Erklären Sie Ihrem Sohn oder Ihrer Tochter, dass es Menschen gibt, die sexsüchtig oder sogar richtiggehend krank sind und sich deshalb immer abartigere Dinge ausdenken, um ihre Bedürfnisse abdecken zu können. Weisen Sie darauf hin, dass es strafbar ist, Minderjährigen Pornografie zu zeigen, und dass Leuten, die Kinder zu pornografischen Zwecken missbrauchen, hohe Gefängnisstrafen drohen.

Erarbeiten Sie mit Ihrem Sohn oder Ihrer Tochter zusammen Lösungen für mögliche Problemsituationen. Erklären Sie ihnen, dass sie am Computer sofort auf «Schließen» drücken oder das Gerät umdrehen und einen Erwachsenen um Hilfe bitten sollen, falls eine Seite mit dubiosem oder nicht jugendfreiem Inhalt aufgeht.

Teilen Sie Ihrem Kind mit, dass es mit Ihnen über solche Erfahrungen reden darf und soll. Was Kindern leider oft schwerfällt, weil sie instinktiv spüren, dass Pornografie etwas Schlechtes ist und Angst haben, uns zu enttäuschen, wenn sie mit uns über ihre Erfahrungen sprechen.

Weil nur sehr wenige Kinder es von sich aus wagen, mit ihren Eltern darüber zu sprechen, ist es umso wichtiger, dass wir das Gespräch aktiv anstoßen und Kindern immer wieder eine Brücke bauen. Dass wir signalisieren: «Wir wissen, dass viele Kinder irgendwann auf solche Inhalte stoßen, und wir werden dich niemals verurteilen, wenn du uns ins Vertrauen ziehst.»

Ermutigen Sie Ihren Nachwuchs dazu, sich zu entfernen, wenn auf dem Schulhof, in der Garderobe des Fußballclubs oder wo auch immer pornografisches Material herumgereicht oder gezeigt wird.

Je früher Ihre Kinder verstehen, dass sie selbst etwas gegen die Innenweltverschmutzung tun können, desto besser. Je besser sie es lernen, auf inneres Unwohlsein und deutliche Irritation zu reagieren, desto eher wird es ihnen gelingen, sich auch in Extremsituationen abzugrenzen.

Der Schein trügt – gemeinsam den Lügen auf die Schliche kommen

Auf dem Weg zu eigenverantwortlichem Denken und Handeln spielt die Fähigkeit, auf gesunde Art kritisch sein zu können, eine wichtige Rolle.

Ihr Kind sollte es Stück für Stück lernen, gängige Werte und Normen zu hinterfragen. Niemand mag es, belogen zu werden. Doch genau dies tun die Unterhaltungs-, die Sex- und Schönheitsindustrie am laufenden Band.

Es kann für Ihre Elfjährige äußerst aufschlussreich sein, sich mit Ihnen zusammen mal am PC anzuschauen, wie aus einem gewöhnlichen Mädchen mit Pickeln und Schönheitsfehlern das perfekte Model wird.

Es hilft Ihrem Jungen oder Ihrer Tochter, wenn er oder sie weiß, dass in den Filmchen, die auf den Handys von Schüler zu Schüler weitergereicht werden, Szenen inszeniert werden, die nichts, aber auch gar nichts mit natürlicher und liebevoller Sexualität zu tun haben. Dass da fast ausschließlich Dinge gezeigt werden, die in der Realität nicht möglich sind und die liebevolle Paarbeziehungen nicht fördern, sondern zerstören.

Weisen Sie Ihre Kinder auch darauf hin, dass Frauen in solchen Filmen und Heften oft sehr entwürdigend behandelt werden und vielen während der Drehs teilweise massive Gewalt angetan wird. Kinder in der Vorpubertät sollten wissen, dass Pornografie und Menschenhandel eng verknüpft sind und dass viele PornodarstellerInnen wie Sklaven behandelt werden. Was unter anderem dazu führt, dass viele von ihnen Drogen konsumieren, um ihren Schmerz zu betäuben und diese «Arbeit» tun zu können. Sagen Sie als Mutter und als Vater Ihrem Kind, dass Sie das alles sehr traurig und absolut daneben finden. Weil Frauen (und Männer) wirklich etwas Besseres verdienen!

Leider kann es trotz aller Bemühungen sein, dass Ihr Kind irgendwann doch mit pornografischen Bildern konfrontiert wird und Sie herausgefordert sind, Ihrem Teenager präziser zu erklären, wie

Sie das meinen, wenn Sie sagen, dass «die Realität anders ist, als sie in diesen Filmen dargestellt wird».

Nachfolgend deshalb einige Informationen, aus denen Sie diejenigen auswählen können, die Ihnen für das Gespräch mit Ihrer Tochter oder Ihrem Sohn altersentsprechend und hilfreich erscheinen.

Das Magazin «Stern» hat im Juni 2012 ein paar Dinge aufgelistet, die dort «Pornolügen» genannt werden (vgl. Artikel im «Stern», Nr. 27, 28.6.2012). Und man kann diese Liste beliebig erweitern. Erstens: Pornodarsteller werden per Casting ausgesucht. Nur Männer mit mehr als zwanzig Zentimetern Penislänge kommen in der Regel dafür in Frage. Das ist aber nachgewiesenermaßen nur bei einem einzigen Mann unter hundert der Fall. Und im wahren Leben ist das oft sogar hinderlich, weil viele Frauen diese Größe als schmerzhaft oder abschreckend erleben und nicht mit Genuss verbinden können.

Zweitens: Das viele Sperma, das regelmäßig herumgespritzt wird, ist nicht echt. Alles Fälschung! Die normale Ejakulationsmenge ist lediglich so groß wie ein halber oder ganzer Teelöffel. Was man in den Filmen sieht, ist selbstgemixte Flüssigkeit. Und: In aller Regel ejakuliert ein Mann nur ein einziges Mal. Mehrfach-Orgasmen, schnell hintereinander wie im Film, sind bei Männern eher unwahrscheinlich.

Drittens: Die Frauen in pornografischen Filmen stöhnen und schreien schon bei der ersten Berührung, ohne jede Stimulation der Klitoris oder anderer Körperstellen. Dazu wird vorgegaukelt, dass sie – ohne jedes Vorspiel – unglaublich schnell einen Orgasmus bekommen. Und gleich noch einen. Und noch einen obendrauf. So eine Frau gibt's im realen Leben fast nirgends.

Viertens: Die meisten Filmdarstellerinnen haben riesengroße Brüste, die so wirken, als würden sie jedem Gesetz der Schwerkraft Paroli bieten. Aber diese Frauen haben fast alle mehrfache Brust-OPs hinter sich (meist sieht man die unschönen Operationsnarben noch gut) und sind auch nach den OPs überhaupt nicht zufrieden mit sich selbst und ihrem Körper.

Fünftens: In den Filmen wird vorgegaukelt, dass jede Frau es total liebt, das Sperma des Bettpartners in den Mund zu nehmen und zu schlucken. Aber im wahren Leben finden viele Frauen dies überhaupt nicht prickelnd. Manche mögen den Geruch nicht, denn Sperma riecht ja nicht blumig oder besonders exotisch, sondern eher wie Erde. (Natürlich riecht es so; denn von dorther kommen wir ja!)

Sechstens: Viele Filmdarstellerinnen und -darsteller lassen sich die intimsten Stellen, etwa den After, tätowieren oder chemisch aufhellen. Man nennt solche Eingriffe in der betreffenden Szene «Analbleaching». Normale Menschen sehen an jenen Stellen allerdings anders aus …

Siebtens: Pornos tun so, als würden der Geruch eines Partners oder sein Verhalten oder sein Charakter oder seine Lebensgeschichte im Bett überhaupt keine Rolle spielen. Sie tun auch so, als hätten Dinge wie Ängste, Nöte, Widerstände, Unsicherheiten, gesundheitliche Probleme oder die Monatsblutung einer Frau keinerlei Auswirkungen. Das haben sie aber im wahren Leben sehr wohl.

Achtens: In Pornos geht es weder um Liebe noch um tiefergehende Beziehungen. Es wird meistens weder geküsst, noch spielen echte Zärtlichkeiten eine Rolle, noch wird miteinander viel gesprochen, noch wird zusammen mal gelacht.

Neuntens: Dass mal der eine oder die andere nicht will oder nicht kann oder müde ist, oder dass man unterbrochen oder gestört wird oder während des Liebesspiels die Lust verliert, das gibt es in Pornos nicht. Im wahren Leben jedoch schon!

Zehntens: Wenn man ehemalige Pornodarstellerinnen zehn, fünfzehn Jahre später interviewt, sagen sie in der Regel nicht, dass es ihnen damals großen Spaß gemacht habe. Vielmehr beklagen sie, dazu gezwungen worden zu sein. Oder sie sagen, sie hätten aus finanziellen Gründen oder wegen der Zwänge einer Abhängigkeit von einem Mann (oder einem Zuhälter) mitmachen müssen. Vor allem aber beklagen sie, dass ihnen durch das Mitmachen in pornografischen Filmen etwas Wesentliches total verlorengegangen sei: nämlich die Fähigkeit zu gelebter Intimität und glaubwürdiger Nähe, Vertrautheit und Bindungsfähigkeit. Noch Jahrzehnte später müssen sie sich diese Bereiche mühsam wieder zurückerkämpfen. Immer vorausgesetzt, dass sie dann noch einen verständnisvollen Partner finden, der das Leben mit ihnen teilen will.

Und schließlich: In Pornos wirkt vieles maschinell, technisch und seelenlos. Jeder durchschnittliche TV-Film (ja sogar die «Tagesschau») hat mehr Seele und zeigt mehr Zwischenmenschliches als ein Porno. Pornos zeigen nur den Körper. Aber ein Mensch – jeder von uns! – ist tausendmal mehr als nur sein Body! Stichworte: Geist, Seele, Herz, Sinne, Verstand, Charakter …

Es gibt rund um Sexualität wirklich mehr und Besseres zu erleben, als Pornofilme uns glauben machen wollen. Dies zu verstehen, wird Ihrem Sohn oder Ihrer Tochter dabei helfen, gute, sich selbst und andere wertschätzende Entscheidungen zu treffen.

Sich klar positionieren

Je konsequenter Ihr Kind sich von schädlichen Einflüssen distanziert, desto einfacher wird sein Leben, gerade auch als Teenager, sein. Meine Feststellung ist, dass eine klare Positionierung unsere Kinder vor vielen schwierigen Situationen bewahrt.

Unser Sohn besuchte das Gymnasium und stellte sich dort in den fast täglich stattfindenden Diskussionen offen und klar zu seinen Überzeugungen. Was nicht etwa zur Folge hatte, dass er unbeliebt war. Ganz im Gegenteil: Auch zu den Mädchen seiner Klasse konnte er vertrauensvolle Kameradschaften aufbauen, weil klar war, dass er nicht einfach auf ein kleines Sexabenteuer aus war. Und dass er Frauen auch nicht dazu benutzen wollte, sein Ego zu befriedigen.

Viele der Versuchungen blieben ihm durch seine klare Positionierung erspart. Er wurde weder zu Kiffersessions noch zum Komasaufen eingeladen, und alle wussten, dass er weder für Killergames noch für Sexfilme zu begeistern sein würde.

Es gibt letztlich im Umgang mit destruktiven Strömungen und Verhaltensweisen nur zwei Möglichkeiten: Entweder unsere Kinder lassen sich vom Negativen in dieser Welt prägen, oder – was mir viel besser gefällt – unsere Kinder prägen diese Welt. (Damit meine ich jetzt natürlich nicht in erster Linie die globale Welt, sondern den Bereich, in dem unsere Kids sich täglich aufhalten, ihre Freunde und Bekannten, das Dorf oder die Stadt, in der wir wohnen, die Schule, die sie besuchen ...) Sich nicht zu positionieren und sozusagen «neutral» zu bleiben, ist erfahrungsgemäß, gerade auch im Teenageralter, sehr, sehr schwierig.

Fordern Sie Ihr Kind immer wieder dazu heraus, diese Welt ein kleines Stück freundlicher, liebevoller und sinnvoller zu machen und sich dem Lebensfeindlichen zu verweigern. Oder sich, wo dies angebracht ist, Negativem auch mal entschieden entgegenzustellen. Meine Erfahrung ist, dass Kinder an dem wachsen und sich entwickeln, was wir ihnen – in nicht überforderndem Ausmaß – an Herausforderndem und Gutem zutrauen.

Glauben Sie daran, dass Ihr Kind fähig ist, die Welt zu verändern, statt von der Welt in negativem Sinn verändert zu werden?

Davon hängt vieles ab. Wenn Sie selbst nach dem Motto «Einer allein kann eh nichts bewirken» leben, wird es schwierig sein, Ihr Kind dazu zu motivieren, genau die Person zu sein, die den kleinen Unterschied macht.

Selbstgemachte Versuchungen erkennen

Wenn wir im Vaterunser beten: «Und führe uns nicht in Versuchung», wäre es vielleicht ganz sinnvoll, sich ab und zu mal zu fragen:

«Wo führe ich mich selbst in Versuchung? Wo bin ich in Kompromissen gefangen, die mein Leben immer komplizierter werden lassen?»

Ich bin überzeugt, dass es sich lohnt, in Bezug auf unser Konsumverhalten in die innere Reinheit und Unversehrtheit zu investieren. Innenweltverschmutzung ist ein ernst zu nehmendes Phänomen. Die Bibel fordert uns dazu auf, unser Herz zu schützen und mehr als auf alles andere auf unsere Gedanken zu achten[33], weil letztlich alles – das Gute und das Destruktive – in unserem Herzen und in unseren Gedanken seinen Anfang nimmt.

Doch nicht nur pornografische Darstellungen und Inhalte sexualisieren unsere Kinder.

Auch scheinbar harmlose Serien vermitteln prägende Werte über Beziehungen und Sexualität. Wenn Seitensprünge und Dreiecksbeziehungen darin zur Tagesordnung gehören, wird das innere Wertesystem Ihres Kindes dadurch beeinflusst.

Ob Sie das wollen oder nicht.

Ob das Kind es will oder nicht.

Schauen Sie sich Hefte, Bücher, PC-Spiele, DVDs oder YouTube-Filmchen deshalb zuerst selbst an, bevor Sie sie auf Ihren Sohn oder Ihre Tochter einwirken lassen. Sie kennen Ihr Kind am besten und wissen am ehesten, wo es entwicklungsmäßig steht, was es verarbeiten kann, was ihm guttut und was nicht.

Hören Sie hin, was durch die Musik, die Ihr Kind sich anhört, an Inhalten, Werten und Ideologien vermittelt wird. (Durch alle Zeiten hindurch war Musik eine der besten Möglichkeiten, um Botschaften zu transportieren.) Erklären Sie Ihrem Sprössling, warum Sie nicht möchten, dass er sich gewisse Filme anschaut oder bei zweifelhaften Freizeitaktivitäten mitmacht. Lassen Sie ihn miterleben, dass auch Sie als Eltern auf Dinge verzichten, die nicht mit Ihren Normen und Wertmaßstäben übereinstimmen. Dass Sie dies also nicht nur von Ihren Kindern verlangen, sondern es auch selbst in dieser Weise umsetzen.

Überzeugungen haben ihren Preis. Jede Entscheidung für etwas Bestimmtes schließt gleichzeitig andere Optionen aus. Billiger geht das nun mal nicht.

Nicht allen Kindern fällt diese Eigenständigkeit und ein gesundes Sich-Abgrenzen leicht. Auch in unserer Familie gab es Kinder, die fürs Dazugehören so einiges machten, bei dem es ihnen im Grunde nicht wohl war. Während ein anderes Kind bei einer Party ganz selbstverständlich (und nicht besonders diplomatisch) mitten im Film mit einem «So einen Schrott schaue ich mir keine Minute länger an» das Zimmer verließ und sich bis zum Ende des Films mit etwas anderem beschäftigte.

Gesellschaftliche Umwälzungen

Die Definition von Ehe und Familie ist, gesellschaftlich gesehen, stark im Wandel begriffen.

Nicht von ungefähr kommen in immer mehr Geschichten und Filmen, im Schulstoff oder in der Werbung gleichgeschlechtliche Paare und «Regenbogenfamilien» vor. Hier wird ernst zu nehmendes Lobbying betrieben.

Die Aktivisten, welche die Auflösung der traditionellen Familie und bisher geltender Normen anstreben, sitzen sowohl in den Medien wie auch in der Politik oder im Bildungswesen vielerorts an Schlüsselstellen. Die Gender-Ideologie hat sich gesellschaftlich deutlich stärker etabliert, als ich dies früher für möglich gehalten hätte.

Ich schreibe dies nicht, um auf Panik zu machen oder um die Gleichberechtigung der Frau zu sabotieren. (Häufig wird unter dem Begriff Gender ja einfach die Gleichstellung von Mann und Frau verstanden.) Männer und Frauen sind meiner Ansicht nach absolut gleichwertig, jedoch nicht gleich geartet. Die Gleichmachung oder Auflösung der Geschlechter halte ich für eine zerstörerische Ideologie, die im Endeffekt zu immer tieferer Verunsicherung und Verwirrung von Jungen und Mädchen, von Männern und Frauen führt.

Die Idee, dass ein Kind nicht auf sein biologisches Geschlecht festgelegt werden darf, sondern irgendwann selbst entscheiden soll, ob es ein Junge oder ein Mädchen sein will, hat meines Erachtens nichts Befreiendes an sich.

Ganz im Gegenteil:

Ich bin davon überzeugt, dass immer mehr Menschen in Bezug auf ihre geschlechtliche Identität zutiefst verstört und dadurch gefährdet sind, auf trügerische Heilsversprechen hereinzufallen und auf zerstörerische Trends aufzuspringen.

Kinder dabei zu unterstützen, ihr Mädchen- oder Junge-Sein selbstbewusst und fröhlich anzunehmen und zu leben, ist meiner Erfahrung nach einer der wesentlichsten Faktoren von lebens- und beziehungsfördernder Sexualerziehung.

Gutes unterstützen und fördern

Erziehung sollte nicht nur darin bestehen, dass wir als Eltern Dinge, die nicht mit unseren Wertmaßstäben übereinstimmen, verbieten, sondern vielmehr darin, unseren Kindern Positives, Konstruktives und Sinngebendes anzubieten. Unseren Sohn oder unsere Tochter mit etwas zu überraschen, das sie von uns nicht erwartet hätten, ist eine gute Möglichkeit, unserem Nachwuchs klarzumachen, dass wir ihm Gutes von Herzen gönnen. Ob dies nun eine trendy Skimütze, die neuste Ausgabe einer beliebten Comicserie, ein Abo für eine gute Kinder- oder Teenagerzeitschrift, eine Einladung zum Eisessen oder eine witzige Geburtstagsüberraschung ist, spielt keine Rolle.

Und bitte, verstehen Sie mich richtig: Gutes muss meiner Ansicht nach nicht teuer oder aufwändig sein. (Unsere Kids besitzen tendenziell ja schon viel mehr, als sie brauchen.)

Ich rede hier nicht davon, Kinder mit Material und Angeboten zu überhäufen, sondern davon, dass es hilfreich ist, wenn unseren Kindern gute Alternativen zu dem, was wir Ihnen nicht erlauben wollen, zur Verfügung stehen.

Je positiver und interessanter, je großzügiger und warmherziger unser Familienklima ist, desto weniger werden Heranwachsende tendenziell das Bedürfnis verspüren, aus dem Familienkreis zu flüchten.

Die Entscheidung, unserem eigenen Nachwuchs die Teilnahme an Kinder- und Teenagerfreizeiten zu ermöglichen, hat sich bereits vielfach ausbezahlt. Auch wenn diese Veranstaltungen jeweils beträchtliche Löcher in die Familienkasse fraßen, haben unsere Kinder dort doch Dinge gelernt und Freundschaften geschlossen, die mit Geld nicht aufzuwiegen sind.

Selbstannahme und Schönheitsideale

Je nachdem wird in der Altersgruppe der Zehn- bis Zwölfjährigen bereits viel Wert auf das Äußere gelegt. Der Zwang, Markenkleider zu besitzen, kann zu einem ernsthaften Problem werden. Manche Mädels fangen mit Diäten an, weil sie sich zu fett finden. Frühentwickelte Mädchen besitzen bereits hübsche Rundungen, während Ihre Tochter vielleicht noch in einem schlaksigen Mädchenkörper steckt. Bei manchen Jungs wird unter der Dusche mit dem längsten Penis geprahlt und das alte Märchen weiterverbreitet, guter Sex hänge mit der Länge dieses wertvollen Körperteils zusammen.

Trösten Sie Ihre Heranwachsenden – oder lachen Sie herzhaft mit ihnen über solche Ammenmärchen. Je nach Kind und Situation. Sachliche Informationen helfen Ihrem Nachwuchs dabei, sich nicht in irgendeine abstruse Idee zu verrennen. Und die Bestätigung, dass Sie Ihr Kind genauso, wie es ist, mögen und schön finden, stärkt ihm den Rücken.

Ich habe bei Diskussionen über Haarefärben und Schminken, über Fettpölsterchen oder Schönheitsoperationen an unserem Familientisch bewusst immer wieder betont, dass ich es schade finde, wenn Menschen nicht das sein möchten, was sie sind. Dass ich überzeugt bin, dass jeder von uns mit viel Liebe und Kreativität erschaffen wurde und dass das, was uns äußerlich ausmacht, grundsätzlich stimmig und zu uns passend ist.

Nicht, dass ich es schlimm fände, wenn Mädchen sich mal die Haare färben oder sich schminken. Das alles hat seinen Platz. Doch die Tendenz, dass wunderschöne junge Mädchen immer früher damit beginnen, sich Schönheitsoperationen zu unterziehen und wie Kopien irgendeiner Influencerin herumzulaufen, stimmt mich nachdenklich. Ich erinnere mich daran, wie gut es mir getan hat, dass meine Mutter mir als Teenager sagte: «Du hast so schöne Haut, Regula! Es gibt wirklich keinen Grund, die mit Puder zuzukleistern.»

Väter spielen jetzt in Bezug auf ihre Töchter eine ganz wichtige Rolle. Bestätigen und loben Sie Ihre Tochter, sagen Sie ihr hin und wieder (aber bitte nur, wenn Sie das wirklich so meinen), dass sie schön ist, dass Ihnen das neu erstandene T-Shirt gefällt oder dass sie mit der neuen Frisur echt chic aussieht. So unterstützen Sie sie darin, sich in ihrer Weiblichkeit wohlzufühlen.

Als Vater haben Sie das Vorrecht, das Männerbild Ihrer Tochter entscheidend mitzuprägen. Bringen Sie ihr Blumen zum Geburtstag mit, unternehmen Sie einen gemütlichen Vater-Tochter-Stadtbummel, renovieren Sie gemeinsam ihr Zimmer oder planen Sie sonst etwas, das Ihnen beiden Spaß macht.

Und natürlich prägen Sie als Vater auch das Männerbild Ihres Sohnes. Wichtig erscheint mir dabei, dass Ihr Sohn von Ihnen lernen kann, dass Stärke und Empfindsamkeit keine Gegensätze

sind. Dass Männer nicht um jeden Preis cool sein müssen, sondern Emotionen haben und diese auch zeigen dürfen, ohne sich dafür zu schämen. Dass Mann-Sein nicht bedeutet, Gefühle zu unterdrücken und Schmerz zu ignorieren. Sondern vielmehr darum, authentisch zu sein und sowohl Stärke wie auch Schwäche zulassen zu können. Lassen Sie Ihren Jungen Teil Ihres Lebens sein und an Ihrer Seite Stück für Stück den Weg ins Mann-Sein finden.

Für Jungs wird es wichtig, von ihren Müttern für die zunehmende Männlichkeit bewundert zu werden. Gerne tragen sie schwere Gegenstände, wenn sie darum gebeten werden, zeigen beim Armdrücken, dass sie die Mama schon locker runterbringen, oder stellen bei Gesellschaftsspielen ihre strategischen Kompetenzen unter Beweis. Wenn Frau anerkennt, was die Männer in ihrem Haus so alles draufhaben, fördert sie damit die geschlechtliche Identitätsbildung ihres Sohnes. Wenn wir als Mütter Männer achten und schätzen, erleichtern wir es unseren Jungs, den Schritt ins Mann-Sein zu wagen.

Gesunde Nähe und Distanz

Kinder in der Vorpubertät brauchen viel Nähe und Zärtlichkeit, auch wenn sie dies nicht immer zeigen oder zugeben können. Oft müssen dafür neue Formen gefunden werden: Eine herzhafte Umarmung, ein liebevoller Knuff oder eine Rückenmassage schaffen ebenfalls Nähe und Geborgenheit, vermitteln Wärme und Zugehörigkeit.

Viele Zehn- bis Zwölfjährige verhalten sich in Bezug auf Zärtlichkeiten sehr ambivalent: In der Öffentlichkeit mögen sie absolut keine Streicheleinheiten mehr, weil dies «ja so was von peinlich» ist, während sie sich zu Hause noch liebend gerne an die Mama kuscheln oder auf Papas Schoß sitzen.

Jedes Kind hat seine ganz eigene Art, Nähe und Zärtlichkeit auszudrücken. Akzeptieren Sie diese, lassen Sie sich auf die Liebessprache Ihres Kindes ein, soweit Ihnen dies angenehm ist und passend erscheint. Was nicht immer der Fall sein wird, wie nachfolgendes Beispiel zeigt.

Eine unserer Töchter hatte die Gewohnheit, sich flach auf unseren Bauch zu legen, wenn wir irgendwo ein Nickerchen machten. Was für uns während langer Jahre völlig okay und normal war. Doch eines Tages stellte der aufmerksamste aller Väter fest, dass damit Schluss sein musste, weil unser Mädchen sich langsam zur Frau entwickelte. Neue Formen der Zärtlichkeit mussten gefunden werden:

Bis heute sitzen die beiden, in vertrautes Gespräch vertieft, gerne nebeneinander auf dem Sofa, und unsere Tochter lehnt den Kopf an Papas Schulter. Sie haben eine für beide stimmige neue Form von Nähe und Zärtlichkeit entwickelt.

Doch nicht nur die Väter, auch wir Mütter sind aufgefordert, zu unseren heranwachsenden Kindern eine gesunde Nähe und Distanz zu suchen und einzuhalten.

Viele Jungen und Mädchen leiden an überbeschützenden, überfürsorglichen oder überanhänglichen Müttern, die einfach nicht loslassen können.

Dazu eine kleine Wiederholung aus Kapitel 6: «Kinder sind nicht dazu da, die elterlichen Bedürfnisse nach Zärtlichkeit und Nähe zu stillen.» Wer seinem heranwachsenden Kind – nach Liebe und Beziehung bettelnd – hinterherrennt, macht sich auf ungesunde Weise von ihm abhängig. Die Rollen zwischen Eltern und Kind werden vertauscht; oft mit fatalen Folgen.

Die Pubertät vorbereiten

Zu Beginn dieses Kapitels habe ich die Pubertät mit einem Sturm verglichen, auf den wir uns vorbereiten, indem wir befestigen, was lose ist, oder ins Haus holen, was besonderen Schutz braucht. Doch: Wie sieht dieses «Das-Familienhaus-sturmsicher-Machen» in Bezug auf Liebe und Sexualität aus?

Als Erstes müssen wir uns als Eltern der Frage stellen, was uns denn im Hinblick auf die Pubertät und das Erwachsenwerden unserer Kinder wichtig ist.

Was stellen wir uns in Bezug auf Äußeres wie beispielsweise Haarschnitt, Bekleidung oder Zimmerordnung/Zimmereinrichtung vor?

Welche Werte in Bezug auf Beziehungen, Liebe und Sexualität sind uns so wichtig, dass wir uns engagiert und konsequent dafür einsetzen wollen?

Vielleicht denken Sie jetzt gerade, dass das Äußere doch gar nicht wichtig sei, da es doch auf das Innere ankomme. Stimmt natürlich. Und doch steht beides in Zusammenhang und beeinflusst sich gegenseitig.

Schauen wir uns dies am Beispiel des Haarschnittes mal genauer an: Er sagt etwas darüber aus, wie unser Kind sich nach außen hin präsentieren will, und je nachdem ordnet sich ein Kind allein durch seinen Haarschnitt einer bestimmten Gruppe zu.

Wie weit wir unsere Heranwachsenden selbst über ihr Outfit entscheiden lassen, ist nicht zuletzt eine Frage des Fingerspitzengefühls. Teenager sind sehr unterschiedlich gestrickt. Was beim einen Kind die richtige Entscheidung ist, kann beim anderen falsch sein. Wir brauchen in der Kindererziehung wohl nichts so dringend wie Weisheit und, damit verbunden, die Fähigkeit, unsere Kinder richtig einzuschätzen und zu verstehen.

Unser Ältester ließ im Alter von dreizehn Jahren seine Haare wachsen. Mit sechzehn war er stolzer Besitzer einer lockigen Mähne, die ihm weit über den Rücken fiel und mit der man ihn von weitem durchaus mit einem Mädchen verwechseln konnte. Wir waren zwar nicht sonderlich begeistert, wollten ihm die Sache aber auch nicht verbieten. Die Geschmäcker sind nun mal verschieden.

Zwei Vorgaben unsererseits mussten jedoch eingehalten werden: Die Haarpracht hatte erstens gepflegt zu sein und durfte zweitens das Gesicht nicht verdecken. Wir wollten unserem Sohn jederzeit ins Gesicht schauen können und erwarteten von ihm, dass er sich der Welt und seinen Mitmenschen offen und zugänglich präsentiert.

Da er diese Vorgaben einhielt, ließen wir ihn gewähren und kommentierten die mehr oder weniger diskreten Hinweise verschiedener Bekannter und Verwandter, die fanden, es sei Zeit, dass unser Junior sich wieder eine «anständige» Frisur zulege, folgendermaßen: «Diese langen Haare zeigen bisher erstens keinen negativen Einfluss auf das Verhalten unseres Sohnes und tun zweitens niemandem weh.»

Als unser Junior siebzehn war, kam der Tag, an dem er beschloss, dass die Zeit fürs Haareschneiden gekommen sei. (Obwohl er danach natürlich schon nicht mehr so «besonders» aussehen würde wie mit langer Mähne ...) Wir sind bis heute überzeugt, dass es richtig war, ihm an diesem Punkt Freiheit zu gewähren.

Kleider machen Leute

Die Bekleidung drückt einerseits (zumindest ein Stück weit) das Lebensgefühl unserer Kinder aus, beeinflusst dieses andererseits aber auch wieder. Hier besteht eine gewisse Wechselwirkung. Mir ist es wichtig, dass Kleider grundsätzlich positive Signale aussenden, Lebensfreude und Persönlichkeit ausdrücken.

Entscheidend ist nicht, ob mir die Kleiderzusammenstellung meiner Heranwachsenden gefällt. Über Geschmack lässt sich bekanntlich streiten. Meine Tochter betonte bei gemeinsamen Einkäufen immer wieder mal: «Ich habe eben schon einen ganz anderen Geschmack als du, Mama!» Darf sie doch auch.

Klar kommuniziert habe ich meinen Kindern jedoch, lange bevor diese in die Pubertät kamen, dass ich nicht möchte, dass Sie sich destruktiv, aufreizend oder lieblos und ungepflegt kleiden. (Mit dem Begriff «destruktiv» meine ich beispielsweise Kleider mit Aufdrucken, die rassistisch, rechtsextrem, todes- oder gewaltverherrlichend sind.)

Unsere Kleidung soll mit unseren Überzeugungen übereinstimmen. Sie ist unser Werbeschild nach außen. Wer einen Kurs besucht, in dem es um öffentliches Auftreten geht, lernt, wie wichtig eine dem Anlass angepasste Bekleidung ist.

Dasselbe gilt auch für uns und unsere Heranwachsenden. Sie möchten nicht, dass Ihr Sohn oder Ihre Tochter als Provokateur oder Lustobjekt wahrgenommen wird? Dann ist es wichtig, dass

Ihre Kids bereits jetzt lernen, sich angemessen zu kleiden. In der Vorpubertät ist dies meist noch bedeutend einfacher zu vermitteln als in der Pubertät.

Dass wir in Bezug auf unsere Kleidung und unser Verhalten gewisse Regeln und Grenzen beachten, hat übrigens nichts mit einer sexfeindlichen Grundhaltung zu tun. Seitdem Gott die von Adam und Eva als schamhaft empfundene Nacktheit mit «selbstgeschneiderter» Kleidung bedeckte, schützen Kleider uns davor, zum Objekt degradiert zu werden.

Kleider machen Leute, und unser Vorbild als Eltern ist auch in diesem Bereich prägend.

Einige Fragen zum Thema «Den Geschmack schulen – gesundes Schamgefühl fördern»:

- *Stört es Sie, bei einem Vortrag den halbnackten Hintern der vor Ihnen sitzenden Person zu sehen?*
- *Finden Sie es angenehm, immer informiert zu sein, welche Unterwäsche gewisse Mitarbeiter oder Mitarbeiterinnen an Ihrem Arbeitsplatz tragen?*
- *Schätzen Sie es, wenn ein Vater bei der Open-Air-Schulaufführung oben ohne erscheint, damit alle sein Sixpack bewundern können? Oder empfinden Sie dies wie ich eher als geschmacklos?*
- *Finden Sie es sinnvoll oder unangemessen, dass Schulen, Firmen und Veranstaltungsorte Dresscodes vorgeben?*

Elf- oder Zwölfjährige sind durchaus fähig, mit Ihnen zusammen über solche Fragen nachzudenken oder zu diskutieren. Schulen Sie den Geschmack Ihres Kindes jetzt, wo das Hirn aufnahmebereit und höchst leistungsfähig ist.

Zwischen Verklemmtheit und Schamlosigkeit

Sexualerziehung spielt sich immer im Spannungsfeld der Generationen ab. Was wir als Eltern in unserer Kindheit erlebt haben, kann deshalb bei weitem nicht immer der Maßstab für das sein, was Kindern heute guttut. Unsere Kinder wachsen unter völlig anderen Voraussetzungen auf, und Erziehung muss, wenn sie hilfreich sein will, immer als Antwort auf *gegenwärtige* Entwicklungen gesehen werden. Sonst erziehen wir an den Realitäten und am Kind vorbei. Auch wenn das Sprechen über Sexualität für manche Erwachsenen noch immer schambehaftet sein mag, hat sich das gesellschaftliche Klima eben doch stark verändert.

Das Pendel hat, von Prüderie und Verklemmtheit herkommend, weit in Richtung Schamlosigkeit ausgeschlagen. Sexualität kommt unseren Kindern von überall her entgegen, wird offen vermarktet und als Konsumartikel und Kurzzeiterlebnis angepriesen.

Manche Sechzehnjährige legen im Supermarkt ihre Packung Kondome aufs Band und unterhalten sich dabei über ihre sexuellen Erfahrungen. Dass die ebenfalls an der Kasse Wartenden mithören, stört sie kein bisschen. Im Zug oder im Bus wird lautstark diskutiert, wer am zurückliegenden Wochenende mit wem geschlafen hat, und auch viele andere intime Details werden schamlos hinausposaunt.

Unterwäsche ist längst nicht mehr in der hintersten Ecke des Kaufhauses angesiedelt, sondern prangt auf riesigen Plakaten und wird in den Schaufenstern ausgestellt.

In Filmen und Zeitschriften werden Szenen, Fotos und Illustrationen gezeigt, die noch vor zehn Jahren als «pornografisch» eingestuft worden wären. Im Bereich Sexualität hat in den letzten vierzig Jahren eine Werteverschiebung stattgefunden, der wir in der Sexualerziehung Rechnung tragen müssen. Sonst reden wir an unseren Kindern und Jugendlichen vorbei und versuchen, Prüderie oder Verklemmtheit zu vermeiden, obwohl diese gar nicht das Thema unserer Kinder sind.

Fakt ist, dass etwas mehr Schamempfinden oder «Knigge» vielen Heranwachsenden möglicherweise nicht schaden würde. Ein gesundes Empfinden dafür, was zum öffentlichen und was zum intimen oder privaten Bereich gehört, ist meines Erachtens Teil dessen, was wir mit unseren Kindern zusammen neu entdecken sollten.

Einige Beispiele aus meinem persönlichen Umgang mit Sexualisierung und Schamlosigkeit – nicht als Rezept, sondern als Anregung: Ich halte nichts davon, anderen Paaren beim Geschlechtsverkehr zuzuschauen. Sexuelle Intimität ist, wie es das Wort ausdrückt, eine private Angelegenheit, die mich als Außenstehende rein gar nichts angeht. Deshalb meide ich Filme mit ausgiebigen Sexszenen, und zwar nicht nur, wenn meine Kinder mit dabei sind.

Unseren Teenagern erkläre ich bei Gelegenheit, dass ich es seltsam finde, wenn Jungen und Mädchen, die gar nicht miteinander liiert sind, einander bei jeder Begrüßung eng an sich drücken. Oder dass ich es irritierend finde, wenn die Mädels einer Schulklasse einander auf den Mund küssen. Ich stehe dazu, dass es mich stört, wenn Nacktfotos in Chats verbreitet werden oder Paare im Schwimmbad Petting machen.

Achten Sie Ihr persönliches Schamempfinden, und stempeln Sie dieses nicht zu schnell als Relikt aus ach so verklemmten Zeiten ab. Finden Sie heraus, wo dieses Ihnen auf gesunde Art dabei hilft, Ihre Kinder für Scham- und Respektlosigkeiten zu sensibilisieren. Und keine Angst: Die gegenwärtig heranwachsende Generation läuft mehrheitlich nicht in Gefahr, an zu viel Anstand oder Moral zugrunde zu gehen!

Die Generationengrenze nicht überschreiten

Erziehungsfachleute warnen Eltern davor, sich zu sehr der Jugendkultur anzunähern oder sich ihren Heranwachsenden gegenüber wie Kumpels zu verhalten. Teenager brauchen ein eigenes Feld, das ihnen von den Erwachsenen nicht streitig gemacht wird – sowohl was die Freizeitgestaltung als auch was den Musikstil oder die Mode angeht.

Erwachsene, die sich überall einmischen und in jedem Bereich mit ihren Kindern mithalten wollen, drängen diese in Extreme ab.[34] Wenn ein Teenager das Snowboarden entdeckt, ist es wenig hilfreich, wenn Papa sofort auch aufs Board umsteigt und versucht, seinen Sohn darin zu übertreffen. Wenn Mütter und Töchter für Schwestern gehalten werden, so ist dies nicht unbedingt ein Kompliment, sondern könnte genauso gut Ausdruck eines ernst zu nehmenden Problems sein.

Meine Tochter soll ihren Platz als junge Frau finden, ohne sich das ganze Gesicht vollpiercen zu müssen, um sich von Mamas Jugendwahn abzugrenzen.

Ich halte in diesem Punkt bewusst einen gewissen Abstand ein, um ihr den Freiraum zu geben, in dem sie sich entfalten und ihre Jugend ausleben kann. Je besser es mir gelingt, neidlos anzuerkennen, dass sie jetzt diese knackige Frische und Schönheit besitzt, die ich nie mehr haben werde, desto entspannter können wir beide unsere Beziehung genießen.

Je gelassener mein Mann akzeptieren kann, dass er beim Klettern oder Armdrücken seine Söhne nicht mehr besiegen kann, desto mehr wird er für sie eine geschätzte und bewunderte Ansprechperson sein und bleiben. Heranwachsende brauchen keine Kumpels, sondern Väter und Mütter, deren Lebenserfahrung und Reife sie zu verlässlichen Vorbildern und Begleitern macht.

Kinder wollen starke Eltern

Jungs testen im Alter von zehn bis zwölf Jahren immer wieder mal, ob ihre Mütter wirklich ernst zu nehmende Gegenüber sind, und Mädchen stellen Papas Autorität je nach Typ ganz schön in Frage. Die Zeiten, wo Sie als Eltern idealisiert wurden oder vom Heldenbonus profitierten, sind definitiv vorbei. Halten Sie trotzdem Ihre Stellung, und fordern Sie (in angemessenem Maß natürlich) Respekt ein. Ihr Kind will starke Eltern, auf die es sich verlassen und stolz sein kann!

Prof. Dr. phil. Haim Omer, ein begnadeter Dozent und Pädagoge, schreibt in seinem Buch «Neue Autorität, das Geheimnis starker Eltern»: «Grundlage für eine gelingende Erziehung sind souveräne, starke Eltern. Damit das Familienleben glückt, sind einerseits ein sicherer Hafen und andererseits ein verlässlicher Anker notwendig.»[35]

Es war für mich sehr spannend festzustellen, dass ausnahmslos alle Jugendlichen, die aufgrund sozialer Schwierigkeiten eine Zeitlang in unserer Familie mitlebten, wenig Achtung vor ihren Müttern an den Tag legten. Allein die Erfahrung, dass in unserer Familie eine Frau (ich) wusste, was sie will, klare Linien zog und ein Grundmaß an Anstand, Respekt und Einordnung verlangte, wirkte auf diese Jungs und Mädels therapeutisch ein.

Schwache, unterwürfige Mütter und Väter, die sich nicht durchsetzen können, schaden ihren Kindern in gewisser Weise ebenso sehr wie überautoritäre Erziehungspersonen.

Haim Omer vergleicht diese elterliche Stärke mit der Aufgabe eines Hafenaufsehers und schreibt: «Die Erfahrung zeigt, dass vor allem Jugendliche beim Einholen des Bootes in den Hafen zwar protestieren, aber in Wirklichkeit sehr dankbar dafür sind, wenn sie im Nachhinein erkennen, wie stark der Sturm eigentlich war.»

Ordnung und Stil

Bei manchen Kindern ist Ordnung ein leidiges Thema, das viel Anlass zu Konflikten bietet.

Mir war es wichtig, die Zimmerordnung nicht zum Mittelpunkt des Erziehungsgeschehens werden zu lassen. Alle ein, zwei Wochen ordnete ich an, dass das Zimmer aufgeräumt und zum Staubsauger gegriffen werden musste. Ich nahm dies meinen Zehn- bis Zwölfjährigen im Normalfall nicht mehr ab, und für ein Zimmermädchen reichte ihr Taschengeld nicht … Also mussten sie selber ran!

In den Ferien wurde dann mal wieder – je nach Notwendigkeit mit meiner Unterstützung – ausgemistet und gründlich geputzt. Ich achtete darauf, dass die Vorhänge tagsüber geöffnet wurden und das Zimmer nicht zu einer depressiven Höhle verkam.

Wichtiger als eine perfekte Ordnung war mir, welche Bilder und Symbole den Rückzugsort meiner Kinder schmücken, denn was Heranwachsende täglich anschauen, beeinflusst sie in ihrem Denken und in ihrer Entwicklung.

Werte, die Bestand haben

Respekt, Verbindlichkeit und Treue leben

Erwarten Sie von Ihrem Kind, dass es lernt, in Beziehungen respektvoll und verbindlich zu sein. Als Mutter war es mir wichtig, dass meine Kinder andere Menschen nicht einfach benutzten, wo ihnen dies Vorteile brachte, und sie dann wieder fallen ließen, wenn sie nicht mehr benötigt wurden.

Ich forderte meine Sprösslinge dazu heraus, ihren Freunden auch dann beizustehen, wenn Gefahr bestand, dass sie dadurch selber in eine unkomfortable Lage hätten geraten können. Respekt, Treue, Verlässlichkeit und Konfliktfähigkeit gehören für mich zu dem, was einen Menschen letztlich beziehungsfähig macht.

«Versprochen ist versprochen»: Ich arbeitete als Erziehende sehr bewusst daran, Versprechen, die ich abgegeben hatte, auch einzuhalten. Ich bemühte mich darum, vertrauenswürdig und verbindlich zu sein, und ermutigte auch unsere Kinder dazu. Kein einfaches Trainingsfeld in einem Zeitalter, das den Begriff Beliebigkeit elegant durch das Modewort Flexibilität ersetzt hat …

Selbstbewusstsein stärken und Lebenstüchtigkeit fördern

Räumen Sie Ihrem Sohn oder Ihrer Tochter nicht jeden Stein aus dem Weg. Lassen Sie sie, wo verantwortbar, Entscheidungen treffen und auch die Konsequenzen ausbaden.

Trauen Sie Ihrem Kind viel zu, und lassen Sie es ruhig auch mal an seine Belastungsgrenzen kommen, denn die Erfahrung, mehr zustande zu bringen oder aushalten zu können, als man es für möglich gehalten hatte, stärkt das Selbstbewusstsein enorm.

Die Tendenz, Kinder vor jeder Gefahr behüten zu wollen, führt dazu, dass immer mehr Teenager und Jugendliche auf ungesunde Weise die eigenen Grenzen testen oder gar in selbstverletzendes Verhalten abdriften, um sich selbst endlich mal richtig zu spüren. Unser Sohn erzählt bis heute begeistert von einer zweitägigen

Wanderung, bei der sich die Teilnehmer mit schwer bepackten Rucksäcken stundenlang durch Schnee und Kälte kämpfen mussten. Er wurde dabei weit über das für möglich Gehaltene gefordert. Doch das Gefühl (und die Gewissheit!), es geschafft zu haben, entschädigte ihn für die Strapazen.

Ob ich ihn für diese Tour angemeldet hätte, wenn ich gewusst hätte, was da auf meinen Dreizehnjährigen zukommt?

Nehmen Sie Ihr Herz immer wieder mal in beide Hände und investieren Sie Zutrauen. Lassen Sie Ihr Kind prägende Erfahrungen machen, und ermöglichen Sie ihm die Teilnahme an Freizeiten oder Sportcamps, in denen es Dinge tun kann, die Sie als Mutter oder Vater schlichtweg nicht anbieten können oder in ähnlicher Weise nie zu tun wagen würden.

Leiden lernen, Verwöhnung vermeiden

Leid ist, genauso wie die Freude, Bestandteil unseres Lebens.

Wer seinem Kind jedes Leiden ersparen will, bewirkt damit letztlich das Gegenteil. Nur wer auch Mangel und Not aushalten kann, wird in dieser Welt bestehen können. Keiner von uns kann jederzeit bekommen, was er möchte. Krankheit und Tod betreffen uns alle früher oder später in irgendeiner Weise.

Der bekannte Autor, Pädagoge und Psychotherapeut Reinhold Ruthe schreibt auf dem Cover seines Buches «Verwöhnt, bestraft fürs Leben»: «Wer sein Kind vor allen Unbilden des Lebens bewahren möchte und dem Kind in edler Absicht alle Belastungen abnimmt, macht es untüchtig für die Herausforderungen, die heute auf junge und erwachsene Menschen zukommen. Er erzieht Menschen, die sich bedienen lassen und denen später die Kompetenz fehlt, Arbeit, Familie und Beziehungen zu bewältigen.»[36]

Muten Sie Ihrem Kind in gesundem Maß zu, mit Leiden, Krankheit und Tod umgehen zu lernen. Nehmen Sie hin und wieder als *ganze* Familie an einer Beerdigung teil, und suchen Sie gemeinsam mit Ihren Kindern nach Möglichkeiten, um Freunden in Not oder Trauer beizustehen. Reden Sie am Familientisch über aktuelle Situationen, und klammern Sie Schwierigkeiten oder

Schmerz dabei nicht aus. Es ist hilfreich, in der Familienrunde auch Bücher vorzulesen oder Filme anzuschauen, in denen Menschen Leid erleben, bewältigen und verarbeiten. Wo unser Kind selbst in schwierige Situationen kommt, helfen wir ihm dabei, sich diesen zu stellen und das dazugehörige Leiden auszuhalten.

Ein persönliches Beispiel dazu: Unsere Tochter wohnte während ihrer Ausbildung bei einer befreundeten Familie. Eines Tages erreichte uns an einem Wochenende ein schockierender Telefonanruf.

Unsere Freundin war wegen mehrfachen Herzstillstandes in die Klinik eingeliefert worden, und niemand wusste, ob sie überleben würde. «Falls eure Tochter aufgrund dieser schwierigen Umstände vorübergehend lieber zu Hause wohnen will, verstehen wir das natürlich», meinte der Ehemann unserer auf der Intensivstation liegenden Freundin entgegenkommend.

Doch unsere Tochter entschied sich – mit unserer Unterstützung – dazu, nicht zu Hause im sicheren Nest zu bleiben. Ihr Platz war jetzt bei dieser Familie, gerade weil es dort so schwierig war und jede nur mögliche Unterstützung geleistet werden musste. Sie war damals erst knapp siebzehn und mit der Situation mehr als einmal überfordert. Doch sie hat durchgehalten und ist durch genau diese Herausforderungen ein Stück lebenstauglicher und reifer geworden.

Krisen nicht nur als Bedrohung, sondern auch als Chance zu sehen, gehört mit zur hohen Schule der Lebenskunst.

Als Christ erziehen

Vielleicht haben Sie beim Abschnitt «Körperliche Veränderungen, Liebe und Sexualität» erwartet, dass ich die gestellten Fragen aus der biblischen Perspektive zu beantworten versuche.

Doch ich fand, dass es Sinn macht, zuerst das Grundsätzliche anzuschauen und Sie bewusst Ihren eigenen Überlegungen und Antworten zu überlassen.

Um als Christ erziehen zu können, muss ich mich persönlich

damit auseinandersetzen, was die Bibel im Gesamten über wesentliche Lebensfragen aussagt. Und ich muss bereit sein, mich nach dem Erkannten zu richten – ganz egal, ob dieses dem gegenwärtigen Trend entspricht oder nicht.

Die Auseinandersetzung mit dem Zeitgeist ist im Übrigen kein neues Phänomen:

Durch die gesamte Bibel hindurch werden Menschen, die zu Gott gehören wollen, aufgefordert, sich nicht einfach unreflektiert dem Verhalten ihrer Umwelt anzupassen, sondern mit ihrem ganzen Leben, mit allem, was sie tun und sind, ein Zeichen für Gottes ganz andere Wirklichkeit zu setzen. Auch in Bezug auf den Umgang mit Beziehungen und Sexualität.[37]

Beim Lesen der Tageslosung stolperte ich vor einiger Zeit über einen ganz kurzen Satz: «Noah lebte mit Gott.»[38] Mitten in einer Gesellschaft, die Gott solchen Kummer bereitet, dass er sie zu zerstören plant, ist da ein Mann, der unbeirrt seinen Weg mit Gott geht. Mit ihm, mit einer einzigen Familie, die in ihrer Umgebung offensichtlich auffällt wie ein bunter Hund, fängt Gott neu an. Wenn das nicht Mut machend ist! Mit mir und mit Ihnen, mit unseren Familien, baut Gott mitten in dieser Welt sein in Vielem so ganz anders geartetes Königreich. Auch heute, jetzt und hier.

Im vorangehenden Kapitel haben wir darüber nachgedacht, wie wir unseren Kindern den allem zugrunde liegenden Bund Gottes mit seinen Menschen erklären und nahebringen können. Und wie wir eine Grundlage dafür legen, dass unsere Kinder zutiefst begreifen können, warum aus Gottes Sicht Sexualität und Ehe untrennbar zusammengehören.

In diesem Kapitel möchte ich den Fokus nun auf das richten, was im Schöpfungsbericht über Sexualität und Ehe gesagt und von Jesus Christus in den Evangelien bekräftigt wird.

Unkompliziert, klar und nachvollziehbar

Was die Heilige Schrift über Liebe und Sexualität sagt, ist längst nicht so kompliziert, wie viele Christen annehmen.

Wer die Bibel mit offenem Herzen liest, wird entdecken, wie klar und einfach nachvollziehbar Gottes grundlegende Gedanken und Ordnungen zu diesem Thema sind.

Probleme bekommen wir gemäß meinem Erleben vor allem da, wo wir die Bibel lesen, um eine Bestätigung für unsere vorgefassten Meinungen zu bekommen oder um zu legitimieren, was wir tun oder wozu wir Lust haben. Wenn wir damit anfangen, Gottes Wort so lange zurechtzustutzen, bis es uns in den Kram passt, kann es geschehen, dass die biblischen Wahrheiten in ihrer Einfachheit und Logik für uns gar nicht mehr erkennbar sind und wir sie deshalb in unserem Alltag nicht mehr anwenden können. Ein großer Verlust, nicht nur für uns Christen, sondern auch für die Gesellschaft, in der wir leben.

Gottes Ordnungen sind nicht nur für Gläubige, sondern für *alle* Menschen sinnvoll und lebensfördernd. Sie gleichen in gewissem Sinn den Naturgesetzen: Diese sind gültig, ob wir uns danach richten oder nicht. Der Schwerkraft ist es egal, ob Sie daran glauben, dass ein Gegenstand zu Boden fällt, wenn Sie ihn loslassen. Er fällt unausweichlich.

Der Zweck unseres Bibellesens besteht nicht darin, dass Gott uns recht gibt oder unsere vorgefassten Meinungen bestätigt. Sondern darin, dass wir Gott recht geben, weil er der Ewige ist, der jede ideologische Strömung und jede Zeitepoche überdauern wird. Weil der Schöpfer persönlich Ehe und Sexualität erfunden und eingesetzt hat und weil Gottes Ordnungen demjenigen Leben und Segen bringen, der sie von ganzem Herzen befolgt. Verschiedene Bibelstellen wie beispielsweise 5. Mose, Vers 30, Psalm 19, die Verse 8–12, oder Psalm 119, die Verse 165–168, bringen diese Überzeugung auf den Punkt.

Warum ich diese Einleitung an den Anfang dieses Abschnittes stelle? Nun, es macht nur Sinn, unseren Kindern biblische Sexualethik nahezubringen, wenn wir persönlich wirklich glauben, dass Gottes Ordnungen dazu gedacht sind, uns Liebe und Sexualität in ihrer ganzen Tiefe begreifen und beglückend erleben zu lassen.

Es erscheint mir sinnvoll, zurück an den Anfang zu gehen,

wenn wir Gottes ursprüngliche Absicht mit Ehe und Sexualität verstehen wollen. Der Schöpfungsbericht erklärt meiner Meinung nach einfach und nachvollziehbar, was für Gott normal und deshalb auch für uns Menschen empfehlenswert und stimmig ist. Im ersten Kapitel der Genesis wird uns Folgendes berichtet: «So schuf Gott den Menschen als sein Ebenbild, als Mann und Frau schuf er sie.»[39]

Eine klare, wegweisende Aussage: Ein Mann und eine Frau, geschaffen nach Gottes Bild. Und gleich nach der Erschaffung dieser zwei Personen wird der erste Ehe-Bund geschlossen: Gott selbst amtiert als Standesbeamter, Pfarrer und Trauzeuge in einer Person. Als Schöpfer bringt er Eva zu Adam und stellt sie ihm als Hilfe zur Seite. (Mit «Hilfe» ist übrigens nicht ein «minderwertiges Helferlein» gemeint. Im Grundtext steht hier das gleiche Wort, das auch für «Gott als unsere Hilfe» verwendet wird.)

Im Anschluss an das Zusammenführen der ersten zwei Menschen segnet der Schöpfer diese neue Gemeinschaft, und die sexuelle Vereinigung wird völlig selbstverständlich als das eingesetzt, wofür sie von Gott her bis heute bestimmt ist:

1. Als natürlicher, konkreter Ausdruck des geschlossenen Ehe-Bundes.
2. Als Auftrag zur Fortpflanzung und damit zur Erhaltung der kostbarsten Schöpfung Gottes: des Menschen.
3. Als beglückendes, lustvolles und beziehungsförderndes Geschehen.

Ich bin überzeugt, dass wir, um Gottes Absichten zu verstehen, immer wieder zu diesen ersten Berichten aus dem Paradies zurückkehren müssen. Hier, ganz am Anfang der Menschheitsgeschichte, werden Ordnungen und Standards gesetzt, die zeitlose Gültigkeit besitzen, und durch die ganze Bibel hindurch wird auf diesen leicht verständlichen Prinzipien aufgebaut. Wenn wir von den grundlegenden biblischen Aussagen und Prinzipien ausgehen, ist es uns möglich, die Fragen, die wir am Anfang des Abschnitts «Körperliche Veränderungen, Liebe und Sexualität» gestellt haben (und natürlich auch viele weitere Fragen), nachvollziehbar und schlüssig zu beantworten.

- *Gehört mein Körper mir? Darf ich mit ihm machen, was ich will?*
- *Wann ist aus Gottes Sicht der richtige Zeitpunkt, um körperlich intim zu werden?*
- *Wozu soll man ein lebenslanges Eheversprechen abgeben?*
- *Erlaubt oder toleriert die Bibel gelegentliches Fremdgehen?*
- *Was denkt Gott über Scheidung?*
- *Sollen gleichgeschlechtliche Paare in der Kirche heiraten dürfen?*
- *Braucht ein Kind Mutter und Vater, oder spielt die Familienzusammensetzung gar keine Rolle??*

Bei allen hier aufgeführten Fragen geht es um aktuelle Themen, mit denen wir uns auseinandersetzen müssen, wenn wir unseren Kindern kompetente, auf die Heilige Schrift hin ausgerichtete Begleiter sein möchten. Je klarer wir erkennen und je tiefer wir verstehen, was von Gott her gesehen «normal» ist und dem Leben dient, desto besser können wir als Folge daraus auch wissen, was aus Gottes Sicht eine Verfälschung des Ursprünglichen und deshalb nicht zielführend ist.

Ich wünsche Ihnen ganz viel Freude und neue Erkenntnisse beim Entdecken dessen, was den Dichter von Psalm 119 zu sage und schreibe 176 Versen (!) inspiriert hat. Als Vorgeschmack darauf möchte ich im Folgenden drei Sätze aus diesem Hoch auf Gottes Weisheit zitieren:

«Herr, du gewährst mir großen Freiraum für mein Leben, weil ich deine Ordnungen beständig erforsche. […] Deine Gebote sind wunderbar, deshalb befolge ich sie gern. Im Leben eines Menschen wird es hell, wenn er anfängt, dein Wort zu verstehen.»[40]

Wo wir diese Wahrheiten für uns selbst, aber auch für unsere Familien entdecken, haben wir damit begonnen, einen Schatz zu heben, dessen Wert in Zahlen gar nicht ausgedrückt werden kann.

Kapitel 8
Von 12 bis 16 Jahren: Halt mich fest und gib mich frei!
(Kein Kinderspiel: Zeitgeistphänomen Transgender)

Die Pubertät bringt für uns als Eltern, aber auch für unsere Heranwachsenden großangelegte Veränderungen mit sich. Unser Kind entwickelt sich vom Mädchen zur Frau, vom Jungen zum Mann, und Hormone werden zu einem wesentlichen Steuerfaktor, auf den wir als Eltern nur wenig Einfluss nehmen können.

Was sich in der Pubertät vor unseren Augen abspielt, gehört mit zum Geheimnisvollsten, das ich kenne und das ich jedes Mal, wenn wieder eines unserer Kinder in diese Phase kam, mit der gleichen Spannung beobachtete: Wachstumsschübe und damit einhergehender Heißhunger, Körper-Proportionen, die sich verschoben – ob die Nase irgendwann wieder zu wachsen aufhören wird? –, Arme und Beine, die plötzlich unendlich lang wurden und fast monatlichen Kleidernachschub erforderten …

Wie wohl das Endresultat aussehen wird? Ob unsere Tochter mal eine ähnliche Figur hat wie ich oder eher nach der Familie meines Mannes kommt? Wie sich die Stimme unseres Sohnes nach dem Stimmbruch wohl anhört? Welche Veränderungen in der Beziehung zu unserem Sohn oder unserer Tochter diese Verwandlung wohl einleitet?

Unser Kind löst sich durch den Prozess des Erwachsenwerdens schrittweise von uns ab und fordert, je nach Typ, lauthals mehr Eigenständigkeit und Entscheidungskompetenzen ein – was zu starken gegenseitigen Spannungen und Irritationen führen kann. Oft werden in dieser Zeit tatsächlich nicht nur die Pubertierenden, sondern auch wir Eltern schwierig.

Loslassen tut weh – das Sich-Ablösen auch!

Doch keine Angst, Sie werden mit Ihrem Kind zusammen an den neuen Herausforderungen wachsen. Versuchen Sie in dieser bewegten Zeit immer wieder neu, Ihrem Teenager mit viel Offenheit zu begegnen. Schenken Sie ihm Vorschussvertrauen, und übergeben Sie ihm Eigenverantwortung und Entscheidungsfreiheit, wo immer dies möglich und verantwortbar ist.

Dem Kind zuzutrauen, dass es richtige Entscheidungen treffen und sich verantwortlich verhalten kann, wird für Eltern mit Teenagern mitunter zu einer echten Herausforderung. Aber genau darin zeigen sich die Früchte der bis dahin geleisteten Erziehung: Wie ein Kind mit der gewährten Freiheit umgeht, ist eine Art Reifetest und bildet den Erfolg des laufenden «Bevollmächtigungsprozesses» ab! Das Ergebnis hängt zum einen von den Eltern, aber auch vom Charakter und der Reife des Kindes ab.

Investieren Sie Zutrauen, und üben Sie sich in Geduld, wenn Sie noch Mühe haben, mit der neuen Situation umzugehen, in der Sie sich als «Familie mit Teenager» befinden. Seien Sie barmherzig – nicht nur mit Ihrem Sohn oder Ihrer Tochter, sondern auch mit Ihnen selbst und mit Ihrem Ehepartner.

Und falls die Emotionswogen mal wieder hochgeschlagen sind, was während der Pubertät bei Eltern und Teenies durchaus vorkommen kann: Nicht in den Selbstvorwürfen stecken bleiben, sondern aufstehen und weitergehen. Nicht immer braucht es langatmige Entschuldigungen. Emotional zu sein ist kein Verbrechen. Schreien auch nicht, solange sich Wortwahl, Dezibel und Häufigkeit in gewissen Grenzen halten.

Ich erinnere mich lebhaft an eine Szene mit unserem pubertierenden Sohn: Aus irgendeinem Grund waren wir mal wieder ins Debattieren geraten. Unser Junior beherrschte es nämlich meisterhaft, mit tausend ach so schlauen Argumenten zu begründen, warum er einer Forderung meinerseits nicht nachkommen wollte. Irgendwann riss mein Geduldsfaden, und ich brüllte los, dass die Wände zitterten.

Was aber tat der lärmunempfindlichste aller Ehemänner? Mitten in der Küche stand er und schenkte seiner zornschnaubenden Ehefrau einen anerkennenden Blick, der ganz unmissverständlich ein «Gut gebrüllt, Löwe!» ausdrückte. Dafür würde ich ihn gleich wieder heiraten!

Cola

Hören wir doch auf, so zu tun, als sei das Familienleben ein allzeit harmonischer Sonntagsspaziergang. Das Sich-Auseinandersetzen ist ein Zeichen dafür, dass der Teenager uns und wir unserem Teenager nicht egal sind. Zum Glück!

Friedensnobelpreisträger Elie Wiesel bringt diese Tatsache in einem anderen Zusammenhang mit dem Satz «Das Gegenteil von Liebe ist nicht Hass, sondern Gleichgültigkeit»[41] sehr eindrücklich auf den Punkt.

Haben Sie schon mal in den Prophetenbüchern gelesen, wie Gott um sein Volk ringt? Da werden Vorwürfe gemacht, da wird Eifersucht und Verlangen nach Gemeinschaft ausgedrückt. Leidenschaftlich kämpft der allmächtige Schöpfer um die Beziehung zu seinen Kindern – und wir als Mütter und Väter sollten jederzeit ruhig und abgeklärt unseren Job machen?

Unlust und Müdigkeit

Der großangelegte körperliche Umbauprozess verlangt Pubertierenden einiges an Energie ab; was dazu führen kann, dass Ihre Teenager herumhängen und sich kaum mehr zu einer sinnvollen Beschäftigung aufraffen mögen.

Achten Sie gerade in solchen Zeiten auf einen sinnvollen Tagesablauf, auf gesunde Ernährung und genügend Schlaf. Ihr Teenager wird möglicherweise zwar nicht einsehen, weshalb er nicht bis zum Mittag ausschlafen darf, sondern stattdessen um zehn Uhr zur Mithilfe im Garten antraben muss.

Macht nichts. Hauptsache, Sie als Eltern wissen, wofür Ihre Anordnungen gut sind!

Ihr Teenager hasst Hausarbeit? Kein Problem, solange er sie trotzdem erledigt. Machen *Sie* etwa alles gern, was täglich getan werden muss?

Je unabhängiger wir als Eltern von den Gefühlen und Stimmungen unserer Kinder sind, desto besser werden wir auch mit unlustigen, gelangweilten oder frustrierten Teenagern klarkommen und diesen helfen können, mit ihren Emotionen umzugehen.

Führen und freigeben, festhalten und loslassen

Teenager mögen keine Eltern, die andauernd nörgeln oder ermahnen. Ich selbst übrigens auch nicht. Sie etwa? Immer wieder sind wir als Eltern aufgefordert, ein gesundes Gleichgewicht zwischen Reden und Schweigen, zwischen Führen und Freigeben, zwischen Festhalten und Loslassen zu finden. Nach wie vor gilt der Grundsatz: «So viel Freiheit wie möglich, so viele Grenzen wie notwendig.» Diesen in die Tat umzusetzen erfordert von Müttern und Vätern viel Weisheit und Fingerspitzengefühl. Lassen Sie sich immer wieder neu damit beschenken.

Jedes Ihrer Kinder ist eine einzigartige Persönlichkeit. Was bei dem einen Teenager prima funktioniert, greift beim anderen voll daneben. Hier kommt Ihnen zugute, was Sie bis jetzt gelernt und in die Beziehung zu Ihrer pubertierenden Tochter oder Ihrem Sohn investiert haben. Sie kennen Ihr Kind am besten. Setzen Sie unbedingt auf das, was in den vergangenen zwölf Jahren an Vertrauen und Beziehung gewachsen ist.

Ihr Kind braucht Sie gerade in dieser turbulenten Zeit als Orientierungshilfe und Stütze. Auch wenn es dies nicht immer anerkennen oder offen zugeben wird, ist es dankbar, wenn Sie es nicht einfach sich selbst überlassen.

Und apropos Eigenständigkeit: Wenn ich Eltern sehe, die ihre Vierzehnjährigen bis in die frühen Morgenstunden hinein allein in der Stadt rumhängen lassen, dann hat dies meiner Ansicht nach nichts mit Großzügigkeit oder Vertrauen zu tun. Sondern eher mit Gleichgültigkeit oder Vernachlässigung der elterlichen Aufsichtspflicht. Dasselbe gilt im Zusammenhang mit digitalen Medien. Nein, Teenager sind in vielen Fällen noch nicht fähig, verantwortlich mit ihrem Smartphone oder Laptop und all den damit verbundenen Versuchungen umzugehen. Wie sollten junge Menschen schaffen, was selbst viele Erwachsene nicht auf die Reihe kriegen? Teenager brauchen Eltern, die sagen: «Lass uns zusammen unterwegs sein und gemeinsam lernen, mit der digitalen Welt gut umzugehen. Lass uns deine Begleiter sein; wir lieben dich, und dein Glück liegt uns sowas von am Herzen!»

Ich bin immer wieder erstaunt darüber, wie hartnäckig viele Zeitgenossen die Eigenständigkeit von Teenagern proklamieren, obwohl Entwicklungspsychologie und Hirnforschung in zahlreichen Studien und Abhandlungen doch genau das Gegenteil aufzeigen.

Lutz Jäncke, Professor für Neuropsychologie an der Universität Zürich, schreibt dazu: «Der Frontallappen, der Gehirnbereich unmittelbar hinter der Stirn, reift bis ins 20. Lebensjahr. Diese Veränderungen im Denkorgan lassen die Pubertierenden die Welt vorübergehend völlig anders erfahren – und in manchen Situationen wissen sie schlicht nicht, was sie tun. Hardwaremäßig sind Jugendliche weniger in der Lage, umsichtig zu planen, Impulsen zu widerstehen oder Konsequenzen abzuschätzen. Ihnen fehlt die wirkungsvolle Selbstkontrolle.»[42]

Je nach Forscher-Meinung wird der Abschluss der Gehirnreifung sogar erst auf 25 oder 30 Jahre angesetzt. Gerade Pubertierende brauchen also aufgrund ihrer noch nicht abgeschlossenen Hirnreifung und der durch die pubertären Umbrüche meist noch recht ungefestigten Persönlichkeit viel Schutz und Unterstützung von ihren Eltern oder anderen erwachsenen Personen.

Können Sie gute Entscheidungen treffen, wenn in Ihrem Inneren alles drunter und drüber geht? Mögen Sie tatkräftig Ihre Zukunftsplanung angehen, wenn Sie sich an einem Tag happy und fit fühlen und am nächsten Tag zerschlagen und zu Tode betrübt?

Teenager sind oftmals verwirrt, suchen nach der eigenen Identität und sind dadurch stark gefährdet, sich an Dingen zu beteiligen, die sie eigentlich gar nicht wirklich tun wollen. Einfach um dabei zu sein, um irgendwo dazuzugehören. Es kann deswegen durchaus unsere Aufgabe als Eltern sein, unsere Pubertierenden durch weise Regeln ein Stück weit vor sich selbst zu schützen und ihnen durch liebevolle, aber klare Strukturen einen sicheren Rahmen zu bieten.

Angenommen sein – ernst genommen werden

Teenager sehnen sich aufgrund ihrer ungefestigten Persönlichkeit noch stärker als wir Erwachsenen nach Anerkennung und Bestätigung durch Gleichgesinnte. Oft suchen und finden sie diese in ihrer sogenannten Peergroup, einer Gruppe von Gleichaltrigen, mit denen sie einen großen Teil ihrer Freizeit verbringen. Auf der Hand liegt, dass diese Gruppe, im Positiven wie im Negativen, viel Einfluss auf die Entwicklung Ihres pubertierenden Kindes haben wird und es sich deshalb unbedingt lohnt, Ihrem Kind Zugang zu Gruppen mit positiver Ausstrahlung zu ermöglichen.

Natürlich weiß ich, dass man Freundschaften nicht befehlen kann. Doch einen gewissen Einfluss haben Eltern auf jeden Fall. Ich kenne Familien, die mit anderen befreundeten Familien zusammen seit vielen Jahren jeden Herbst nach Griechenland, Italien oder Spanien in den Urlaub fahren. Die Chance, dass durch die gemeinsam verbrachte Zeit auch unter den Kindern und Teenagern Freundschaften entstehen, ist bei solchen Unternehmungen recht hoch und sollte von uns Eltern, wo immer dies möglich ist, genutzt werden.

Unsere eigenen Teenager und Jugendlichen engagierten sich stark innerhalb unserer Kirchengemeinde. Diese bot ein geniales Umfeld, in dem wir unsere Kids sehr frei schalten und walten lassen konnten. Wenn ich wusste, dass meine Teenager mit vertrauenswürdigen Leuten zusammen waren, war es mir auch egal, wenn es abends mal spät (oder besser gesagt: früh) wurde.

Entscheidend wichtig ist auch, dass Ihr Teenager sich zu Hause angenommen und zugehörig erlebt, ohne dafür etwas zu leisten oder sich ständig beweisen zu müssen.

Teenager sehnen sich nach Anerkennung und Liebe und suchen neben der Zugehörigkeit zur eigenen Gruppe auch den Zutritt zur Welt der Erwachsenen. Sie wollen ernst genommen und in erster Linie auch wahrgenommen werden. Pubertierende mögen es, wenn wir auf Erwachsenenebene mit ihnen über Gott und die Welt diskutieren und uns von ihnen auch mal etwas sagen oder erklären lassen. Sie fühlen sich geehrt, wenn wir ihren

Freunden, wo uns dies passend erscheint, das «Du» anbieten, und schätzen es, wenn wir darauf achten, sie nicht vor anderen bloßzustellen oder zu blamieren.

Ein gemütliches Zuhause mit Eltern, die sich darum bemühen, nicht peinlich, sondern herzlich und cool zu sein, unterstützt die gesunde Entwicklung Ihrer Teenager.

Eine Familien-Insel (um bei dem im Kapitel «Von 7 bis 9 Jahren» mehrmals erwähnten Bild zu bleiben), auf der auch Freunde jederzeit willkommen sind, auf der gerne gelacht wird und kreative Möglichkeiten zur Freizeitgestaltung bestehen, beugt manchen Schwierigkeiten vor.

Teenager, deren Bedürfnis nach Angenommensein, nach Anerkennung, Geborgenheit und Zärtlichkeit in der Familie auf gute Art und Weise gestillt wird, neigen deutlich weniger dazu, in frühen, oft noch sehr unreifen Liebesbeziehungen ihr Glück zu suchen.

Offenheit und Lernbereitschaft

Noch nie sind perfekte Teenagereltern vom Himmel gefallen. Bitten Sie deshalb Ihren Partner oder gute Freunde darum, Sie darauf aufmerksam zu machen, wenn Sie sich Ihrem Teenager gegenüber peinlich oder unpassend verhalten.

Wir haben es als Paar gelernt, einander ehrliche Feedbacks in Bezug auf unser Erziehungsverhalten zu geben (in dreißig Jahren Ehe, wohlverstanden – Sie dürfen da auch gerne etwas schneller sein als wir!). Unser Ehepartner oder unsere Ehepartnerin, der oder die uns zur Hilfe, Unterstützung und Ergänzung an die Seite gestellt wurde, erlebt mit, was vielleicht nie jemand außerhalb des Familienkreises sehen oder hören wird. (Ich für meinen Teil jedenfalls benehme mich in der Öffentlichkeit eher besser als zu Hause.)

Bitten Sie deshalb Ihren Liebsten oder Ihre Liebste um ein Zeichen, wenn Sie zu belehrend, zu ironisch, zu ungeduldig, herablassend, peinlich oder was auch immer werden.

Falls Sie alleinerziehend sind, empfinden Sie diese Zeilen vielleicht als schmerzhaft.

Glauben Sie mir, ich habe in meinem Herzen viel Achtung gegenüber Müttern und Vätern, die allein ein Pensum bewältigen, das eigentlich für zwei gedacht war.

Von Herzen wünsche ich Ihnen, dass Sie Freunde haben oder ganz neu kennenlernen, die bereit sind, Ihnen in Ihrer großen Aufgabe immer wieder mal unter die Arme zu greifen. Und dass Ihre Teenager auch außerhalb Ihrer Familie vertrauenswürdige Bezugspersonen finden, die sie auf hilfreiche Art und Weise bestätigen und beim Hineinfinden in die eigene geschlechtliche Identität unterstützen.

Gönnen Sie sich hin und wieder eine Auszeit, und planen Sie unbedingt Pausen ein.

Auch den regelmäßigen Besuch einer Gesprächsgruppe oder seelsorgerliche Begleitung möchte ich Ihnen ans Herz legen. Nicht weil ich denke, Sie seien erzieherisch zu wenig gut oder zu wenig kompetent, sondern weil Sie in diesem Bereich schlicht und einfach mehr leisten müssen als Eltern, die gemeinsam erziehen.

Tagesstruktur und Freizeitgestaltung

Lassen Sie, bei allem Verständnis für die Müdigkeit mancher Teenager, nicht zu, dass Ihre Pubertierenden sich total fallen lassen, ihre Tage nur noch im Bett, vor dem Smartphone, beim Gamen oder mit «Rudel-Abhängen» verbringen. Unterstützen Sie Ihren Nachwuchs bei sinnvollen, fröhlichen und herausfordernden Unternehmungen. Teenager dürfen auch ruhig mal an ihre Grenzen kommen. Grenzerfahrungen bilden einen wichtigen Baustein in der Selbstwahrnehmung und Persönlichkeitsentwicklung.

Betreiben Sie für Ihre Teenager auch gerne mal einen gewissen Aufwand, denn dadurch zeigen Sie Ihrer Tochter oder Ihrem Sohn immer wieder ganz praktisch, dass sie Ihnen persönliches Engagement und Zeit-Investition wert sind.

Mir persönlich war es beispielsweise bedeutend lieber – auch wenn mir das Gequietsche manchmal echt auf die Nerven ging –, abends um halb elf eine Wagenladung kichernder Teeniemädchen vom Kinobesuch abzuholen und bei uns zu Hause noch eine Stunde weiterfeiern zu lassen, als bangen Herzens zu warten, ob meine Teenager überhaupt irgendwann und einigermaßen nüchtern den Heimweg finden. Lieber investiere ich Geld in die Sportausrüstung oder den Schlagzeugunterricht meines Sohnes, als dabei zuzuschauen, wie er immer lustloser und passiver mit ebenso laschen Kollegen herumhängt.

Manche Teenager müssen regelrecht mitgeschleift werden, wenn es um irgendwelche Familienunternehmungen geht. Doch die Erfahrung vieler Eltern ist die, dass letztendlich, nach einigem Gemotze und Gestänkere, alle Beteiligten zufrieden mit dabei sind und abends todmüde, aber glücklich ins Bett sinken. Nur nicht beeindrucken lassen! Pubertierende warten hinter einer abgeklärten und desinteressierten Fassade oft regelrecht darauf, dass wir sie aus dem Busch locken und ab und zu auch mal zu ihrem Glück zwingen.

«Halt mich fest!»

Auch wenn Teenager viel Wert auf persönliche Freiheiten legen, erwarten sie doch von uns, dass wir sie vor Dingen schützen, die ihnen schaden könnten.

Ein Bekannter erzählte dazu eine eindrückliche Begebenheit: Seine vierzehnjährige Tochter war eingeladen worden, das Wochenende mit anderen Teenagern zusammen bei einem gleichaltrigen Freund zu verbringen, dessen Eltern verreist waren. Unser Bekannter und seine Frau überlegten es sich ernsthaft, ihrer Tochter dieses Vergnügen zu erlauben, konnten sich innerlich aber nicht zu einem Ja durchringen, weil sie ein ungutes Gefühl dabei hatten, all diese Teenager ein ganzes Wochenende lang sich selber zu überlassen. Was auf Seiten der Tochter wie erwartet heftigen Widerstand und intensive Diskussionen auslöste.

Doch unsere Bekannten blieben konsequenterweise dabei, dass sie es nicht verantworten konnten, ihrer Tochter die Erlaubnis zur Teilnahme zu geben.

Wissen Sie, was der abschließende Kommentar der verhinderten Teilnehmerin zum Beschluss ihrer Eltern war? «Also, ehrlich gesagt, das hätte ich meiner Tochter auch nicht erlaubt!» Test mit Bravour bestanden.

Ganz anders erlebte dies eine Mutter, die irgendwann den Forderungen ihrer Tochter nachgab und diese ins Kino mitgehen ließ, obwohl sie bezüglich des Films große Bedenken hatte. «Mama, dass du mir erlaubst, einen solch schlechten Film anzuschauen!», lautete der Vorwurf der schockierten und verweinten Kinobesucherin im Nachhinein.

Teenager wollen erleben, dass sie uns zu wichtig sind, um sie alles machen und konsumieren zu lassen. In der Erfahrung des Begrenzt-Werdens liegt, solange Eltern es nicht übertreiben, auch ein Stück Gehalten-Sein. Halten Sie Ihr Kind fest, lassen Sie es nicht im Stich, wenn es, oft genug unausgesprochen und daher leicht zu übersehen, nach Halt und Orientierung sucht.

Teenager brauchen Ermutigung

Als Teenagereltern benötigen Sie ein feines Gespür dafür, wie Sie Ihr Kind ermutigen können, ohne dass dies beim Pubertierenden als unecht ankommt oder ihm peinlich ist. «Mann, hast du tolle Brüste gekriegt!», ist kein Statement, zu dem ich Väter auffordern würde. Auch dann nicht, wenn dies als echtes Kompliment gedacht ist (Teenagermädchen besitzen ja wirklich eine Frische und Schönheit, die umwerfend ist!). «Du siehst wunderschön aus» oder: «Dieser Pulli betont deine Augenfarbe perfekt» oder (falls es Ihren hart trainierenden Sohn betrifft): «Wow, dein Bizeps sprengt bald das Shirt», passt bedeutend besser, wenn es darum geht, Ihren Pubertierenden ein echtes Kompliment zu machen.

Teenager brauchen Bestätigung

Durch ihre «umbaubedingte» Verunsicherung stehen Teenager sehr stark in der Gefahr, sich mit anderen zu vergleichen und dabei in der «Selbstanalyse» schlecht wegzukommen. Und digitale Medien fördern diese Tendenz noch: Insbesondere Mädchen oder junge Frauen erklären bei Befragungen[43], dass sie sich durch die digitalen/sozialen Medien stark unter Druck gesetzt fühlen und den Eindruck haben, permanent verglichen und bewertet zu werden. Dass immer jüngere Frauen sich – auch im Genitalbereich – Schönheitsoperationen unterziehen, dürfte zumindest teilweise auch mit dieser inneren Verunsicherung zusammenhängen.

Weil viele Teenager nach Bestätigung suchen, stehen manche von ihnen in Gefahr, sich durch das Zur-Schau-Stellen persönlicher oder intimer Bilder im Internet Aufmerksamkeit zu verschaffen. (In der Fachsprache nennt man das «Sexting».) Erklären Sie Ihrer Tochter oder Ihrem Sohn, dass er oder sie sich gut überlegen sollen, was sie online stellen. Zum einen, weil manches zu kostbar ist, um es mit «allen» zu teilen, und zum anderen, weil man nie weiß, was mit solchen Bildern geschieht. Das Internet vergisst bekanntlich nichts, und es kann sein, dass ein leichtfertig gepostetes Foto zu verletzenden Kommentaren, Mobbing, sexueller Anmache oder zur Absage einer Lehrstelle führt, weil der Verantwortliche sich im Netz über die Bewerberin oder den Bewerber informiert hat.

Unsere Heranwachsenden brauchen immer wieder die Bestätigung, dass sie uns, so wie sie sind, gefallen und lieb sind. Reagieren Sie, wenn Ihr Kind sich selber heruntermacht. Aber versuchen Sie nicht, es einfach mit Komplimenten wie «Nein, nein, du bist doch gar nicht hässlich» zu beschwichtigen. Dies löst nämlich allzu oft nur das Gefühl aus, nicht ernst genommen zu werden. Viel hilfreicher sind unerwartete oder überraschende Kommentare.

Ich habe meine Teenies gerne gelegentlich verblüfft (und durchaus auch heimlich beglückt), indem ich auf eine negative

Aussage, die sie über sich machten, entgegnete: «Du, ich kann dich nur warnen: Sag so was nie wieder! Ich mag es nicht, wenn man schlecht über meine Tochter redet!» Oder: «Sag so was nie wieder über meinen Sohn, sonst kriegst du es mit mir zu tun!»

Durch solche unerwarteten Einwürfe stoppen Sie einerseits die Tendenz Ihrer Heranwachsenden, sich selbst schlecht zu machen, und stellen sich andererseits ganz nah zu Ihrem Kind. Sie signalisieren damit:

«Du gehörst zu mir, ich bin bereit, dich zu verteidigen. Ich stehe zu dir. Du bist richtig, wie du bist, du genügst! Nicht, weil du ‹gleich gut, gleich schön oder gar besser und schöner bist als andere›, sondern weil du mein Kind bist. Weil ich dich unter meinem Herzen getragen habe.»

Dieser letzte Satz ist ein ganz wichtiges Statement, das Mütter bitte immer wieder mal (dezent!) bei ihrem Teenager platzieren sollten. Betonen Sie die Verbindung, die Sie zu Ihrem Kind haben. Erzählen Sie von der Freude, die Sie bei seiner Geburt empfunden haben, denn Teenager brauchen die Gewissheit, mit Ihnen als Eltern verbunden, gewollt und willkommen zu sein.

Väter sollten es nicht verpassen, immer wieder mal – in ihren eigenen Worten – die folgende Botschaft abzusenden: «Du bist mir lieb, weil du mein Sohn, meine Tochter, mein Fleisch und Blut bist. Ich würde dich gegen nichts und niemanden in der Welt eintauschen wollen!»

Solche Zusagen sind identitätsstiftend und geben Ihrem Kind Boden unter die Füße.

Ermutigungen gleichen dem sanften Regen, der ausgedörrte Erde befeuchtet und fruchtbar macht. Pubertierende, die sich in ihrer Haut ja oft nicht besonders wohlfühlen, brauchen die Bestätigung von uns, dass sie durchaus in Ordnung und von Kopf bis Fuß liebenswert sind.

Gerade weil Ihre Tochter oder Ihr Sohn sich Schritt für Schritt ablösen, um eine eigenständige Persönlichkeit zu werden, brauchen sie diese familiäre Rückendeckung, durch die sie sich als fest verankert und gehalten erleben.

Doch was, wenn ich als Mutter gar nicht weiß, wie ich das mit dem Ermutigen anstellen soll? Wenn ich als Vater selber nach Bestätigung und Ermutigung lechze und dabei immer wieder das Gefühl habe, leer auszugehen?

Es mag sein, dass Ihr eigener Vater Ihnen nie gesagt hat, dass Sie schön sind.

Und möglicherweise hatten Sie selbst als Teenager den Eindruck, es Ihrer Mutter sowieso nicht recht machen zu können.

Oder etwas ganz anderes macht es Ihnen bis heute schwer, Ermutigung anzunehmen und in guter Weise an Ihre Pubertierenden weiterzugeben …

Persönlich habe ich einen weiten Weg zurückgelegt, bis Wertschätzung und Ermutigung mein Herz wirklich erreichten. Den Moment, in dem ich während eines Seminars zum ersten Mal den Satz «Du bist schön!» wirklich hörte und für mich persönlich annehmen konnte, werde ich wohl nie vergessen. Ich erlebte darin den Händedruck des Vaters aller Väter, der die Bedürftigkeit seiner Kinder sieht und jedem von uns immer wieder neu dort begegnen möchte, wo wir ganz besonders auf Trost und Hilfe angewiesen sind.

Darf Gott Ihnen das ins Ohr flüstern, was Sie bis heute noch nie gehört haben?

Drei wichtige Entwicklungsschritte

Teenager gleichen in gewissem Sinn den großen Helden aus Sagen und Märchen, die ausziehen, um drei große Aufgaben zu erfüllen. Die körperliche Entwicklung vom Kind zum Erwachsenen, die Persönlichkeitsentwicklung und das Erlernen eines guten Umgangs mit der eigenen Sexualität bilden ein ganz schön anspruchsvolles Abenteuer, bei dem Ihre Tochter oder Ihr Sohn noch viel Unterstützung und Ermutigung brauchen werden.

Aufgabe Nummer 1: Vom Jungen zum Mann, vom Mädchen zur Frau

Ich weiß nicht, wie gut Sie sich noch daran erinnern können, wie es sich anfühlte, morgens in den Spiegel zu schauen und sich kaum mehr wiederzuerkennen.

Persönlich kommen in mir beim Nachdenken Erinnerungsfetzen hoch. Zum Beispiel, dass ich mich mit den Veränderungen, die in meinem Körper abgingen, anfangs wirklich schwertat und dankbar war, dass meine Mutter mich ernst nahm und meine Fragen sachlich und einfühlsam beantwortete.

Im Folgenden eine Darstellung der körperlichen Veränderungen in der Pubertät. Alle Angaben sind lediglich Richtwerte und können von Teenager zu Teenager variieren.

Falls Sie bezüglich der Entwicklung Ihrer Pubertierenden Fragen haben, sollten Sie sich damit an einen Facharzt wenden.

Die körperliche Entwicklung in der Pubertät: Mädchen

Körperliche Veränderung:	Beginn	Ende
Brustwachstum/Entwicklung	8–9 Jahre	15–17 Jahre
Schambehaarung	9–12 Jahre	13–16 Jahre
Scheide und Vulva	8–9 Jahre	12–14 Jahre
Beginn Ausfluss	9–13 Jahre	
Erste Regelblutung	9–15 Jahre	
Ende des Körperwachstums		15–19 Jahre

Die körperliche Entwicklung in der Pubertät: Jungen

Körperliche Veränderung:	**Beginn**	**Ende**
Hodenwachstum	9–11 Jahre	12–14 Jahre
Peniswachstum/Entwicklung	10–11 Jahre	16–18 Jahre
Erster Samenerguss	11–14 Jahre	
Schambehaarung	10–12 Jahre	14–17 Jahre
Einsetzen des Stimmbruchs	12–13 Jahre	14–15 Jahre
Bartwuchs	14–15 Jahre	17–20 Jahre
Ende des Körperwachstums		16–20 Jahre

Unterstützen Sie Ihren Teenager auf verständnisvolle Art und Weise dabei, sich in den vielen Herausforderungen, die diese Zeit mit sich bringt, zurechtzufinden.

Informieren Sie ihn über körperliche Veränderungen und die damit möglicherweise einhergehenden seelischen Turbulenzen. Erzählen Sie aus Ihrer eigenen Teenagerzeit, wie Sie selbst den «äußeren Umbau» oder das Auf und Ab der Gefühle erlebt haben, und erfinden Sie humorvolle Begriffe für das innere Chaos, das viele Pubertierende erleben. (In unserer Familie heißt erhöhte Aggressivität beispielsweise «Drachitis», weil man sich dabei wie ein Drache fühlt, der aus seiner Haut fahren möchte.)

Begleiten Sie Ihren Sohn oder Ihre Tochter zum Hautarzt, falls extremer Pickelalarm losgeht. Eine ständig entzündete und eiternde Gesichtshaut ist ein ernst zu nehmendes Handicap, mit dem nicht jeder Teenager gut klarkommt.

Reagieren Sie feinfühlig und diskret, wenn Ihre Heranwachsenden sich verlieben oder Liebeskummer haben. Bieten Sie Ihre Gesprächsbereitschaft an, ohne aufdringlich zu sein, und respektieren Sie es, wenn Ihr Kind nicht mehr alles mit Ihnen bespricht. Meine Teenager konnten da auch mal sehr direkt werden: Mit einem «Mama, das geht dich jetzt nichts an» wurde ich in meine Schranken verwiesen. Und so schluckte ich meine gutgemeinten Fragen und Ratschläge fürs Erste runter. Kein einfacher, aber unbedingt notwendiger und vertrauensbildender Prozess.

Loszulassen, ohne Ihre Teenager deswegen fallenzulassen, ist die hohe Schule, in der Eltern von Teenagern sich bewähren müssen. Immer wieder neu zu entscheiden, wo wir unsere Pubertierenden selber Erfahrungen sammeln lassen und wo es unsere Pflicht ist, einzugreifen, gehört zu den größten Herausforderungen in der Erziehung überhaupt.

Loszulassen, ohne fallenzulassen – das lässt sich mit dem Seilziehen vergleichen: Man muss loslassen, um nachzufassen.

Wie Seiltänzer setzen wir in diesem Prozess einen Fuß vor den anderen, machen gelegentlich Fehltritte und schwingen uns erneut aufs Seil. Gut zu wissen, dass wir nicht alles alleine schaffen müssen, sondern täglich neu um Rat und Unterstützung bitten dürfen.

Vom Umgang mit Teenagertöchtern

Der Einkauf des ersten Büstenhalters eignet sich perfekt für einen gemütlichen Mutter-Tochter-Einkaufsbummel, bei dem es sich erfahrungsgemäß herrlich über das Frau-Werden reden lässt. Fragen Sie als Mutter bei dieser oder einer anderen Gelegenheit nach, wie Ihre Tochter mit Zyklus und Menstruation klarkommt, ob sich diese schon regelmäßig einstellt und ob sie dabei Beschwerden hat oder nicht.

Helfen Sie Ihrer Pubertierenden, die Vorgänge in ihrem Körper immer besser kennenzulernen und zu verstehen. Zu wissen, warum manche Frauen sich während der fruchtbaren Tage fit und leistungsfähig, kurz vor Beginn der Menstruation jedoch zickig oder unendlich schlapp fühlen, schafft einen natürlichen Bezug zur persönlichen Fruchtbarkeit und hilft Ihrer Tochter, liebevoll mit sich selber umzugehen.

Erklären Sie ihr, was sich Monat für Monat im weiblichen Körper abspielt. Nehmen Sie einen Stift zur Hand oder benutzen Sie eine geeignete Darstellung, um aufzuzeigen, wie die Innenansicht des weiblichen Körpers aussieht. Auch mit verschiedenen Stoffen und Materialien lässt sich der Zyklus veranschaulichen.

Investieren Sie Kreativität und Humor, wenn es darum geht, gemeinsam dem Geheimnis der Fruchtbarkeit auf die Spur zu kommen. Erklären Sie Ihrer Tochter, wie die Gebärmutter sich sorgfältig bereitmacht, um einer befruchteten Eizelle das Einnisten zu ermöglichen, und wie das Ganze wieder abgebaut wird, wenn keine Befruchtung erfolgt.

Schauen Sie sich gemeinsam ein Video an, das zeigt, wie sich der Embryo im Mutterleib entwickelt, und lassen Sie Ihre Pubertierenden so am Wunder des Lebens teilhaben. Nicht nur unseren Töchtern, auch uns Müttern tut es gut, immer wieder mal ganz neu über all das Geniale, das sich rund um Menstruationszyklus, Schwangerschaft und Geburt im weiblichen Körper abspielt, zu staunen. Vielleicht mögen Sie zu diesem Thema das Buch «Wunderwerk Frau»[44] des Gynäkologen Prof. Johannes Huber lesen und sich von seiner Begeisterung anstecken lassen.

Ein Zykluskalender leistet Ihrer Tochter wertvolle Dienste und ist eine super Möglichkeit, den Vorgängen im eigenen Körper noch besser auf die Spur zu kommen.

Wenn Sie den Zykluskalender von Seite 200 auf A4 hochkopieren, kann Ihre Tochter dort eine Art Tagebuch führen und so immer besser mit ihrem Hormonhaushalt vertraut werden. Der Kalender lädt dazu ein, während des Zyklus bewusster auf die eigenen Gefühle und Stimmungslagen, aber auch auf körperliche Beschwerden und Signale zu achten.

Wenn Frau es sich beispielsweise angewöhnt, jedes Mal einen kurzen Blick auf das Klopapier zu werfen, mit dem sie sich die Scheide getrocknet hat, kriegt sie ohne viel Aufwand spannende Informationen zum eigenen Zyklusstand. Bleibt das Testpapier trocken – oft ist dies zum Beispiel während drei, vier Tagen nach der Blutung der Fall –, wird ein «t» eingetragen. Gegen Mitte des Zyklus (vom ersten Tag der Blutung an gerechnet) zeigt sich auf dem Papier oft weißlicher Schleim, der einige Tage später die Konsistenz von Eiweiß (glasklar und dehnbar) annimmt. Dieser Schleim, der meist in größeren Mengen abgesondert wird, zeigt die fruchtbare Zeit an und wird auf diesem Kalender mit dem Buchstaben «E» bezeichnet.

Manche Frauen spüren genau, wann der Eisprung stattfindet. Die Bauchdecke fühlt sich irgendwie gespannt an, und ein stechender Schmerz macht sich für kurze Zeit bemerkbar. Falls Ihre

Zykluskalender

Monat:

	1	2	3	4	5	6	7	8	9	10	11	12	13	14	15	16	17	18	19	20	21	22	23	24	25	26	27	28	29	30	31
Stimmungslage: happy 10 / so-so la-la 5 / voll down 0																															
Körperbeschwerden																															
Ausfluss / Blutungen																															
Tagesrückblick																															

Körperbeschwerden

Ü · Übelkeit
K · Kopfweh
B · Bauchweh
S · Spannungen
M · Müdigkeit

Ausfluss / Blutungen

T · trocken
E · Eiweiß
g · gelblich
k · körnig

···· schwach
IIII mittel
|||| stark

Tagesrückblick

Ein hammer Tag
Normal
Gereizt
Zum Heulen

Tochter dies wahrnimmt, kann sie im Kalender ein «ES» eintragen. Gegen Ende des Zyklus wird der Schleim trübe, leicht gelblich («g») und dicklich oder etwas körnig («k»). Die fruchtbare Zeit ist vorüber, und der Körper bereitet sich darauf vor, die für eine mögliche Empfängnis gebildete Schleimhaut durch die nächste Blutung auszustoßen.

Beim Vergleichen von mehreren Zyklusblättern kann leicht festgestellt werden, wie regelmäßig das Zyklusgeschehen bereits ist, und Ihre Tochter lernt die Zusammenhänge zwischen den hormonellen Vorgängen und ihrer Gefühlslage oder ihrem körperlichen Befinden kennen.

(Wichtiger Hinweis: Für die natürliche Empfängnisregelung ist dieser Zykluskalender nicht geeignet; dafür bräuchte es genauere Daten und detailliertere Informationen.)

Umsorgen Sie Ihre Tochter, wenn sie Menstruationsschmerzen hat. Auch der Papa darf sehr gerne mal eine Wärmeflasche oder einen kalten Waschlappen gegen Kopfschmerzen vorbeibringen, wenn er das Anklopfen an der Zimmertüre nicht vergisst und keine unangepassten Bemerkungen macht. Bitte vergessen Sie nicht: Als Vater sind Sie der erste Mann im Leben Ihrer Tochter und prägen deren Männerbild entscheidend mit.

Stellen Sie als Mutter sicher, dass Ihre Tochter Binden zur Verfügung hat, die für sie bequem sind und mit denen sie sich sicher fühlt. Erklären Sie der jungen Frau, wie sie ihren Intimbereich auch während der Menstruation regelmäßig reinigen kann und wie sie mit verbluteter Unterwäsche verfahren soll. Was Teenager pflegen, lernen sie dadurch auch kennen und als wichtigen Teil ihres Körpers wertzuschätzen und zu schützen.

Ihre Tochter sollte ausreichend Unterwäsche im Schrank haben, die ihr gefällt und in der sie sich wohlfühlt. Dafür lohnt sich auch mal eine Extra-Investition. Altersentsprechende Dessous haben einen nicht unwesentlichen Einfluss auf das Lebens- und Körpergefühl von Teenie-Töchtern, die sich damit ja auch regelmäßig – zum Beispiel beim Umziehen für den Sportunterricht – dem Urteil ihrer Klassenkameradinnen aussetzen müssen.

Überhaupt ist die Teenagerphase nicht der geeignete Moment, um stur darauf zu bestehen, dass Ihre Pubertierende den Pulli, der ihr von ihrer zehn Jahre älteren Schwester vererbt wurde, anziehen muss. Teenager sind in Bezug auf ihr Erscheinungsbild häufig so unsicher, dass sie auf keinen Fall auffallen oder unnötig aus der Reihe tanzen wollen.

Intervenieren Sie bezüglich Kleidung nur dort, dann aber durchaus klar und entschieden, wo es um Prinzipien geht, die Ihnen wichtig sind.

Eine dezente Stilberatung nehmen manche Mädels gerne entgegen. Unterstützen Sie Ihre Tochter (falls sie dies zulässt) dabei, sich vorteilhaft zu kleiden, zu frisieren oder zu schminken und dadurch ihren Typ und ihre Figur positiv zu unterstreichen.

Überraschen Sie sie gelegentlich mit einer Kleinigkeit. Zum Beispiel mit einem Buch ihrer Lieblingsautorin, einer femininen Bodylotion, einer witzigen Karte oder den Ohrringen, die perfekt zum neu erworbenen Shirt passen. Gutes muss nicht immer teuer sein. Hauptsache, Ihr Geschenk kommt von Herzen und signalisiert, dass Ihr Teeniegirl Ihnen wichtig ist.

Wohlwollen und Großzügigkeit

Teenager, die ihre Eltern als grundsätzlich großzügig und wohlwollend erleben, stehen weniger in der Gefahr, dauernd irgendwelche Dinge zu verlangen und lautstark sogenannte Rechte einzufordern.

Je nach Charakter wird Ihnen diese Großzügigkeit leichter oder schwerer fallen. Es lohnt sich auch hier unbedingt, der eigenen Prägung auf die Spur zu kommen. Oft geht es nämlich gar nicht um die Frage, wie viel oder wie wenig Geld oder Materielles wir unserem Teenager geben, sondern um die innere Haltung, die hinter unserem konkreten Verhalten steht.

Sind Sie von Ihrem Typ her eher verschwenderisch oder eher sparsam veranlagt?

Könnte es sein, dass es Ihnen guttun würde, auch sich selbst gelegentlich etwas Gutes zu gönnen – einfach so?

Oder ist das Gegenteil angesagt? Das Teilen- und Verzichten-Lernen?

Könnte es sein, dass Sie sich zu sehr aufgrund dessen definieren, was Sie besitzen oder sich leisten können?

Ich selbst bin von meinem Charakter her recht anpassungsfähig und kann auch mit einem kleineren Budget glücklich leben. Andererseits bin ich aber jemand, der Überfluss genießen kann und ihn gerne mit anderen teilt.

In meinem Elternhaus wurde mir ein entspanntes Verhältnis zu Geld und Prestige mit auf den Weg gegeben, was mir in der Erziehung meiner eigenen Kinder durchaus zugutekommt. (Finde ich zumindest. Der sparsamste aller Ehemänner würde das wohl ziemlich anders formulieren – wir sind da auch nach mehr als dreißig Jahren immer noch im Gespräch, von wegen «Geld zum Fenster rausschmeißen» und so!)

Doch auch wenn unsere Verschiedenheit im Umgang mit Geld immer wieder ehelichen Konfliktstoff bietet, war sie für unsere Kinder ein Gewinn. Aufgrund unserer sehr unterschiedlichen Prägungen vermitteln mein Mann und ich ihnen nämlich einerseits, dass sie, um glücklich zu sein, nicht immer das Neuste und Teuerste haben müssen. Dass es Sinn macht, auch mal zu verzichten oder zu sparen, bis man sich das Objekt der Begierde mit selbst erarbeitetem Geld kaufen kann. (Geld fällt ja schließlich nicht einfach vom Himmel, und einen Goldesel besitzen wir leider auch nicht.)

Andererseits kamen wir den Bedürfnissen unserer Kids aber auch immer wieder mal mit Großzügigkeit zuvor und signalisierten dadurch, dass wir ihnen Gutes von Herzen gönnen.

Suchen Sie für sich als Paar einen guten Weg, um Ihren Teenagern großzügig entgegenzukommen, ohne sie deswegen jedoch allzu sehr zu verwöhnen oder Ihrem Nachwuchs alles frei Haus zu liefern. (Schlaraffenlandkinder landen erfahrungsgemäß irgendwann sehr unsanft auf dem Boden der Realität.)

Da Teenager sehr verschieden sind und reagieren, wird dieser Weg bei jedem Kind wieder etwas anders aussehen. Gut, dass wir uns als Eltern dafür mit Fingerspitzengefühl und Weisheit beschenken lassen dürfen.

Teenager-Jungs begleiten

Unterstützen Sie Ihren Sohn dabei, sich sorgfältig zu pflegen. Manche Jungen müssen darauf aufmerksam gemacht werden, dass in der Pubertät aufgrund der vermehrten hormonbedingten Körperausdünstung häufigeres Duschen notwendig wird.

Beschenken Sie Ihren Sohn dafür mit einem angesagten Männer-Markendeo oder einem coolen Duschgel.

Der Schambereich soll auch bei Teenagerjungen täglich gereinigt und ebenso sorgfältig gepflegt werden wie der Rest des Körpers. Sie als Vater sind gefragt, wenn es darum geht, Ihrem Sohn beizubringen, wie er seinen Penis auch unter der Vorhaut sauberhalten kann. Was Jungen pflegen, lernen sie dadurch – ebenso wie die Mädchen – kennen und als wertvollen Teil ihres Körpers wertzuschätzen. Oder, wie Dr. med. Elisabeth Raith-Paula, die Gründerin des MfM-Projekts es formulierte: «Nur was ich schätze, kann ich schützen.»

Suchen Sie Gelegenheiten für ungezwungene Vater-Sohn-Gespräche. Gemeinsames Arbeiten oder Autofahren bietet gute Möglichkeiten, mal so ganz nebenbei sensible Themen, die Ihnen aktuell zu sein scheinen, anzuschneiden. Manche Männer aus meinem Bekanntenkreis unternehmen hin und wieder einen Ausflug oder eine Bergtour mit ihren Jungs, um mit diesen über Männer-Themen sprechen zu können. Fragen Sie bei Ihren Jungs nach, was in der Schule in Bezug auf Liebe und Sexualität so alles abgeht. Ob auf den Smartphones Sexfilmchen von Schüler zu Schüler weitergereicht werden und wie Ihr Sohn damit umgeht oder umzugehen plant. Hat er verstanden, dass es seine Aufgabe ist, sich vor Dingen zu schützen, die ihm nicht guttun?

Nächtliche Samenergüsse und spontane Erektionen

Machen Sie Ihren Sohn bitte früh genug darauf aufmerksam, dass er sich ganz und gar nicht zu schämen braucht, wenn er eines Morgens mit einem klebrigen Gefühl im Schambereich erwacht.

Der erste nächtliche Samenerguss findet bei einem durchschnittlich reifen Jungen etwa im Alter von zwölf bis dreizehn Jahren statt. Erklären Sie Ihrem Pubertierenden, dass im Inneren seiner Hoden täglich Millionen von Samenzellen gebildet werden, die ausreifen und durch einen bewussten oder unbewussten (erotischen) Reiz wieder ausgestoßen werden.

Zeigen Sie Ihrem Junior, wie und wo er seine Unterhose in einem solchen Fall auswaschen und zum Trocknen aufhängen soll. Bleiben Sie darüber im Gespräch und fragen Sie gelegentlich nach, wie Ihr Sohn mit seiner körperlichen Entwicklung zurechtkommt.

Manche Jungs empfinden es als peinlich, wenn ihr Glied beim Turnen oder im Schwimmbad plötzlich steif wird, und es tut gut, wenn Sie als Vater Ihrem Sohn nochmals erklären, warum dies passiert und wie Sie mit solchen Situationen umzugehen pflegen.

Ihr Sohn sollte auch wissen, dass es normal ist, mit einem steifen Penis zu erwachen. Bei der sogenannten «Morgenlatte» geschieht nichts anderes, als dass sich das männliche Glied mit Blut füllt. Ein vergleichsweise einfacher Vorgang, bei dem sich die Forscher jedoch uneinig sind, wodurch er ausgelöst wird.

Eine mögliche Erklärung ist, dass ein physiologischer Mechanismus während der Tiefschlafphase (REM- oder Traum-Phase) zu einer Überaktivität der Nerven führt, die unter anderem die Erektion steuern. Häufig haben Männer jede Nacht etwa drei bis fünf Erektionen – allerdings ohne sexuelle Stimulation oder Samenerguss.

Falls Sie als Mama alleinerziehend sind, sollten Sie sich, wo dies möglich ist, mit dem Vater Ihres Sohnes absprechen, ob er einen Teil an Aufklärung übernehmen will und kann oder nicht. Falls dieser Sie in diesem Punkt nicht unterstützt und Sie auch in Ihrem familiären Umfeld oder Ihrem Freundeskreis keinen Mann finden, der dies auf gute Art tun könnte, ist es wichtig, dass Sie als Mutter Ihren Sohn auf dieses Thema ansprechen.

Tun Sie dies mit der nötigen Diskretion und Feinfühligkeit. Stehen Sie dazu, dass Sie nicht wissen, wie es sich anfühlt, ein Mann zu sein, Ihren Sohn aber trotzdem, soweit Ihnen dies möglich ist, unterstützen möchten. Besorgen Sie sich gutes Infomaterial, das Ihr Sohn selbständig studieren kann (siehe Empfehlungen im Anhang). Erkundigen Sie sich, ob er dazu Fragen hat, und nutzen Sie alltägliche Gelegenheiten, um mit Ihrem Sohn über sein Mann-Werden ins Gespräch zu kommen.

Fruchtbarkeit und Verantwortung

Der erste Samenerguss ist, entsprechend der ersten Menstruation, ein Meilenstein: Er macht Ihren Sohn, falls organisch alles in Ordnung ist, zu einem zeugungsfähigen jungen Mann. Was eine geniale Sache ist. Ich für meinen Teil freue mich jedenfalls schon jetzt riesig darauf, irgendwann dann mal Großmama zu werden, und sage das meinen Kindern gelegentlich auch. Mit Betonung auf «irgendwann dann mal», natürlich.

Vermitteln Sie Ihren Teenagern, dass das Kinderkriegen ganz selbstverständlich zur Sexualität gehört. Sex macht schwanger, dafür wurde er, unter anderem, erfunden. Thematisieren Sie, dass Fruchtbarkeit ein wichtiger Teilbereich unserer Sexualität ist, mit dem wir sorgfältig und verantwortungsbewusst umgehen sollten.

Mutter-Sohn-Gespräche

Auch für Jungen ist es wichtig, über den weiblichen Zyklus, über Empfängnis, Schwangerschaft und Geburt informiert zu sein. Nutzen Sie alltägliche Situationen und Gelegenheiten, um Ihrem Sohn ganz natürlich Einblick in Ihr Leben als Frau zu geben, und bestehen Sie darauf, dass Ihr Sohn sich Ihnen, aber auch seinen Schwestern gegenüber respektvoll verhält. Nicht ohne Grund rät der Volksmund Frauen, bei der Partnerwahl darauf zu achten, wie ihr Auserwählter mit seiner Mutter umgeht. Die Familie ist das Trainingsfeld, auf dem gute Gewohnheiten erlernt werden. Und natürlich gilt dasselbe auch für Söhne. Zu beobachten, wie eine junge Frau mit ihrem Vater und ihren Brüdern umgeht, ist durchaus empfehlenswert, wenn es um die Frage geht, ob man mit dieser Frau das ganze Leben verbringen will.

Kleider machen Männer

Wie die Mädchen sind auch Teenagerjungen dankbar für Verständnis und Großzügigkeit in Bezug auf ihre äußere Erscheinung und ihr Outfit. Unterstützen Sie Ihren Sohn dabei, selbst die Verantwortung für seine Garderobe zu übernehmen. Gönnen Sie ihm regelmäßig einen fachgerechten Haarschnitt, und seien Sie nicht knauserig, wenn es um trendige Mützen, eine coole Jacke oder den Schulrucksack einer bestimmten Marke geht.

Auch bei Jungen spielt die Unterwäsche in diesem Alter eine wichtige Rolle. Für trendige Männer-Boxershorts machte ich deshalb immer mal wieder gerne ein paar Scheine locker. Auch Jungen werden von ihren Kollegen taxiert und mit anderen verglichen. Altmodische Unterwäsche oder doofe Badehosen bringen Ihren Sohn unter Umständen in echt peinliche Situationen. Ersparen Sie ihm diese. Er hat möglicherweise schon genug damit zu kämpfen, dass seine Kumpels stolz den größeren Penis oder einen sexy Waschbrettbauch vorführen, während er selbst vielleicht zu den Spätentwicklern gehört oder bezüglich Körperkraft nicht mit seinen Schulkameraden mithalten kann.

Der Kauf des ersten Rasierapparates ist eindeutig ein Highlight, das von Vater und Sohn gebührend zelebriert werden sollte. Frauen haben dabei wenig bis nichts verloren, finde ich.

Sexuelle Identitätsfindung und homoerotische Gefühle

Viele Teenager durchlaufen während der Pubertät eine Phase, in der sie homoerotische Gefühle empfinden, also erotische Gefühle für gleichgeschlechtliche Personen. Selbst erinnere ich mich daran, dass ich als Teenager eine durchaus erotisch eingefärbte Bewunderung oder einen Anflug von Verliebtheit für gewisse Freundinnen oder beliebte Lehrerinnen empfand.

Das Phänomen, dass Teeniegirls händchenhaltend durch die Straßen ziehen und das Klo grundsätzlich zu zweit oder gar in Horden aufsuchen, steht ebenfalls mit diesem identitätsbildenden Entwicklungsabschnitt in Zusammenhang.

Jungen suchen in dieser Phase den engen Kontakt zu anderen

Jungs oder zu erwachsenen männlichen Vorbildern. Körperlich drückt sich dies bei ihnen eher in Raufereien, freundschaftlichen Halb-Umarmungen oder zufällig scheinenden Berührungen aus. Die Ursache ist jedoch dieselbe: Jungen und Mädchen identifizieren sich mit gleichgeschlechtlichen Personen, um in ihre eigene geschlechtliche Rolle hineinzufinden. Anhand anderer Frauen kann unsere Tochter sich mit dem Frau-Werden bekannt machen, und am Beispiel anderer Männer kann unser Sohn entdecken, was Mann-Sein für ihn ganz persönlich bedeuten könnte.

Dies alles hat jedoch – das möchte ich hier deutlich betonen – nichts mit einer homosexuellen Grundveranlagung zu tun. Die homoerotische Phase geht bei den allermeisten Teenagern wieder genauso vorbei, wie sie gekommen ist, und der Jugendliche wendet sich, nachdem seine eigene Identität gefestigt ist, mit zunehmendem Interesse dem Gegengeschlecht zu.

Dass in genau dieser Zeit an vielen Schulen über Homosexualität aufgeklärt wird und Schwule oder Lesben über ihr Coming-out berichten, halte ich für bedenklich, weil manche Teenager sich dadurch auf etwas «einschießen», das überhaupt nichts mit ihrer eigentlichen Identität zu tun hat. Hätte ich selbst in meiner Teenagerzeit diese Anziehung zu Frauen ausgelebt, wäre meine Geschichte möglicherweise anders weitergegangen. Durch sexuelle Erfahrungen wird die sexuelle (Lern-)Geschichte beeinflusst. Beim Orgasmus wird das Bindungshormon Oxytocin ausgeschüttet, sexuelle Intimität stellt Bindung her, und in einer Liebesbeziehung entsteht eine emotionale Bindung an den Partner, egal welches Geschlecht dieser hat. Da ich diese Gefühle jedoch nicht auslebte, war diese Phase irgendwann einfach wieder vorbei und wurde durch das Interesse an Männern abgelöst.

Mit diesem Beispiel aus meiner eigenen Teenagerzeit will ich nicht sagen, dass alle Mädchen, die intime Beziehungen zu Frauen hatten, sich ein Leben lang lesbisch orientieren. Tatsächlich ist es so, dass immer mehr Menschen sich nicht mehr als hetero- oder homosexuell, sondern als bisexuell bezeichnen. Mit ein Grund für diese Entwicklung dürften neben den gesellschaftlichen Trends auch tiefe innere Verletzungen und Verwirrungen sein, die durch viele wechselnde Beziehungen in den Teenager- und Jugendjahren entstehen können.

Teenagern zu sagen: «Wenn du Gefühle für gleichgeschlechtliche Menschen empfindest, könnte es sein, dass du schwul oder lesbisch bist», ist aus meiner Sicht nicht angebracht, und die Aufforderung, Sex in verschiedenen Variationen und Konstellationen doch «einfach mal auszuprobieren», ist schlichtweg verantwortungslos.

Wehren Sie sich, wenn Sie merken, dass Ihre Teenager diesbezüglich beeinflusst oder unter Druck gesetzt werden. Sex ist – in welcher Form auch immer – nicht teenagergeeignet. Homoerotische Gefühle während der Adoleszenz müssen nicht in konkreten sexuellen Handlungen ausgedrückt werden, sondern sollten als normale und zumeist vorübergehende Erscheinung behandelt und thematisiert werden.

Transgender: Im «falschen Körper» geboren?

Die Fälle von Teenagern, die erklären, im «falschen Körper» zu sein, haben in den westlichen Ländern drastisch zugenommen. Fachleute sprechen insbesondere bei Teenagermädchen und jungen Frauen von einem besorgniserregenden Trend. Normale Vorgänge wie die körperliche und geschlechtliche Verunsicherung während der Pubertät werden zur Transidentität erklärt, der mittels Namensänderung, Hormontherapien und Operationen entsprochen werden soll. Die Brustentfernungen bei unter 16-jährigen Mädchen haben in drastischem Maß zugenommen, gesunde junge Menschen werden durch «geschlechtsverändernde» Eingriffe zu lebenslangen Patienten gemacht.

Die Zürcher Psychologin Barbara Beckenbauer sieht diese Entwicklung kritisch. Aus ihrer Sicht macht die Transideologie jungen Menschen Versprechen, die sich im Nachhinein als trügerische Illusion erweisen. Der hormonell gesteuerte «Großumbau» während der Pubertät verunsichert viele Teenager. Wird ihnen in genau dieser verletzlichen Phase die Frage gestellt, ob sie möglicherweise «im falschen Körper stecken», kann dies zu Fehldiagnosen mit drastischen Konsequenzen führen. Die Ethikerin Anita B. Kayser schreibt in ihrer Abschlussarbeit zum Thema «Sollen hormonelle und chirurgische Therapien zur Behandlung von Geschlechtsdysphorie bei Minderjährigen erlaubt sein?»: «Die Stimmen mehren sich, die Einseitigkeit der Herangehensweise und mangelnde Prüfung der komplexen Evidenzlage bemängeln und eine Abklärung psychiatrischer Konformitäten und Differenzialdiagnosen einfordern. Dieselben Kreise führen die Vermutung an, dass hinter dem markanten Anstieg von Genderinkongruenz bei Kindern und Jugendlichen deren zunehmende öffentliche Thematisierung und der Einfluss von sozialen Medien und ihren Chat-Plattformen stehen.»[45]

Festzuhalten ist: Sich während der Pubertät im eigenen Körper unwohl zu fühlen, ist völlig normal und sollte nicht vorschnell mit der Transthematik in Verbindung gebracht werden. Tatsächlich gibt es eine sehr kleine Zahl von Menschen, die oft bereits als Kinder eine ernsthafte Geschlechtsverunsicherung zeigen. (Fachorganisationen wie das «American College of Pediatricians ACPeds» sprechen von unter 0,1 Prozent.) Bei den allermeisten Kindern und Jugendlichen (gegen 90 Prozent) verliert sich die geschlechtliche Verunsicherung im Verlauf des Erwachsenwerdens von alleine wieder, wenn sie nicht in die Richtung einer Transition beeinflusst oder gedrängt werden.

Persönlich rate ich Eltern entschieden vom Besuch einer «Transfachstelle» ab, denn leider behandeln dort viele Fachpersonen «affirmativ». Was bedeutet, dass das Empfinden oder die Selbstdiagnose des Kindes oder Jugendlichen bestätigt und unterstützt wird, obwohl junge Menschen bis zum Abschluss der Hirnreifung mit ca. 25 Jahren noch nicht umfassend abschätzen können, welche Auswirkungen eine Transition auf ihr gesamtes Leben haben wird.

Die französischen Psychotherapeutinnen Caroline Eliacheff und Céline Masson sprechen in ihrem 2022 erschienenen Buch «La fabrique de l'enfant-transgenre» vom «Transkinder-Konstrukt»: Gesunde junge Menschen werden von Trans-Experten in eine Art

«Trans-Zug» gesetzt, bei dem es kein Halten mehr gibt, bis die Transition vollzogen ist. Dass danach bei vielen das böse Erwachen folgt, weil zu psychischen Problemen nun noch körperliche Nebenwirkungen und Schmerzen hinzukommen, wird in Kauf genommen. Pubertätsblocker führen bei vielen Minderjährigen zu Dysfunktionalität im Gehirn und verringerter Knochendichte, im Extremfall sogar zu Kleinwüchsigkeit. Gegengeschlechtliche Hormone können zu brüchigen Knochen, Gelenkschmerzen, Leberschäden, Herz-Kreislauf-Erkrankungen, Unfruchtbarkeit und emotionalen oder intellektuellen Veränderungen führen. Bei Mädchen steigt das Thromboserisiko teilweise drastisch an, der Kehlkopf vergrößert sich, was zu einer dauerhaft tieferen Stimme führt. Chirurgische Eingriffe wie die Entfernung von Brüsten oder Genitalien sind irreversibel, haben oft Schmerzen und sexuelle Empfindungsstörungen zur Folge.

Teenager vor irreversiblen Schäden bewahren

Eltern, die nicht in die Transition ihrer Minderjährigen einwilligen, werden oft mit dem Argument unter Druck gesetzt, ihr Kind werde sich umbringen, wenn es keine Transition machen dürfe. Diese Aussage lässt sich wissenschaftlich jedoch nicht beweisen. Belegt ist hingegen, dass die Suizidrate bei Menschen, die eine Transition durchführen ließen, überdurchschnittlich hoch ist. Oft ist es so, dass junge Menschen gleich nach der Transition erleichtert oder enthusiastisch sind, dieses Hochgefühl jedoch nur eine kurze Zeit anhält. Ist die erste Begeisterung vorbei, machen sich bei vielen Betroffenen Ernüchterung und Verzweiflung breit. Die Zahl junger Menschen, die ihre Geschlechtstransition in den ersten drei Behandlungsjahren wieder abbrechen, ist hoch. Immer mehr Betroffene gehen gerichtlich gegen Ärzte und Kliniken vor, weil diese die Sorgfaltspflicht und das Prinzip des «Keinen Schaden zufügen» verletzt haben. Auch wenn Minderjährigen heute in diesem Bereich immer früher Urteilsfähigkeit attestiert wird: Kinder und Jugendliche können die Konsequenzen dieses Eingriffs noch nicht abschätzen, und wir Erwachsenen haben die Pflicht, unseren Nachwuchs, soweit dies in unserer Macht steht, vor irreversiblen Schäden zu bewahren.

Aufgabe Nummer 2: Sich zu einer eigenständigen Persönlichkeit entwickeln

Pubertierende erleben sich selbst oft wie im Schleuderprogramm einer Waschmaschine steckend. Mal stehen sie kopfüber, dann wieder auf den Füßen, mal werden sie rumgewirbelt, dann plötzlich scheint die Zeit stillzustehen und es läuft gar nichts mehr.

Auch in Bezug auf die Entwicklung der Persönlichkeit werden Teenager oft von widersprüchlichen Emotionen geplagt. Mal fühlen sie sich groß, kompetent und durchaus fähig, alle Herausforderungen des Lebens alleine zu bewältigen (was sie uns dann jeweils auch deutlich zu verstehen geben); dann wieder klein, unbedeutend und unfähig. Mal «selber groß», dann wieder an Mamas Rockzipfel hängend: Dies mit ihnen zusammen auszuhalten und durchzustehen, ist unsere Aufgabe als Eltern.

Viele Teenager befassen sich mit Sinnfragen, wollen wissen, woher sie kommen, wozu sie leben und was ihre Bestimmung und Zukunft sein könnte. Sie wollen eigene Antworten auf Lebensfragen finden und ihren ganz persönlichen Wertekatalog erstellen. Was keine leichte Sache ist.

Außenstehende Personen werden in dieser Zeit immer wichtiger und haben einen prägenden Einfluss auf unsere Heranwachsenden. Ein Freundeskreis, in dem gute Vorbilder zu finden sind, ist Gold wert. Dies können durchaus auch Erwachsene oder ältere Personen sein.

Unsere Großen hatten einen supercoolen Jugendband-Leiter, der sie maßgeblich prägte und bei dem sie bis heute gerne mal kurz vorbeischauen. Über manche persönlichen Fragen berieten sie sich mit dem Jugendpastor unserer Kirche oder der Leiterin ihrer Teenagergruppe. Ist doch genial, wenn unsere Kinder von älteren Jugendlichen oder Erwachsenen außerhalb des engsten Familienkreises positive Impulse und Hilfestellungen für ihr Leben bekommen.

Auch in der Historie oder im aktuellen Zeitgeschehen finden sich Vorbilder und Motivatoren. Mit Begeisterung schauten wir uns als Familie Filme über Martin Luther, Dietrich Bonhoeffer, Nelson Mandela und andere die Geschichte prägende Personen an und besuchten Veranstaltungen, bei denen spannende Persönlichkeiten aus ihrem Leben berichten. Nie werde ich vergessen, wie unsere Kinder und Jugendlichen an den Lippen des alten Arztes hingen, der von seiner Zeit in russischer Kriegsgefangenschaft erzählte. Nichts ist so spannend wie das echte Leben, wie persönlich Erlebtes und Erlittenes. Wir alle lernen am Vorbild anderer Menschen, wie man das Leben meistern und Schwierigkeiten überwinden kann.

Diskutieren Sie mit Ihren Heranwachsenden über Ihre Ansichten und Grund-Lebenseinstellungen. Besonders geeignet sind für solche Gespräche die stillen Nachtstunden, wenn der Rest der Familie längst in den Federn ist und die Dunkelheit ein Stück Intimität schafft. Erklären Sie, warum Ihnen als Mutter oder Vater welche Werte und Überzeugungen wichtig sind, und geben Sie Ihren Pubertierenden dann Zeit, um selbst nachzudenken und zu beobachten, wie sich diese Grundüberzeugungen im Alltagsleben konkret auswirken.

Bisher als selbstverständlich übernommene Werte und Normen in Frage zu stellen, um herauszufinden, woran sie denn selber glauben und sich orientieren möchten, ist eine herausfordernde Aufgabe für Pubertierende. Sie gleichen dabei einem Eisbären, der versucht, von der einen Eisscholle auf die nächste zu wechseln. Eine wackelige und riskante Angelegenheit, bei der man den sicheren Boden unter den Füßen aufgibt und sich der Gefahr aussetzt, im kalten Wasser baden zu gehen.

Lachen Sie Ihren Sohn oder Ihre Tochter bitte nicht aus, wenn er oder sie beim Balanceakt über die Eisschollen auch mal eine kalte Dusche abkriegt. Das gehört zum Eigenständigwerden mit dazu. Auch die Bemerkung «Das hätte ich dir gleich sagen können!» trägt wenig zu einer vertrauensvollen Beziehung bei. Helfen Sie dem gescheiterten Eisläufer, sich wieder aufzuwärmen und die nächste Etappe des Selbständigwerdens in Angriff zu nehmen. Freuen Sie sich mit ihm über seine Erfolge, und versuchen Sie nicht, Ihre Tochter oder Ihren Sohn krampfhaft und verbissen in der Abhängigkeit von Ihnen als Eltern festzuhalten.

Leicht gesagt, schwer getan? Ich weiß. Doch Sie werden erleben, dass Ihre Kinder Ihnen auf ganz neue Art zurückgeschenkt werden, wenn Sie ihnen erlauben, eigenständige und auf gesunde Weise von Ihnen abgenabelte Persönlichkeiten zu werden.

An Herausforderungen wachsen und reifen

Räumen Sie Ihren Pubertierenden Hindernisse oder Steine nicht aus dem Weg, denn genau daran können sie ihre Fähigkeiten messen und sich selber kennen und einschätzen lernen.

Das Ausbaden der Konsequenzen von eigenständigen oder eigenwilligen Entscheidungen gehört unbedingt zum Selbständigwerden und wird das zukünftige Verhalten Ihrer Teenager stärker beeinflussen, als manche Vorträge Ihrerseits dies vermögen.

Nehmen Sie Ihren Heranwachsenden folglich nichts ab, was diese selber tun können.

Pubertierende wachsen am Zutrauen, das ihnen von uns Eltern geschenkt wird. Wer in gesundem Maß fordert, fördert auch. Die meisten Teenager könnten viel mehr leisten, als ihnen zugetraut oder von ihnen verlangt wird.

Muten Sie Ihrer Tochter zu, sich selber um eine Lehrstelle zu bewerben oder nach einem Ferienjob Ausschau zu halten. Ermutigen Sie Ihren Sohn dabei, sich in der Jungschar zum Leiter ausbilden zu lassen, sich in der Kinderarbeit Ihrer Kirchengemeinde zu engagieren, das jährlich stattfindende Jedermann-Fußballturnier zu organisieren oder was auch immer ihn darin unterstützt, Verantwortung zu übernehmen.

Eigenständigkeit bedeutet meiner Ansicht nach immer auch, Dinge selber zu machen, statt darauf zu warten, dass irgendjemand sie für einen erledigt. Eine große Klappe haben und sich gleichzeitig im Hotel Mama bedienen zu lassen, das passt definitiv nicht zusammen. Binden Sie Pubertierende – Mädchen und Jungen – unbedingt in die täglich anfallenden Hausarbeiten und Verpflichtungen mit ein.

Berufswahl – die eigene Berufung finden

Ihr Teenager muss in Bezug auf seine Zukunft wichtige Entscheidungen fällen. Oft versucht er in dieser Phase herauszufinden, was seiner Persönlichkeit entspricht, was zu ihm passt oder eben nicht. Er schlüpft möglicherweise in die unterschiedlichsten Rollen, um diese einige Zeit später wieder zu verlassen, wenn er merkt, dass sie ihm im Tiefsten doch nicht entsprechen.

Intervenieren Sie deshalb nicht sofort, wenn Ihr pubertierender Sohn spontan beschließt, Schreiner zu werden, obwohl er Ihrer Erfahrung nach nur wenig handwerkliches Geschick besitzt. Eine Schnupperlehre sorgt für Klarheit und erweitert den Erfahrungshorizont. Und wer weiß: Vielleicht zeigen sich ja Talente, die Sie bisher noch gar nicht wahrgenommen haben.

Als Eltern sind wir manchmal ganz schön gefangen in den Vorstellungen und Plänen, die wir für unsere Kinder zurechtgelegt haben. Hier ist – einmal mehr und immer wieder neu – Loslassen und Freigeben angesagt. Tun Sie dies nicht, behindern Sie Ihr Kind dabei, eine der wesentlichsten Aufgaben, die ihm in seiner Teenager- und Jugendzeit gestellt wird, zu lösen: eine eigenständige und verantwortungsbewusste Persönlichkeit zu werden.

Aufgabe Nummer 3:
Gut mit der eigenen Sexualität umgehen

In unserer stark sexualisierten und konsumorientierten Welt ist der Umgang mit ihrer erwachenden Sexualität für Pubertierende eine große Herausforderung. Über Nacht sitzen sie, bildlich gesprochen, in einer voll funktionstüchtigen Rennkarre, ohne auch nur eine einzige Fahrstunde absolviert zu haben.

Der Körper ist voll entwickelt, sie empfinden sexuelle Erregung und Lust und haben erotische Fantasien, was sie durchaus auch verwirren kann. Seele und Geist hinken häufig weit hinterher. Dieser Diskrepanz Rechnung zu tragen, ist eine wichtige Aufgabe für uns als Eltern, aber auch für unsere pubertierenden Kinder. Wichtig ist, dass wir unseren Teenagern vermitteln, dass das, was sie erleben und empfinden, normal ist. Dass die Fähigkeit,

Verliebtheit und sexuelle Lust empfinden zu können, Gottes Geschenk an uns Menschen ist. Und nicht ein Fehler, den man ausmerzen müsste.

Gleichzeitig ist es aber auch nicht so, dass wir unserem Sexualtrieb ausgeliefert sind. «Männer *müssen* eben» ist eine Aussage, die viel Leid angerichtet hat und noch immer anrichtet, und auch Frauen «müssen» diesbezüglich nicht, sondern «können». Wir sind als Menschen befähigt, mit unserer Sexualität verantwortungsbewusst umzugehen, statt hilflos oder passiv von ihr bestimmt zu werden. Lust soll in diesem Prozess nicht unterdrückt oder verteufelt, sondern wahrgenommen, als Geschenk des Schöpfers begrüßt und «geleitet» werden.

Nicht alles, was möglich oder machbar ist, tut Teenagern gut oder dient dem Ziel, das sie erreichen möchten (zum Beispiel eine vertrauensvolle Partnerschaft leben zu können). Nicht alles tut den Anderen oder dem geliebten Menschen gut; nicht alles, was mich zu tun reizt, ist auch verantwortbar und sinnvoll. Und nicht alles, was erlebt werden kann, muss umgehend ausprobiert werden. Sexualität ist kein Spiel, das man einfach mal ganz risikofrei ausprobieren kann. Zu hoch ist der Einsatz, zu einschneidend sind die Konsequenzen, die zu frühe oder häufig wechselnde sexuelle Beziehungen nach sich ziehen können.

Die bekannte Publizistin Gabriele Kuby bringt es auf den Punkt: «‹Tue, was du willst!› ist nur das halbe Lied, denn das, was ich tue, hat Folgen. Habe ich, wenn ich getan habe, was ich will, am Ende Freiheit gewonnen oder verloren? Verführung heißt, dass das dicke Ende nach allen Regeln der Manipulation verborgen wird.»[46]

Warten und verzichten lernen

Die Fähigkeit, warten oder auf etwas verzichten zu können, gehört zu den grundlegenden Lebenskompetenzen. Niemand von uns kann jederzeit alles haben, was er möchte. Weder in Bezug auf Materielles, noch wenn es um Beziehungen oder Sexualität geht. Zeiten des Mangels gehören ebenso zum Leben wie Zeitabschnitte des Überflusses und der Erfüllung.

Wir dürfen daraus folgern: Warten ist keine Zeitverschwendung; auch für unseren Teenager nicht.

Der Reiz des Erwachsenwerdens wird erheblich gesteigert, wenn es Dinge gibt, die man erst als Erwachsener ausleben darf, kann oder will. Freiwilliger Verzicht steigert den Wert der Dinge, auf die wir verzichten.

Sexualität aufzusparen kann deshalb durchaus reizvoll und prickelnd sein. Ich zumindest habe das als Teenager so erlebt. Für mich war klar, dass ich mich, mit Haut und Haaren, nur dem Mann hingeben wollte, der mir lebenslange Treue versprechen würde.

Während langweiliger Mathestunden entwarf ich auf Notizpapier romantische Brautkleider. In Weiß zu heiraten, hatte für mich wichtigen Symbolcharakter.

Sexuelle, aber auch innere Reinheit war für mich nichts Abstraktes, sondern etwas, das ich von Herzen wollte und um das ich mich bemühte. Sexualität war für mich wie ein schönes Geschenk, das ich meinem Zukünftigen zur Hochzeit machen wollte.

(Und Geschenke machen ja bekanntlich dann am meisten Freude, wenn man es aushält, mit dem Auspacken bis zur Bescherung zu warten.)

Sexuelle Reinheit bis zur Hochzeit als erstrebenswertes Ziel zu bezeichnen, mag im heutigen gesellschaftlichen Kontext ungewohnt klingen. Und doch weckt dieser Begriff Sehnsüchte, die zutiefst zu uns Menschen gehören, wie Umfragen unter jungen Menschen immer wieder bestätigen.

Wir sind im Grunde unseres Wesens nicht für kurzfristige Liebschaften gemacht, sondern sehnen uns danach, für einen bestimmten Menschen ein Leben lang die Einzige oder der Einzige zu sein. Auf diese eine Person zu warten, ist etwas, das ich jedem Teenager wirklich ans Herz lege.

Alles okay, wenn es für beide «stimmt»?

Dass manche Präventionsfachleute die Ansicht vertreten, es sei völlig okay, wenn Teenager Sexualität frei ausprobieren, solange jeder nur das mache, was er wirklich möchte, löst bei mir nur erstauntes Kopfschütteln aus. Wer auch nur ein bisschen Kenntnis von Entwicklungspsychologie hat, weiß, dass kaum jemand weniger Ahnung hat, was er wirklich will, als ein durchschnittlich reifer Teenager. Und dass insbesondere «schwache» Kinder oder solche, die bereits Grenzüberschreitungen erlebt haben, sich nicht ausreichend abgrenzen können und dadurch trotz erklärter «Einvernehmlichkeit» in Wahrheit sexuelle Übergriffe erleben. Weil sie nicht Nein sagen können. Und weil selbstbestimmte Sexualität eine Reife und Stärke voraussetzt, die selbst viele Erwachsene nicht haben.

Ich kann die am Anfang dieses Kapitels zitierte Feststellung von Herrn Prof. Dr. Jäncke, dass Teenagern aufgrund großangelegter Hirnveränderungen vorübergehend die Fähigkeit abgeht, Emotionen zu steuern und die Konsequenzen von Entscheidungen abzuschätzen, von der Praxis her nur unterstützen.

Teenager tendieren weit mehr als andere Altersgruppen dazu, sich anzupassen und auch Dinge mitzumachen, die sie im Grunde gar nicht tun wollen. Viele Pubertierende sind bereit, für das Dazugehören zu einer Gruppe oder zu einer geliebten Person einen hohen Preis zu bezahlen. Dazu gehört auch das Sich-Einlassen auf sexuelle Beziehungen, obwohl die innere Bereitschaft dafür noch gar nicht vorhanden ist.

Hier werden in sehr jungen Jahren unter dem Motto: «Beide sind ja einverstanden», Grenzen überschritten. Was bei den Betroffenen die Gefahr massiv verstärkt, auch in Zukunft Grenzüberschreitungen zuzulassen. Mit jedem Übergriff wird nämlich das gesunde Empfinden für Nähe und Distanz weiter geschädigt, bis es irgendwann gar nicht mehr vorhanden ist.

Sex ist nicht teenagergeeignet und sollte deshalb klar der Welt der Erwachsenen zugeordnet werden. Für Pubertierende gilt meiner Ansicht nach eindeutig das Motto: «No Sex, no troubles!» Wie ich dies begründe und Teenagern erkläre, werde ich in den folgenden Abschnitten genauer ausführen.

Sexualität ist wie ein Feuer

Dass Teenager plötzlich neue Empfindungen erleben und sexuelle Lust verspüren, ist die normalste Sache der Welt und ein begrüßenswertes Zeichen dafür, dass sie (langsam, aber sicher) zu Erwachsenen heranreifen, die fähig sein werden, Erotik und Sexualität zu genießen.

Einer der besten Vergleiche, die mir zu unserem Thema einfallen, ist das Feuer. Am richtigen Ort eingesetzt, ermöglicht es das Überleben, schafft Romantik, Wärme und Behaglichkeit. Am falschen Ort, oder wenn es außer Kontrolle gerät, richtet es Leid und Zerstörung an, bewirkt es Verwüstung und Tod.

Mit der Sexualität ist es ähnlich. Sexualität ist eine gewaltige Lebensenergie, eine schöpferische Kraft, aus der überwältigende Erfahrungen und Gefühle resultieren und neues Leben entsteht. Sexualität erscheint mir immer wieder wie ein Stück des verlorenen Paradieses. In ihr findet unsere tiefe Sehnsucht nach Intimität Ausdruck, und gelegentlich erwachen wir nach einer beglückenden Nacht mit dem Gefühl, dass im sinnbildlichen Ofen noch immer ein bisschen Glut vorhanden ist; Restwärme, die unsere Paarbeziehung vertieft und unser Herz beglückt.

Sexualität zur richtigen Zeit und mit der richtigen Person ist ein Geschenk des Himmels.

Wird sie jedoch falsch eingesetzt oder zweckentfremdet, bewirkt sie, wie uns allen nur zu gut bekannt ist, Verletzungen und Leid, Tod und seelische Verwüstung.

Wie jede Energie kann sie zum Guten wie zum Bösen verwendet werden, und gerade weil sie eine solch mächtige Kraft ist, überfordert sie uns eigentlich maßlos.

Ich staune immer wieder darüber, dass Gott den Mut hatte, seinen Menschen etwas so Gewaltiges anzuvertrauen.

Sexualität verantwortungsvoll und beziehungsfördernd einzusetzen, will gelernt sein. Es ist definitiv kein Kinderspiel.

Verantwortung übernehmen

Weil Sexualität auf Beziehung hin angelegt ist, übernehmen wir bei jeder sexuellen Vereinigung Verantwortung: uns selber, unserem Partner und einem möglicherweise entstehenden Kind gegenüber. Unserem Teenager muss bewusst sein, dass es beim Ausleben von Sexualität nicht nur, wie dies in den Medien oder der Werbung oft vermittelt wird, um Lust oder Spaß, sondern immer auch um Verantwortung geht.

Sexualität verbindet

Wenn wir mit jemandem intim werden, öffnen wir unseren Körper und unsere Seele einer anderen Person gegenüber und dringen in deren Intimsphäre ein, verschmelzen mit dem Körper des anderen. In keiner anderen Begegnung geben wir in so kurzer Zeit so viel von unserem Körper und unserer Seele preis. Was wir hier investiert haben, können wir nicht mehr zurücknehmen und dem anderen auch nicht mehr zurückgeben. Wenn intime Beziehungen zerbrechen, entstehen Verletzungen, und es bleiben Narben zurück. Ob wir dies wahrnehmen oder nicht, ob wir es anerkennen oder uns darüber gar keine Gedanken machen: Jeder (Beziehungs-) Bruch hinterlässt auch eine Bruchstelle, die – je nach Situation oder seelischer Struktur der betroffenen Person – besser oder weniger gut verheilt.

Fachleute machen gegenwärtig jedenfalls immer häufiger darauf aufmerksam, dass die Fähigkeit zu tiefer Bindung und Intimität gesellschaftlich gesehen deutlich abnimmt. Bereits Kinder zeigen eine steigende Tendenz zu emotionaler Bindungsunfähigkeit oder seelischer Verarmung und Abstumpfung.

Häufige Partnerwechsel hinterlassen ihre Spuren, auch wenn diese nicht immer auf Anhieb sichtbar oder spürbar sind. Eine mir bekannte Paarberaterin sagt, dass sie immer wieder Paare berät, deren Nöte unter anderem damit zusammenhängen, dass sie immer noch an ihren ersten oder an einen vorhergehenden Sexualpartner gebunden sind. Es gibt gute Gründe, im Umgang mit sexueller und emotionaler Intimität behutsam vorzugehen und Kostbares nicht zu verschleudern oder mit Füßen zu treten.

Im Folgenden zwei praktische Beispiele, mit denen wir diese Aussagen für unsere Teenager veranschaulichen können.

Das Handcreme-Beispiel

Weg ist weg: Wer großzügige Portionen einer Handcreme oder Bodylotion an seine Freunde oder Freundinnen verteilt, kann diese nicht zurückfordern, wenn er es hinterher bereut, so viel weggegeben zu haben. Die Creme ist längst in die Haut eingezogen.

Weg ist weg, gegeben ist gegeben. Auch in Bezug auf Sexualität. Es gibt nur ein einziges erstes Mal, und jeder junge Mann oder jede junge Frau sollte sich meiner Meinung nach gut überlegen, an wen er oder sie sich auf diese Art ganz verschenken will.

Die farbigen Blätter

Erfinden Sie eine Liebesgeschichte und illustrieren Sie diese mit farbigen Blättern. Ein Beispiel:

«Leo (rot) ist der coolste Typ der 2b. Alle Mädchen stehen auf ihn. Auch Linda (rosa) ist hoffnungslos in ihn verknallt. Die zwei gehen miteinander, und nach kurzer Zeit drängt Leo darauf, dass er mit Linda schlafen will. Linda möchte eigentlich noch nicht, doch als Leo droht, mit ihr Schluss zu machen, gibt sie nach. (Blätter mit Sekundenleim zusammenkleben.) Was meint ihr, wie lange gehen die zwei miteinander?

Einen Monat, zwei, drei? Nun gut: Nach drei Monaten macht Leo Schluss, weil ihm Carla (grün) viel besser gefällt (Rot und Rosa von den Teenies auseinanderreißen lassen und Grün auf Rot kleben). Wie lange diese Beziehung wohl dauert …?» (Blätter wieder auseinanderreißen.)

Intime Beziehungen können nicht getrennt werden, ohne dass dadurch Verletzungen oder Risse entstehen bzw. ohne dass dabei vom einen beim anderen etwas «kleben» bleibt.

Sexuelle Erfahrungen können nicht einfach abgelegt werden, als wären sie nie gewesen.

Wer mehrere Partner hatte, steht zudem auch in der Gefahr, diese miteinander zu vergleichen. Was die Sache bekanntlich nicht einfacher macht, denn die Angst, nicht zu genügen, steckt vielen Menschen gerade in diesem sensiblen Lebensbereich tief in den Knochen.

Entscheidungen, die wir in Bezug auf den persönlichen Umgang mit Sexualität treffen, haben immer Konsequenzen. Es ist wichtig, unserem Teenager klarzumachen: «Was du tust, beeinflusst auch, wer du bist und wirst. Deine Taten wirken auf dich zurück. Wenn du dich respektlos verhältst, Mädchen benutzt oder ..., dann verletzt du nicht «nur» ein Mädchen, es macht auch etwas mit dir. Mit deinem Herzen, deinem Charakter, deiner Person. Was du heute entscheidest, hat in irgendeiner Form immer auch Auswirkungen auf deine Zukunft. Wenn du einen «Traumpartner» bekommen möchtest, dann arbeite daran, selbst ein «Traumpartner» zu werden. Lebe selbst, was du dir von anderen wünschst. Gutes zu tun, tut gut. Dir selbst und anderen.»

Und dasselbe gilt natürlich auch für die Mädchen.

Sex macht schwanger

Sex kann zu Schwangerschaft führen – eine simple Tatsache, die heute nur allzu oft verdrängt oder schlichtweg ignoriert wird. Viele junge Paare verlassen sich darauf, dass ihnen bestimmt nicht passiert, was andere erlebt haben. Sie führen ein ausschweifendes Sexualleben mit teilweise wechselnden Partnern und reagieren äußerst irritiert, wenn eintritt, was eine ganz normale Folge von sexueller Aktivität ist. Es gibt – außer bei der sexuellen Abstinenz – keine zu hundert Prozent sichere Verhütung.

Teenagern im Unterricht zu erklären, das Kondom sei, richtig angewendet, zu 98 % sicher, ist ebenso fahrlässig wie die Beteuerung, Sechsjährige könnten gefahrlos alleine frittieren, wenn sie sich nur an die Gebrauchsanweisung der Fritteuse hielten. Welch ein Unsinn.

Wenn das Thema Verhütung schon uns Erwachsenen so viel Kopfzerbrechen bereitet, wie viel mehr werden sich instabile Teenager daran erst die Zähne ausbeißen?

Erwähnenswert ist in diesem Zusammenhang auch die Tatsache, dass die Chance, schwanger zu werden, im Alter von circa 18 bis 25 am höchsten ist. Jugendliche sind – biologisch gesehen – geradezu dafür prädestiniert, schwanger zu werden. Was in manchen Kulturen ein wichtiger Grund dafür ist, Teenager schon sehr jung zu verheiraten.

Persönlich konfrontiere ich Teenager im Präventionsunterricht jeweils mit folgender Aussage, die meiner Ansicht nach logisch und nachvollziehbar ist: «Sex macht schwanger, dafür wurde er – unter anderem – erfunden. Wer zu jung ist, um Vater oder Mutter zu werden, ist auch zu jung, um Sex zu haben.»

Sex ist nichts für Kinder – und Zwölf- bis Sechzehnjährige sollten noch Kinder sein dürfen, statt schon selber welche zu haben, meine ich.

Konfrontieren Sie Ihre Teenager häppchenweise mit den im Folgenden aufgeführten Fakten:

Jungen müssen wissen, dass sie, falls ihnen eine Vaterschaft nachgewiesen wird, während der nächsten zwanzig Jahre oder länger Alimente für ihr Kind werden bezahlen müssen, während ihre Rechte sich je nach Situation darauf beschränken werden, ihr Kind ein- bis zweimal pro Monat sehen zu können. Sollte die Mutter ihres Kindes sich für eine Abtreibung entscheiden, haben sie dazu nichts zu sagen. Ihre Meinung ist von rechtlicher Seite her nicht verbindlich, die junge Mutter hat die alleinige Entscheidungskompetenz.

Auch als Eltern haben Sie in Bezug auf eine Abtreibung übrigens (zumindest bei uns in der Schweiz) wenig zu sagen. Bestenfalls werden Sie zwar, bis Ihre Tochter sechzehn ist, durch die für schwangere Teenager zuständige Beratungsstelle informiert, haben bei der Entscheidung für oder gegen den Schwangerschaftsabbruch jedoch keinerlei Mitspracherecht.

Mädchen sollte bewusst gemacht werden, dass Babys weder Lebenssinn-Spender noch Spielzeug sind. Gerade Teenager in instabilen oder schwierigen Lebenssituationen neigen dazu, sich vom Mama-Werden eine Verbesserung ihrer Situation zu erhoffen und romantische Familienvorstellungen zu hegen. Solche Wunschträume werden jedoch nur selten Wirklichkeit. Teenager besitzen meist noch nicht die Reife, die eine Voraussetzung für eine harmonische Paarbeziehung und ein stabiles Familienleben ist.

In unserer Kultur sind die Teenagerjahre die Zeit, in der junge Menschen neben ihrer körperlichen und seelischen Entwicklung die obligatorische Schule abschließen und eine Ausbildung beginnen. Was für sich allein schon mehr ist, als Teenager oft bewältigen können. Sich während dieser Zeit auch noch mit den Konsequenzen zerbrochener sexueller Beziehungen, einer Schwangerschaft oder der Thematik eines Schwangerschaftsabbruches auseinandersetzen zu müssen, ist eine große Belastung, die oft genug zu Chaos und zu Fehlentscheidungen führt, die in späteren Jahren bitter bereut werden.

Leider werden die Folgen früher sexueller Beziehungen gegenwärtig auch von Fachpersonen häufig banalisiert. Es wird argumentiert, Teenager müssten Sexualität doch ausprobieren können. Verhütung ist das zentrale Thema manch staatlich subventionierter Aufklärungs- und Präventionsprogramme, und gelegentlich entsteht dabei tatsächlich der Eindruck, das allseits angepriesene und überall erhältliche Kondom sei die einfache Antwort auf alle Probleme rund um die komplexe Thematik Jugendsexualität. Offizielles Ziel solcher Kampagnen ist das Anliegen, den Schaden in Grenzen zu halten und risikofreudige Teenager wenigstens vor HIV und anderen Krankheiten zu schützen. Gleichzeitig werden Kinder und Teenager jedoch zu einem Lebensstil animiert, der ein hohes Risiko beinhaltet, sich seelische Verletzungen oder eine Geschlechtskrankheit «einzufangen». Geschlechtskrankheiten wie Tripper und Syphilis verbreiten sich in bedenklichem Ausmaß.

Statt junge Menschen in ihrer Identität und Beziehungsfähigkeit zu stärken, werben öffentliche Stellen für offene Beziehungen, grenzenlose sexuelle Freizügigkeit und Sexspielzeug sowie für diverse sexuelle Orientierungen und Identitäten. In der von «Sexuelle Gesundheit Schweiz» herausgegebenen Broschüre «Hey You» heißt es auf Seite 28:

«Manchmal findet man eine Person anziehend, ohne mit ihr eine Liebesbeziehung führen zu wollen. Das heißt zum Beispiel, dass sich befreundete Personen darauf einigen, Sex miteinander zu haben, ohne eine Liebesbeziehung zu führen. Freundschaft plus, Sexfriends, Friends with Benefits, aromantische Beziehung – es gibt dafür viele Bezeichnungen und Gestaltungsmöglichkeiten.» Man erklärt «Sex ohne Liebe» zur Normalität, bewirbt die Auflösung traditioneller Familienbilder und wirft bei diesem «Bildersturm» über Jahrhunderte bewährte Schutzräume, Werte und Ideale über Bord.

Der deutsche Sexualwissenschaftler Prof. Dr. Jakob Pastötter bezeichnet die Sexualaufklärung nach WHO-Standards pointiert als ein unwissenschaftliches «Konstrukt», welches «eine Sexualität fördert, die in der Selbstbefriedigung steckenbleibt». Laut Pastötter ist das zentrale Thema der menschlichen Sexualität eben gerade nicht die Sexualität an sich. Sondern der soziale Kontakt als Vorstufe zum intimen sexuellen Kontakt.

Junge Menschen brauchen (wie wir alle) Ziele und Ideale, die größer sind als sie selbst und an denen sie über sich selbst hinauswachsen können.

Sich nur um sich selbst zu drehen und von flüchtigen Wünschen und Bedürfnissen gesteuert zu werden, führt zu Leere, Unzufriedenheit, Gleichgültigkeit und Depression.

Es gibt meiner Erfahrung nach in jeder Schulklasse Schüler, die mehr vom Leben wollen und nach Idealen und Zielen hungern – auch in Bezug auf Sexualität. Sie wären bereit, mit der eigenen Sexualität sorgfältig umzugehen oder damit zu warten, bis sie erwachsen sind, wenn nur jemand da wäre, der sie darüber informieren würde, warum dies sinnvoll und möglich ist.

Teenager sind nicht dumm, werden aber leider oft so behandelt, als wäre ihnen gar nichts Anspruchsvolles zuzutrauen. Wenn Pubertierende spüren, dass sie von uns ernst genommen werden und dass uns ihr ganzheitliches Wohlergehen am Herzen liegt, lassen sich die meisten von ihnen durchaus etwas sagen. Auch was Liebe, Beziehungen und Sexualität betrifft.

Schwangerschaftsabbruch ohne Folgen?

Abtreibung wird in Präventionsprogrammen für Teenager häufig verharmlosend thematisiert. Die Organisation Sexuelle Gesundheit Schweiz beispielsweise schreibt in ihrer Teenagerbroschüre «Hey You» unter der Überschrift «Schwangerschafts-Abbruch»: Ein Schwangerschaftsabbruch wird von einer ärztlichen Fachperson durchgeführt und verursacht nur sehr selten Komplikationen. Nach einem komplikationslosen Abbruch kannst du problemlos wieder schwanger werden.»[47]

Ich weiß nicht, worauf diese Leute ihre Aussagen abstützen. Meine Erfahrungen in der Beratung betroffener Frauen zeigt eine ganz andere Seite dieser Problematik auf.

Viele der mir bekannten Frauen gingen mit der Vorstellung, ihr Problem zu lösen, in die Klinik, kehrten nach dem Abbruch jedoch mit noch größeren Problemen und enormen Schuldgefühlen nach Hause zurück. Nicht, weil jemand ihnen ein schlechtes Gewissen eingeredet hätte. Die Abtreibung wurde ja verharmlost, die Ärztin redete von «Gebärmutterinhalt» oder «Zellklumpen» statt von «Kind», und der Ultraschall-Bildschirm wurde teilweise von der Frau weggedreht, damit sie nicht mitbekam, dass das kleine Herz bereits schlug und der Embryo schon deutlich erkennbar war.

Doch trotz all dieser Maßnahmen empfinden viele Frauen im Nachhinein tiefgehende Schuldgefühle und verurteilen sich für den unter großem Druck oft vorschnell gefällten Entschluss, ihr Kind abtreiben zu lassen. Verzweifelt suchen manche von ihnen Hilfe auf Internetplattformen oder stürzen sich in die nächste Beziehung oder eine erneute Schwangerschaft, um den Schmerz zu betäuben, den sie mit ihrer «eigenständig gefällten» (?!) Entscheidung verursacht haben.

Liebesbeziehungen zerbrechen nach einer Abtreibung sehr häufig. Dies, obwohl manche Frauen ihrem Partner «zuliebe» abtreiben, weil dieser noch kein Kind möchte oder gar droht, sie zu verlassen, falls sie sich für das Kind entscheiden.

Doch nicht immer sind es die Männer, die kein Kind wollen. Zunehmend höre ich von Vätern, die hilflos geschehen lassen müssen, dass ihre Partnerin das gemeinsame Kind abtreibt, weil sie nicht bereit ist, dieses auszutragen und zur Welt zu bringen. Obwohl der Kindsvater bereit wäre, allein für sein Kind zu sorgen.

Eine ungeplante Schwangerschaft bedeutet für alle Beteiligten eine große Herausforderung. Trotzdem kann ich Ihnen nur davon abraten, dieses Problem mit einem Abbruch lösen zu wollen. Wenden Sie sich, falls Sie persönlich mit der Thematik konfrontiert werden, an eine Beratungsstelle[48], die mit Ihnen zusammen nach Lösungen sucht, die – auch langfristig gesehen – hilfreich und lebensfreundlich sind.

Sexuell übertragbare Krankheiten

Die massiv voranschreitende Verbreitung sexuell übertragbarer Krankheiten ist durchaus Grund zu Besorgnis und besonderer Vorsicht.

Pam Stenzel, eine erfahrene amerikanische Sexualberaterin und Präventionsfachfrau, spricht in ihren Vorträgen davon, dass jeder vierte Amerikaner und jede vierte Amerikanerin an einer Geschlechtskrankheit leidet[49], und ich gehe davon aus, dass die Zahlen bei uns den amerikanischen in etwa entsprechen.

In der Schweiz und in anderen europäischen Ländern nehmen die Fälle von Syphilis, einer Geschlechtskrankheit, die ich bisher dem Mittelalter zugeordnet hatte, laufend zu. Allen Zwölf- bis Sechzehnjährigen wird gegenwärtig empfohlen, sich gegen Hepatitis B impfen zu lassen, und viele Teenagermädchen stehen durch die Infektion mit Chlamydien oder Tripper ernsthaft in der Gefahr, unfruchtbar zu werden. Dies, weil die Gebärmutterwand durch diese Krankheiten so stark vernarbt werden kann, dass eine befruchtete Eizelle sich nicht mehr einzunisten vermag.

Betroffene Jugendliche wissen jedoch oft gar nicht, dass sie an einer Infektion leiden, weil sie noch keine Symptome wahrnehmen, und stecken dadurch weitere Personen mit diesen Krankheiten an, von denen einige nach wie vor nicht heilbar sind.

Informieren Sie Ihre Teenager über diese Fakten, die in der Öffentlichkeit viel zu selten Thema sind. Beschaffen Sie sich via Internet die für Ihr Land zutreffenden aktuellen Informationen und Krankheits-Statistiken.

Teenager sollten unbedingt wissen, welche Auswirkungen die oft als «easy und locker» propagierte sexuelle Freizügigkeit auf ihre Zukunft haben kann.

Schmetterlinge im Bauch?

Sich zu verlieben ist – gerade auch für unsere von Hormonen umgetriebenen Teenager – eine umwerfende Erfahrung, in der wir sie unbedingt ernst nehmen sollten. Tun wir dies nicht, verlieren wir einen wichtigen Zugang zum Herzen unserer Pubertierenden. Belächeln Sie Ihren bis über beide Ohren verliebten Sohn oder Ihre Tochter, die fest überzeugt ist, soeben den Mann fürs Leben gefunden zu haben, nicht.

Teenager möchten für voll genommen werden, und weise Teenagereltern zeichnen sich unter anderem durch die Fähigkeit aus, Pubertierende wie Erwachsene zu behandeln, ohne dabei zu vergessen, dass diese noch keine Erwachsenen sind. Etwa, indem sie in einem Gespräch übers Verliebtsein sagen: «Du, das Gefühl kenne ich gut, so was passiert mir auch gelegentlich. Da kommt ein Mann (eine Frau) mit dem gewissen Etwas, und mir werden die Knie weich. Einfach Wahnsinn!»

Für manche Teenager ist schon allein die Erkenntnis, dass man sich ein Leben lang verlieben kann, eine gute Sache. Der Hinweis, dass beispielsweise auch wir als Mütter uns in einen x-beliebigen Mann «vergucken» können, bewirkt aber noch einiges mehr. Als Erstes möglicherweise eine gewisse Irritation: «Die Mama sollte doch nur in meinen Papa verliebt sein», denkt Ihre Pubertierende vielleicht. Der Gedanke, wir könnten jemand anderen lieben als den Vater oder die Mutter unserer Kinder, löst bei unseren Heranwachsenden eine Verunsicherung aus, die das perfekte Trittbrett für gute Gespräche über «Sich-Vergucken», Verliebtheit und Liebe darstellt.

Ein Kribbeln im Bauch bedeutet in der Regel ja nicht mehr und nicht weniger, als dass wir jemanden getroffen haben, der uns fasziniert, weil er etwas besitzt, das in uns bestimmte Saiten anklingen lässt und gewisse Gefühle freisetzt. Wollten wir mit jedem Menschen, der diese Faszination in uns auslöst, eine Beziehung eingehen, wäre dies wohl das Ende stabiler Familienstrukturen.

Sich zu vergucken ist eine aufregende Erfahrung – auch wenn man schon über fünfzig ist. Nicht mehr und nicht weniger. Verliebtheit entsteht daraus in vielen Fällen erst, wenn wir diesen aufregenden Gefühlen Raum geben, sie zu hegen und zu pflegen beginnen. Was aber noch nichts mit Liebe zu tun haben muss. Meist kennen wir die Person, in die wir verliebt sind, ja noch gar nicht wirklich und haben keine Ahnung davon, was es bedeuten würde, mit ihr unser Leben zu teilen. Stattdessen projizieren wir einfach all unsere Wünsche und Sehnsüchte auf den großen Unbekannten (oder die große Unbekannte).

Teenager träumen in ihren oft noch sehr unreifen Vorstellungen über die große Liebe davon, einen Menschen zu haben, der ihnen Bestätigung, Zuwendung und Zärtlichkeit schenkt und ihre innere Zerrissenheit ausgleicht.

Dass Liebe auch Geben, Aushalten und Verzicht bedeutet, übersteigt ihr Vorstellungsvermögen oft noch weit mehr, als dies bei uns Erwachsenen der Fall ist.

Eine stabile Liebesbeziehung zu leben, wie viele Teenager es sich erträumen, erfordert so einiges an Reife und Durchhaltevermögen. Ermutigen Sie Ihren Teenager deshalb, die aufregende Erfahrung, Schmetterlinge im Bauch zu haben, einfach ganz unbeschwert zu genießen, ohne sich deswegen gleich in eine feste Beziehung zu stürzen, zu der er von seiner Reife her oft noch gar nicht wirklich bereit ist.

Teenagermädchen sollten im Zusammenhang mit Verliebtheit auch wissen, dass es bei Jungen oft stark um das Äußerliche geht, dass die körperliche Anziehungskraft bei ihnen eine größere Rolle spielt, als dies bei den Mädchen der Fall ist. Was bedeuten kann, dass ein Junge sagt: «Ich liebe dich», weil er seine körperlichen oder sexuellen Bedürfnisse befriedigen möchte, während das Mädchen an tiefgehende Gefühle und verbindliches Zusammenleben denkt. Was logischerweise zu Enttäuschungen und Verletzungen führen kann.

Teenager zur Liebe erziehen

Sich selbst erkennen – Energie kanalisieren – Freiheit genießen

Teenager auf ihrem Weg des Erwachsenwerdens zu begleiten ist eine faszinierende Aufgabe. Das Fördern von Selbsterkenntnis und Liebesfähigkeit gehört in dieser Phase zu den wesentlichen elterlichen Aufgaben. Weil das «Ganz-Werden des Menschen», wie Markus Hoffmann, Studienleiter des Lehrgangs «Entwicklungssensible Sexualpädagogik ESSP» erklärt, durch Selbsterkenntnis geschieht, ist es zentral, diese permanent im Blick zu haben. Laut Hoffmann fördern wir die Selbsterkenntnis und damit die Reife und Liebesfähigkeit junger Menschen auch dadurch, dass wir sie ermutigen, uns ihre Geschichte zu erzählen. Dies tun wir nicht, indem wir mit Fragen in sie dringen, sondern indem wir mit ihnen zusammen Szenen aus dem Teenageralltag besprechen. Wir können dies anhand von beobachteten Alltagssituationen, Zeitungsnachrichten oder Filmszenen tun oder zusammen mit den Jugendlichen Drehbücher entwickeln:

Schauen wir uns beispielsweise eine Szene an, wo ein Junge ein Mädchen anspricht und eine Absage von ihr kassiert, können wir anhand dieser Beispielsituationen mit unseren Teenies über Emotionen, Sehnsüchte und Motive sprechen: «Was wollen die Personen im Film erreichen?», und dann weiter nach dem Warum fragen: «Warum tut er/sie das? Und warum auf diese Weise? Was ersehnt sich dieser Junge, was soll sich für ihn erfüllen? Wovor hat er, hat sie möglicherweise Angst?» Sich in eine fiktive Situation einzufühlen – indem sie beispielsweise die entsprechende Körperhaltung einnehmen – hilft Heranwachsenden, ihre eigenen Lebenssituationen und die damit verbundenen Emotionen besser zu verstehen. Sobald wir den Scheinwerfer auf fiktive Personen richten, teilen sich oft auch ansonsten reservierte Teenager bereitwillig mit. Und im Erzählen über fiktive Personen erkennen sie sich letztlich dann auch selbst.

Selbsterkenntnis ist notwendig, um gesund und beziehungsfördernd mit Impulsen und Emotionen umzugehen. Wer sich bewusst ist, was er fühlt und was er will, kann eine Wahl treffen und zielorientiert handeln. Er wird nicht getrieben, es «macht nicht einfach etwas mit ihm», sondern er entscheidet und übernimmt damit auch Verantwortung. Ohne Selbsterkenntnis können junge Menschen sich nicht aus innerer Überzeugung für das Gute entscheiden. Wichtig ist bei diesem Thema, dass wir unsere Teenager nicht beschämen oder verurteilen, wenn sie sich selbst begegnen. Wir alle brauchen die Erfahrung, mit allem, was zu uns gehört, angenommen und geliebt zu sein. Das eigene Gesicht zu zeigen, ohne beschämt zu werden, legt eine Grundlage für vertrauensvolle (Liebes-)Beziehungen. Zu erfahren, dass wir von uns selbst und von anderen erkannt und doch geliebt sind, fördert die Liebesfähigkeit und vertreibt Angst.

Aufgrund ihrer Entwicklung, der damit verbundenen Unsicherheit und der Abnabelung von uns Eltern stecken viele Teenager in einer Art «Bindungsloch». Weil es Teenagern oft schwerfällt, andere einzuschätzen, sind sie zuweilen von Misstrauen oder Ängsten erfüllt. Gleichzeitig fällt es ihnen oft schwer, Grenzen zuzugeben und Hilfe anzunehmen. Sie brauchen darin unser Verständnis, unser Vorbild und unsere geduldige Begleitung.

Reif werden und Persönlichkeit entwickeln

Ermutigen Sie Ihren Teenager, seine Energie ins persönliche Reifwerden und in eine passende Ausbildung zu investieren, statt sich schon jetzt allzu sehr auf eine Liebesbeziehung zu fixieren. Sobald Pubertierende eine feste Beziehung haben, bleibt erfahrungsgemäß deutlich weniger Zeit, um mit Freunden zusammen große Abenteuer zu bestehen oder mit Freundinnen die halbe Nacht durchzuschwatzen.

Viel in Gruppen unterwegs zu sein und dabei auch mal unbeschwert zu flirten oder die eigene Wirkung auf das andere Geschlecht auszutesten ist ein Privileg der Teenagerzeit, die schneller vorbei sein wird, als Ihre pubertierende Tochter oder Ihr Sohn sich dies jetzt bewusst sind.

Teenagerfreundschaften

Teenager sind so stark mit der eigenen Entwicklung und Reifung beschäftigt, dass sie meiner Ansicht nach mit dem Eingehen von festen Liebesbeziehungen häufig noch überfordert sind und in ihrer Persönlichkeitsbildung eher behindert als gefördert werden.

Doch was, wenn Teenager trotz unserer Empfehlungen schon feste Beziehungen eingehen?

Dann gilt es meiner Ansicht nach, das junge Paar nah und klar zu begleiten. Besprechen Sie in wohlwollender, sachlicher Atmosphäre, wie Sie mit der Situation umgehen wollen, und legen Sie fest, was Sie von den beiden erwarten.

Dies vor allem, um die jungen Verliebten davor zu bewahren,

in seelischer und körperlicher Hinsicht weiter zu gehen, als ihnen dies später möglicherweise als sinnvoll erscheinen wird.

Teenagerpaare sollten nicht zu lange alleine im eigenen Zimmer hocken, sondern viel mit Ihnen als Familie oder mit anderen zusammen unternehmen.

Achten Sie darauf, dass Ihre Tochter (oder Ihr Sohn) bisherige Freundschaften weiterpflegt und nicht alle Zeit nur noch mit ihrem (oder seinem) Schatz verbringt. Sind Teenagerpaare nämlich zu sehr aufeinander fixiert, kann dies dazu führen, dass ihre Persönlichkeiten sich nicht eigenständig entwickeln und gewisse Reifeschritte auf der Strecke bleiben, weil sie sich einander anpassen, statt sich individuell zu entfalten.

Sinnvoll kann es auch sein, abzusprechen, dass die Tür zum Zimmer Ihres Sohnes oder Ihrer Tochter immer einen Spaltbreit offenstehen soll. Dies nicht, damit Beobachter ihre Neugierde stillen können, sondern als Hinweis darauf, dass in diesem Zimmer nichts abgeht, was – grundsätzlich – nicht auch jeder sehen darf.

Auch die Abmachung, dass die Bikini- und Badeshorts-Zone für Berührungen tabu ist, hat sich bei vielen Paaren bewährt.

Ihr Teenager sollte sich in einer Freundschaft nichts vergeben, was ihn später reuen oder nachhaltig an seine Teenie-Liebe binden könnte.

«Loverboys» statt Liebesgeschichte

Auf der Suche nach Liebe und Bestätigung können junge Menschen in Fallen tappen, die wir uns noch vor zehn Jahren nicht hätten vorstellen können. Eine davon ist die «Loverboy-Falle».

Es gibt zwei Arten von Loverboys. Beide wenden dieselbe Masche an, doch ihre Ziele unterscheiden sich:

Bei der ersten Form von Loverboys muss man fairerweise auch von Lovergirls sprechen. Sie täuschen ihren Opfern die große Liebe vor, umwerben sie mit Geschenken und geben ihnen das Gefühl, begehrt zu sein. Diese Masche wird so lange aufrechterhalten, bis das Opfer mit ihnen Sex hat, danach ist alles vorbei. Für den Täter oder die Täterin diente das ganze Getue möglicherweise dazu, eine Wette zu gewinnen oder einen weiteren Namen auf die Eroberungs-Liste setzen zu können. Das Opfer bleibt tief verletzt und gedemütigt zurück.

Bei der zweiten Form sind überwiegend Mädchen oder junge Frauen die Opfer. In nicht wenigen Fällen sind es Mädchen, die eher Außenseiterinnen sind, nirgendwo dazugehören oder zu Hause schwierige familiäre Umstände haben. Männer suchen sich eines dieser potenziellen «Opfer» aus, beobachten sie und machen ihre Schwachstellen ausfindig.

Die Masche ist dieselbe wie oben beschrieben, das Ziel ist jedoch nicht einmaliger Geschlechtsverkehr, sondern «Versklavung». Nachdem der Täter das Opfer von sich abhängig gemacht hat, verlangt er immer perversere Dienstleistungen. Oft lügt er ihm eine dramatische Geschichte von Geldschulden vor und behauptet, damit diese abgezahlt werden könnten, müsse das Opfer gegen Geld ein paar Mal mit anderen Männern schlafen.

Doch dabei bleibt es nicht; die Mädchen werden über Monate zu Sexting oder Prostitution gezwungen. Oft kommen dabei Drogen ins Spiel, und die jungen Frauen gelangen fast nicht mehr aus dieser Falle heraus. Aufmerksame Mütter, Väter, Freundinnen oder Nachbarn sind für die Aufdeckung solcher Fälle immens wichtig. Bei Verdacht empfiehlt es sich, frühzeitig mit einer Fachstelle Kontakt aufzunehmen. (Siehe Verzeichnis hinten im Buch.) Alleingänge empfehle ich nicht, denn manche Täter gehören zu kriminellen Netzwerken, die nicht unterschätzt werden sollten. Fachleute werden Sie dabei unterstützen, herauszufinden, was allenfalls abgeht und was zu tun ist.

Teenagermädchen (und Jungs) können die nachfolgenden Fragen helfen, sich klarzuwerden, ob ihr Freund (ihre Freundin) allenfalls in diese Kategorie fallen könnte.

MEIN Freund, ein Loverboy?

- Spricht dein Freund schlecht über Menschen, die dir wichtig sind?
- Will er oft nur allein mit dir was unternehmen und allein sein?
- Bekommst du oft tolle Geschenke von ihm?
- Gibt er ungewöhnlich viel Geld für dich aus?

- Hat er sehr viel freie Zeit?
- Hast du schon einige Male Zweifel gehabt an den Geschichten, die er dir erzählt hat?
- Verlangt er Dinge, die du nicht machen willst?
- Will er deiner Meinung nach zu schnell Sex?
- Verlangt er, dass du deinen Eltern oder Freunden nichts erzählst?

Sich entscheiden – eine Wahl treffen

Nun habe ich über viele Seiten hinweg meine Ansichten über das Thema Sexualität und Sexualerziehung dargelegt, habe Beispiele gegeben und ausgeführt, wie ich mit Teenagern über Sexualität rede. Was Sie mit meinen Empfehlungen machen, ob Sie diese umsetzen wollen oder nicht, liegt natürlich ganz in Ihrem Ermessen als Mütter und Väter.

Viele andere Stimmen werden dem, was ich Ihnen in diesen Kapiteln weitergebe, widersprechen und in manchen Punkten völlig entgegengesetzte Meinungen und Theorien vertreten. Sie als Eltern entscheiden letztlich. Und bitte: Entscheiden Sie sich auch wirklich klar und eindeutig, welchen Stimmen Sie Ihr Ohr leihen wollen, welchen Kurs Sie mit Ihren Teenagern in Bezug auf den Umgang mit Sexualität fahren wollen.

Wer sich nicht entscheidet, für den wird entschieden – heute wohl mehr denn je. Eine ganze Industrie wartet nur darauf, mit Sexualität ein Geschäft zu machen. Medien bombardieren Ihre Teenager täglich mit sexualisierenden Botschaften. Wer gegen den Strom schwimmen will, muss dafür Kraft und Ausdauer einsetzen.

Unentschlossene oder sogenannte «Neutrale» werden mit hoher Wahrscheinlichkeit früher oder später vom Mainstream mitgerissen.

Wenn Ihrem Teenager pornografisches Material angeboten wird oder er gedrängt wird, doch nun endlich seine ersten sexuellen Erfahrungen zu machen, nützt ihm alle Neutralität der Welt nichts; er muss sich entscheiden. Dafür oder dagegen. Mitmachen oder Verweigern.

Extreme Zeiten fordern von uns immer wieder mal den Mut,

auch Positionen zu vertreten, die auf manche Zeitgenossen altertümlich, übertrieben, eng oder exotisch wirken. Macht nichts! Tun Sie nur das, stimmen Sie nur dem zu, was Sie als Eltern wirklich ganz und von Herzen vertreten und verantworten können.

Teenager spüren, ob das, was wir tun und auch von ihnen einfordern, unserer tiefen inneren Überzeugung entspricht oder nicht. Auch wenn sie über manche Ihrer Entscheidungen nicht glücklich sein werden und möglicherweise dagegen rebellieren, werden sie dank Ihrer Standhaftigkeit als Eltern doch lernen, wie man eigenständige Entschlüsse trifft. Und zwar unabhängig davon, wie andere sich entscheiden oder verhalten. Und auch unabhängig davon, ob es deswegen Beifall oder Kritik hagelt.

In Ihrem Haus bestimmen Sie als Eltern über die Ordnungen und die Regeln

Als Eltern entscheiden Sie sich für eine bestimmte Werteordnung und (er)ziehen Ihr Kind dann engagiert in die von Ihnen gewählte Richtung.

Sie entscheiden, welche Ordnungen und Regeln in Ihrem Haus, unter Ihrem Dach, gelten und eingehalten werden müssen. Wenn Sie nicht wollen, dass die Freundin Ihres Sohnes in seinem Zimmer übernachtet, dann stellen Sie von Anfang an klar, dass sie jederzeit sehr gerne in Ihrem Zuhause, dort aber nur im Gästezimmer übernachten darf.

Sie tragen als Eltern nach wie vor die Verantwortung für Ihre Kinder und werden zur Rechenschaft gezogen, wenn diese Probleme haben oder Probleme machen.

Und wer die Verantwortung trägt, hat logischerweise auch die dazu gehörenden Entscheidungskompetenzen. Würde man zumindest meinen. Gesellschaftlich gesehen ist da leider an manchen Stellen der Wurm drin. Elternpflichten werden hochgehalten, während Elternrechte teilweise stark beschnitten werden und das Recht von Kindern auf eigenständige Entscheidungen und Selbstbestimmung zunehmend zum Gesetz gemacht wird.

Bestehen Sie – gesellschaftliche Tendenzen hin oder her – mit gesundem Selbstbewusstsein darauf, dass Sie in Ihrem Haus den

Lead und die damit verbundene Verantwortung haben. Und fordern Sie von Ihren Teenagern ein, dass diese sich an Ihre Regeln und an die für alle Familienmitglieder verbindliche Hausordnung halten.

Über Verhütung reden?

Ob, wann und wie detailliert Sie mit Ihrem Teenager über das Thema Verhütung reden sollten, hängt meiner Erfahrung nach vor allem davon ab, welche Entscheidungen Sie als Eltern in Bezug auf die Sexualerziehung Ihrer Kinder gefällt haben. Und natürlich auch davon, welche Entscheidungen Ihr Teenager diesbezüglich in seinem Herzen getroffen hat und trifft.

Falls Ihre Tochter oder Ihr Sohn es einsehen, dass Sexualität zum Erwachsenenleben gehört, und sie sich dafür entscheiden, damit auch bis dorthin zu warten, gibt es wenig Anlass, das Thema schon jetzt allzu sehr zu betonen. Wofür auch? Wer keinen Sex hat, braucht sich mit dem Thema Verhütung doch grundsätzlich noch gar nicht im Detail zu befassen.

Wenn unser pubertierender Sohn klar deklariert, dass er noch nicht vorhat, sexuell aktiv zu werden (und sich auch entsprechend verhält, wohlverstanden), dann würde ich ihn ja in seiner Entscheidung gar nicht ernst nehmen, wenn ich ihm erkläre, dass er überall, wo er hingeht, «ein Kondom für alle Fälle» mitnehmen sollte. Das wäre in gewissem Sinn ein Misstrauensvotum, und er hätte das Gefühl, dass ich ihm gar nicht zutraue, seinen Entschluss auch in die Praxis umzusetzen.

Eine unserer Töchter empfand es als massive Beleidigung und Unterstellung, dass im Gymnasium von einer Firma kommentarlos Kondome auf die Schülerpulte verteilt wurden. «Die denken wohl, ich hätte nichts anderes im Kopf, als mit dem Nächstbesten in die Kiste zu steigen!», war ihr erboster Kommentar.

Falls Ihr Teenagersohn noch keine Freundin hat und Ihre Tochter keine Anzeichen macht, sich mit Jungs sexuell einlassen zu wollen, reicht es völlig aus, meine ich, erst mal die Fragen zu beantworten, die Ihr Teenager von sich aus stellt.

Falls das Thema gerade in der Schule vermittelt wird, empfehle ich Ihnen, als Eltern mal nachzufragen, was denn die Expertin oder der Experte dazu erzählt hat. Das ergibt spannende Gespräche, bei denen Sie Ihre Ansichten einbringen können, falls Ihr Kind Dinge erzählt, die Ihrem Werteverständnis diametral entgegenlaufen oder Ihrer Meinung nach eine Verzerrung der Realität darstellen.

Unbedingt über Verhütung geredet werden muss hingegen mit Teenagern, die klar signalisieren, dass sie ihre Sexualität bereits jetzt ausleben wollen und sich davon auch durch intensive Gespräche nicht abhalten lassen. Hier einfach naiv beide Augen zuzudrücken, wäre wohl kaum eine verantwortungsvolle Reaktion. Ich schreibe dies mit schwerem Herzen, denn es widerstrebt mir schon allein vom gesundheitlichen Standpunkt her im Tiefsten, Eltern dahingehend zu beraten, ihren sich noch in der Entwicklung befindenden Töchtern Hormone verschreiben zu lassen und bei ihren Söhnen auf die konsequente Anwendung von Kondomen zu pochen.

Doch manchmal führt daran leider kein Weg vorbei: Wenn Ihr Sohn oder Ihre Tochter sich dafür entscheidet, diesen für Teenager wirklich risikoreichen Weg zu beschreiten, dann sollte er oder sie unbedingt dazu angehalten werden, auch die Verantwortung zu übernehmen, die mit zum Ausleben von Sexualität gehört.

Teil dieses Verantwortung-Übernehmens ist ein Besuch beim Gynäkologen, der das betroffene Teenagerpaar über ethisch vertretbare und möglichst sichere Verhütungsmethoden und deren richtige Anwendung beraten kann.

Begleiten Sie Ihren Teenager dabei, denn noch sind Sie als Eltern die Erstverantwortlichen, was die Erziehung und Begleitung Ihrer Kinder betrifft. Stellen Sie dem Arzt gegenüber jedoch unbedingt klar, wie Sie als Mutter oder Vater zur Thematik Sexualität und Verhütung im Teenageralter stehen.

Auch wenn Pubertierende immer wieder den Anschein erwecken, schon alles zu wissen, haben sie oft gravierende Wissenslücken. Überzeugen Sie sich davon, dass Ihr Teenager jeden einzelnen Teil der Gebrauchsanweisung wirklich gelesen und verstanden hat. Lassen Sie sich von dem jungen Paar die korrekte Anwendung des Verhütungsmittels genauestens erklären. Nur so können Sie zumindest halbwegs sicher sein, dass Ihr Sohn oder Ihre Tochter mit dessen Anwendung klarkommt.

Grundsätzlich gehe ich jedoch nach wie vor davon aus, dass viele Teenager bereit sein werden, Sexualität auf später aufzusparen, wenn Sie als Eltern in eine klare, aber herzliche Erziehung investieren und gute Werte vermitteln. Das oben beschriebene Szenario stellt für mich eine schmerzhafte Ausnahme dar und sollte auf keinen Fall bereits im Vorfeld als normal oder gegeben angenommen werden.

Standfest bleiben – Orientierung geben

Falls Sie den Lebensstil Ihres Pubertierenden nicht unterstützen können und wollen, dann bleiben Sie dabei und bestehen Sie entschlossen darauf, dass Ihr Teenager sich an die von Ihnen deklarierten Regeln hält. Sie müssen und sollen Ihre Einstellungen nicht dem Verhalten Ihrer Teenager anpassen. Sie haben mehr Lebenserfahrung als Ihr Kind. Es soll sich weiterhin an Ihnen orientieren können – nicht umgekehrt.

Es kann sein, dass Ihre Pubertierenden sehr bald merken, dass sie auf dem Holzweg sind. Wie schade, wenn Sie als Eltern bis dahin schon Ihre Überzeugungen über Bord geworfen haben, um es Ihrem Kind recht machen zu können.

Viele Eltern geben dem Drängen ihrer Teenager irgendwann nach, weil sie diese nicht verlieren wollen. Was zwar verständlich, aber meiner Erfahrung nach kontraproduktiv ist und in den meisten Fällen auch nicht den Tatsachen entspricht. Eine vertrauensvolle Eltern-Kind-Beziehung hält einiges aus, und im Tiefsten lieben oder bewundern unsere Kinder uns gerade dafür, dass wir unbeirrt für das einstehen, was unserer Meinung nach ihrem Wohl dient.

In meinem Bekanntenkreis gibt es Elternpaare, die mir in diesem Punkt ein ermutigendes Vorbild sind. Sie haben an der Beziehung zu ihren Teenagern festgehalten, ohne deswegen ihre Überzeugungen aufzugeben oder faule Kompromisse zu machen. Was sich, soweit ich dies beurteilen kann, auch auf weitere Kinder derselben Familie oder auf das Familienleben an sich positiv auswirkt. In meinem Buch «Wenn Kinder andere Wege gehen» erzählt eine junge Frau, dass die konsequente Haltung ihres Vaters sie aus einer toxischen Beiziehung gerettet hat.

Selbstbefriedigung: Notwendig oder nicht?

Durch alle Zeiten hindurch wurde das Thema Selbstbefriedigung sehr kontrovers diskutiert. Während Gelehrte des Mittelalters behaupteten, Selbstbefriedigung habe diverse Krankheiten oder gar Verblödung zur Folge, wird sie heute als normale oder notwendige Selbsterfahrungs-Möglichkeit propagiert und teilweise auch wärmstens empfohlen.

Laut Studien masturbieren etwa 95 % der männlichen und 60 bis 70 % der weiblichen Teenager und Jugendlichen gelegentlich oder regelmäßig. Gründe dafür sind unter anderem der sich während der Pubertät verstärkende Geschlechtstrieb und die dadurch verstärkte Aufmerksamkeit darauf, dass gewisse Reize (wie beispielsweise der Duschstrahl oder das Sich-Reiben auf einer harten Unterlage) intensive Lustgefühle und eine körperliche Entspannung auslösen, die der Teenager immer wieder erleben möchte.

Bis vor kurzem galt die Selbstbefriedigung unter Fachleuten als eine unreife Form der Sexualität, die sich zum Du hin entwickeln muss. Während der Adoleszenz ist Selbstbefriedigung für viele Heranwachsende Teil des «den eigenen Körper kennenlernen und ihn sich vertraut machen». Zu entdecken, wie der eigene Körper auf Berührung reagiert, was sich dabei schön anfühlt und was nicht, kann darauf vorbereiten, Zärtlichkeit und Sexualität als Erwachsene als lustvoll erleben und genießen zu können. Persönlich plädiere ich dafür, das Sich-selbst-Befriedigen von Teenagern als eine mögliche, wenn auch nicht für alle Jugendlichen gleich bedeutsame Erfahrung im Rahmen der persönlichen Lerngeschichte einzuordnen.

Unlust und negative Gefühle regulieren lernen

Problematisch wird Selbstbefriedigung, wenn sie zur (einzigen) Methode wird, die ein junger Mensch zur Gefühlsregulation kennt, und jede Form von schlechten Gefühlen weg-masturbiert wird, um die eigene Gefühlsbalance wiederherzustellen.

Greifen Teenager bei gewissen Unlustgefühlen sofort zur Selbststimulation, kann dies auf Dauer zu einem festgefahrenen und einengenden Muster oder einer Sucht werden. Statt im Umgang mit Unlust und negativen Gefühlen zu reifen, werden diese Emotionen sexuell «überspielt» und verdrängt. Die Folge ist, dass Gefühle irgendwann nicht mehr wahrgenommen werden und die Betroffenen in einem sehr unreifen Beziehungsverhalten steckenbleiben.

Wer Sexualität dazu benutzt, seine Lebensthemen zu lösen, instrumentalisiert nicht nur die Sexualität, sondern auch seinen Partner.

Sexualität ist oft ein Nebenschauplatz, auf dem (auch von uns Erwachsenen) Probleme zu lösen versucht werden, die mit Sexualität eigentlich gar nichts zu tun haben. Ein Jugendlicher, der keine sozialen Kontakte hat oder tagelang gelangweilt in seinem Zimmer hockt, braucht ein unterstützendes soziales Netz und sinnvolle Beschäftigung. Frustrationsintolerante Teenager brauchen Unterstützung dabei, konstruktiver mit negativen Gefühlen und Erfahrungen umgehen zu lernen. Masturbation sollte nicht DAS Mittel oder «Werkzeug» sein, das sie kennen, um sich zu beruhigen oder zu trösten.

Pubertierende, die nach Aufmerksamkeit und körperlicher Zuwendung hungern, brauchen verlässliche Bezugspersonen, die ihnen Wärme und Nähe schenken. (Ohne dabei sexuelle Absichten zu haben oder Teenager emotional auszunutzen!)

Dass viele junge Menschen während des Masturbierens pornografisches Bildmaterial konsumieren, ist ein weiterer zu beachtender Aspekt dieser Thematik und erhöht die Gefahr einer langfristig beziehungsschädigenden «Innenweltverschmutzung» oder Abhängigkeit.

Sex-Haben als Beziehungsgeschehen begreifen

Spannend ist abschließend auch, dass Selbstbefriedigung bei manchen Menschen eher ungute Gefühle auslöst, obwohl sie von den meisten Fachleuten als völlig normal oder notwendig für das Kennenlernen des eigenen Körpers bezeichnet wird. Trotz liberalem Denken und trotz sexueller Freizügigkeit erzählen in der Beratung immer wieder Menschen, dass sie sich irgendwie unwohl fühlen oder ein schlechtes Gewissen haben, wenn sie sich selbst befriedigen.

Den Grund dafür allzu schnell nur in Verklemmtheit oder in moralischem Druck zu suchen, halte ich für eine Verkürzung. Es ist wichtig, das Gewissen ernst zu nehmen. Persönlich erkläre ich mir dieses Phänomen zumindest teilweise damit, dass wir als Menschen instinktiv spüren, dass Sex-Haben von der Grundidee her ein Beziehungsgeschehen und damit auf ein Gegenüber ausgerichtet ist. Selbstbefriedigung ist eine Selbsterfahrung, aber kein Ersatz für die Erfüllung, die in der gegenseitigen Hingabe von Liebenden erlebt werden kann. Auch wenn bei der Selbstbefriedigung oft dieselben erogenen Zonen stimuliert werden wie in der Paarsexualität, erlernen wir dabei andere Muster als in der sexuellen Paarbegegnung. Erfüllende Paarsexualität funktioniert allein schon deshalb anders als Selbststimulation, weil dabei eine zweite Person beteiligt ist, deren Bedürfnisse und «Tempo» als gleichwertig berücksichtigt werden müssen. Was wir in der Selbstbefriedigung lernen, kann vielleicht das eigene Lustempfinden entwickeln helfen, doch diese Erfahrungen können nicht einfach eins zu eins in die Paarsexualität übernommen werden. Die durch häufige Selbstbefriedigung stattfindende Konditionierung kann deshalb für eine erfüllende Paarsexualität durchaus auch hinderlich sein.

Eine wichtige Aufgabe besteht für Teenager wie auch für Erwachsene darin, zu beziehungsfähigen Menschen heranzureifen, die sich nicht alles selbst geben (müssen), sondern sich auf ein DU einlassen können. Was auch die Fähigkeit zum Warten-Können und zum Verzicht beinhaltet.

Als Christ erziehen

In den vorangehenden Kapiteln habe ich Ihnen vorgeschlagen, mit Ihren Kindern über Gott als den großen Bundes-Schließer zu reden und ihnen zu erklären, dass Sexualität und Ehe aus Gottes Sicht untrennbar zusammengehören. Und dass es keine Sexualität ohne Ehe, aber auch keine Ehe ohne Sexualität gibt. Sexualität gehört aufgrund aller in der Bibel zu diesem Thema gemachten Aussagen und Ordnungen eindeutig und ausschließlich in den öffentlich vor menschlichen Zeugen geschlossenen Bund zwischen einem Mann und einer Frau, den wir in unserem Sprachgebrauch mit dem Begriff Ehe bezeichnen. In diesen Bund hinein gehört Sexualität jedoch unbedingt, ohne Wenn und Aber, ohne falsche Scham oder irgendwelche Tabus. Wo Ehe ist, soll auch der körperliche Ausdruck davon nicht fehlen. Auch da, wo beispielsweise der Geschlechtsverkehr aufgrund körperlicher Beeinträchtigungen nicht vollzogen werden kann, ist sexuelles Intim-Werden in unterschiedlichsten Formen möglich und wichtig.

Im Gesetz, das Mose anvertraut wurde, ordnet Gott unter anderem an, dass frisch verheiratete Männer ein ganzes Jahr lang vom Kriegsdienst suspendiert werden sollten, um zu Hause bei ihrer Frau zu bleiben. Dies bestimmt nicht nur, um das Haus neu zu streichen![50]

«Partnerschafts-Urlaub» würden wir dies heute wohl nennen; eine Gesetzesvorlage, die aus wirtschaftlichen Gründen wohl keine Chance auf Umsetzung hätte.

Ein ganzes Jahr für eheliche Freuden, für Liebe und Lust – vom Schöpfergott persönlich angeordnet? Wow!

Falls einzelne Christen oder Kirchen leib- oder lustfeindlich sind, können sie dies definitiv nicht beim lebens- und liebesfreundlichsten aller Väter (nämlich dem im Himmel) abgeschaut haben …

Im Teenageralter beginnt in der Auseinandersetzung mit dem Thema Sexualität eine ganz neue Phase, in der es für unsere Kids darum gehen wird, das theoretische Wissen über biblische Ethik im persönlichen Alltag umzusetzen. Klare, eindeutige Entscheidungen spielen im Christsein Ihrer Pubertierenden eine wesentliche Rolle.

Wähle – und wähle das Leben!

Immer wieder neu werden – im Alten wie im Neuen Testament – die Menschen, die zu Gott gehören wollen, vor die Wahl gestellt, ihrem Herrn entweder von ganzem Herzen zu dienen oder es konsequent bleiben zu lassen.

In einem Stille-Wochenende, das ich vor einiger Zeit besuchte, hat mich ein Abschnitt aus dem 5. Buch Mose ganz neu angesprochen: Nachdem der große Gottesmann Mose seinem Volk über drei ganze Kapitel hinweg die Konsequenzen davon, Gott zu gehorchen oder sich von ihm abzuwenden, dargelegt hat, schließt er seine Rede mit den folgenden Sätzen (einem leidenschaftlichen Aufruf) ab: «Himmel und Erde sind meine Zeugen, dass ich euch heute vor die Wahl gestellt habe zwischen Leben und Tod, zwischen Segen [Glück] und Fluch [Unglück]. Erwählt nun das Leben, damit ihr lebt! Liebt den Herrn, euren Gott, und hört auf ihn. Haltet ihm die Treue. Dann werdet ihr am Leben bleiben und in dem Land wohnen, das der Herr euren Vorfahren versprochen hat.»[51]

Wähle das Leben – damit du wirklich lebst!

Neutralität ist an manchen Punkten des geistlichen Lebens geradezu tödlich.

Neutral zu bleiben ist, zumindest langfristig gesehen, nicht praktizierbar – jedenfalls nicht für Gott.

Sehr eindrücklich bringt der Prophet Elia dies auf den Punkt, wenn er ausruft: «Wie lange wollt ihr Israeliten noch auf beide Seiten hinken? Ist der Herr Gott, so folgt ihm nach. Ist es aber der Baal [ein Götze, der von vielen Zeitgenossen verehrt wurde], dann entscheidet euch für ihn!»[52]

Biblisch fundierte Sexualerziehung gründet in der Entscheidung, sich ganz auf Gottes Seite zu stellen und dem Heiligen Geist mehr zu vertrauen als dem Zeitgeist. Nur wer diese Wahl von Herzen und aus voller Überzeugung heraus trifft, wird im Umgang mit Sexualität immer fröhlicher und einladender nach Gottes Ordnungen leben können. Auch wenn er dadurch neben dem gesellschaftlichen Trend liegt und vielleicht sogar gelegentlich belächelt oder diskriminiert wird.

Wer biblische Ethik im persönlichen Alltag umsetzen will, setzt sich damals wie heute in manchen Punkten dem gesellschaftlichen Gegenwind aus. Gottes Ansichten und Ordnungen sind nicht populär oder gesellschaftskonform. Sie sind zeitlos, ewig gültig, nachhaltig und zukunftsorientiert. Ob die Gesellschaft sich daran orientieren will oder nicht, ob wir Eltern sie zum Maßstab unseres Lebens und unserer Sexualerziehung machen oder nicht, ob unsere Kinder sich entscheiden, ihr Leben nach Gottes Ordnungen auszurichten oder nicht, hat auf ihre Gültigkeit und Verbindlichkeit keinen Einfluss.

Ein kurzer Zwischenhalt:

- *Was geht Ihnen durch den Kopf, nachdem Sie diesen Abschnitt gelesen haben?*
- *Wo wehrt sich etwas in Ihnen?*
- *Wurden Sie irgendwann mal verletzt, abgelehnt oder zurückgewiesen, weil Sie sich in Bezug auf Sexualität an die biblischen Ordnungen hielten?*
- *Oder war genau das Gegenteil der Fall? Wurden Sie verletzt, weil Sie sich nicht an biblischen Ordnungen (oder an menschlichen Interpretationen derselben) orientierten?*
- *Gibt es Bitterkeit in Ihrem Herzen, weil Sie den Eindruck haben, Sie hätten etwas verpasst, seien zu kurz gekommen, weil Sie sich nie erlaubt haben, was andere ganz selbstverständlich tun?*
- *Kommen in Ihrem Herzen alte Erinnerungen hoch, Verletzungen oder Schuldgefühle, die mit dem Thema Sexualität zu tun haben?*
- *Gibt es alte Geschichten, die Sie anschauen und bereinigen möchten?*

- *Welche sexuellen Sehnsüchte bewegen Sie? Was wünschen Sie sich diesbezüglich für Ihre Ehe?*
- *Ob es schon in Ihrem Herzen angekommen ist, dass Gott Ihnen und Ihrem Ehepartner alles an sexueller Lust gönnen mag, was Sie – in gegenseitiger Achtung und Rücksichtnahme – gemeinsam genießen?*
- *Leben Sie Sexualität als natürlichen und folgerichtigen körperlichen Ausdruck für den Bund, der Sie und Ihren Partner verbindet? Oder sehen Sie darin eher eine Sonderzugabe, die man – je nach Situation, Stimmung oder Befindlichkeit – gewährt oder verweigert?*
  (Bitte verstehen Sie mich richtig: Ich meine nicht, dass Eheleute jederzeit einwilligen müssen, Geschlechtsverkehr zu haben, wenn der Partner dies wünscht. Es geht hier um eine Grundeinstellung, die in meinem eigenen Leben viele Jahre lang ziemlich verdreht war. Ich hatte einfach noch nicht verstanden, welche Selbstverständlichkeit über diesem göttlichen Hochzeitsgeschenk liegt. Wie schade!)

Gehen Sie Ihren Gefühlen nach, und verdrängen Sie nicht, was hochkommt.

Besprechen Sie diese Dinge mit Ihrem Ehepartner oder (je nachdem, um was es sich handelt) mit einer dafür geeigneten Person. Bereinigen Sie, was es zu bereinigen gibt, und kehren Sie um, wo Sie Gottes Reden gehört, es jedoch in den Wind geschlagen haben.

Vergeben Sie und lassen Sie los, wo Bitterkeit Sie daran hindert, Gott als lebens-, liebes- und lustfreundlichen Schöpfer erkennen und lieben zu können.

Der wichtigste Faktor in der Sexualerziehung Ihrer heranwachsenden Kinder sind Sie als Vater oder Mutter. Ihr Leben, Ihr persönlicher Umgang mit dieser sensiblen Thematik, bewirkt mindestens so viel wie das, was Sie Ihrem Teenager erklären oder verbal weitergeben.

Wer die Wahl hat …

Auch im Leben Ihres Teenagers hängt viel davon ab, welche Entscheidungen er trifft. Glück oder Unglück, Segen oder Fluch, Leben oder Tod wird nicht nur uns Eltern, sondern auch unseren Kindern immer wieder neu vorgelegt. Damit sie das Leben wählen!

Klingen die Begriffe «Leben» oder «Tod», «Segen» oder «Fluch» für Sie zu dramatisch?

Falls ja, kann ich das gut nachvollziehen. Doch wenn die Bibel hier von Tod spricht, dann geht es nicht um eine Drohung, sondern um die Feststellung, dass die Loslösung vom Schöpfer und seinen Ordnungen letztlich immer zu einer Entartung des Menschen führt. Was auch im Bereich Sexualität deutlich erkennbar ist: Jeden Tag verlieren durch den verantwortungs- und lieblosen Umgang mit Sexualität Menschen tatsächlich und ganz real ihr Leben. Und dies nicht nur in den Ländern, wo Aids jährlich Tausende von Kindern zu Waisen macht.

Auch bei uns, in den sogenannten «hochentwickelten» Ländern Europas, sterben Menschen an sexuell übertragbaren Krankheiten. Maßlos ausgelebte Sexualität hat langfristig genauso ihren Preis wie jede andere Gier und geht nur allzu häufig auf die Kosten Schwächerer. Nicht wenige Menschen setzen ihrem Leben ein Ende, weil sie durch Missbrauch seelisch und körperlich so tief verletzt und gedemütigt wurden, dass sie nicht mehr weiterleben wollen.

Es geht bei der Frage, wie wir mit unserer Sexualität umgehen wollen, letztlich eben nie nur um uns persönlich. Immer sind auch andere Menschen direkt oder indirekt betroffen.

Lustbefriedigung und Selbstbestimmung sind die Götzen unserer Zeit. Und Götzen fordern – immer mehr und immer größere – Opfer. Zu allen Zeiten waren es insbesondere Kinder und Frauen, die den Preis für den Götzendienst eines Volkes bezahlten. Von Anfang an war beispielsweise die Prostitution Teil des heidnischen Götzenkultes. Frauen, Sklaven und Kinder wurden dabei zum Objekt degradiert und missbraucht. Und weil Götzen nie genug bekommen, wurden ihnen sogar Kinder geopfert – eine Praxis, die Gott zutiefst verabscheute und seinem Volk mit Nachdruck untersagte. Der Gott Israels gab denen Würde und Schutz, die in heidnischen Kulturen verachtet oder schamlos ausgebeutet wurden. Dies war einer der Gründe, weshalb im ersten Jahrhundert viele Frauen und Sklaven zur Gemeinde Jesu dazustießen. Sie fanden beim Gott Abrahams, Isaaks und Jakobs Schutz und eine Würde, die ihnen überall sonst vorenthalten wurde.

Wenn Gottlosigkeit als Freiheit deklariert wird, ist es immer hilfreich, die Frage nach den Opfern dieser «Freiheit» zu stellen. Fragen Sie bei Gesprächen auch Ihre Teenager immer wieder mal: «Wer, denkst du, bezahlt den Preis für diese ‹Freiheit›?» Bis heute sind es in erster Linie Kinder und Frauen, die einen hohen Preis für sexuelle Selbstbestimmung und Freizügigkeit bezahlen.

Bei jeder Abtreibung stirbt ein Mensch, der von Gott genauso liebevoll und einzigartig geschaffen wurde wie jeder von uns. Nach jeder Abtreibung leiden Frauen, weil sie etwas getan haben, das gegen die Natur und den Mutterinstinkt geht. Auch wenn sie dies teilweise verdrängen oder abspalten.

Durch die Ausweitung der Fortpflanzungsmedizin wachsen immer mehr Kinder ohne Beziehung zu ihren leiblichen Müttern oder Vätern auf. Die Forderung, Samenspende, Eizellenspende und Leihmutterschaft für (fast) alle zu legalisieren, bringt wurzellose Kinder hervor und beutet wirtschaftlich schlecht gestellte Frauen schamlos aus. Immer mehr junge Menschen leiden an Identitätskonflikten und Depressionen, und aus immer mehr jungen und älteren Gesichtern kommt einem eine Leere und Leblosigkeit entgegen, die bedrückend ist. Nicht jede sogenannte Freiheit macht auch tatsächlich frei. Nicht überall, wo «Leben» draufsteht, ist auch wirklich Leben drin.

Es kann im Leben nicht nur darum gehen, dass unsere Wünsche und Bedürfnisse befriedigt werden und dass es für uns als Einzelne «stimmt». «Glücklich machen» ist mindestens so wichtig wie «glücklich werden». Auch in unserem Umgang mit Sexualität soll die Liebe und Menschenfreundlichkeit Gottes sichtbar und erfahrbar werden.

Dies immer besser zu verstehen, wird Ihrem Teenager dabei helfen, sich mit Gottes Gebrauchsanweisung für Liebe und Sexualität zu befassen und zukunftsorientierte, lebensfreundliche Entscheidungen zu treffen.

Ihren Teenager in seiner Wahl ernst nehmen

Welche Entscheidungen Ihr Teenager in seinem Herzen getroffen hat und trifft, zeigt sich nicht nur in seinen Worten, sondern auch in seinem Verhalten. Wenn Ihr Sohn sich dafür entscheidet, als Christ leben zu wollen, dann nehmen Sie ihn darin ernst. Fordern Sie ihn heraus, auch in Bezug auf seine Sexualität einen klaren Weg zu gehen und sich nicht in Zugeständnissen und Kompromissen zu verheddern.

Wenn Ihre Tochter sich dafür entscheidet, Sexualität für ihren Zukünftigen aufzusparen, dann trauen Sie ihr das bitte auch zu und unterstützen Sie sie dabei, sich so zu verhalten, dass sie ihr Ziel erreichen kann. Wie das in der Praxis aussehen könnte, werde ich im nächsten Kapitel aufgreifen.

Sollte Ihre Tochter oder Ihr Sohn jedoch einen total anderen Weg einschlagen, als Sie als Eltern es sich wünschen würden, ist Ihre ganze Weisheit und Liebe gefordert.

Noch haben Sie als Mutter oder Vater die Erziehungs- und Aufsichtspflicht und müssen deshalb wichtige Entscheidungen und Anordnungen in Bezug auf Ihren Teenager so treffen, wie Sie dies vor Gott und Ihrem eigenen Gewissen verantworten können. Halten Sie Kurs – Ihr Pubertierender oder Ihre Pubertierende braucht jetzt weise, verlässliche und konstante Begleiter. Auch wenn dies immer wieder zu Auseinandersetzungen führen kann, weil Ihr Teenager eine Selbstbestimmung einfordert, die ihm von seiner Reife her noch nicht gewährt werden kann.

Es bleibt zu hoffen, dass Reibung auch in diesem Fall letztlich Wärme und Nähe bewirkt.

Setzen Sie in solch herausfordernden Zeiten einmal mehr auf die tiefe Verbindung, die Sie zu Ihrem Kind haben, und investieren Sie in die Beziehungspflege, wo immer sich die Gelegenheit dazu ergibt. Lieben Sie Ihr Kind geduldig und unabhängig davon, ob sein Verhalten Ihren Vorstellungen entspricht oder nicht.

Keine leichte Aufgabe, ich weiß. Aus uns selbst heraus wohl kaum zu bewältigen. Gut, dass wir dafür beim Vater aller Väter immer wieder neu um Zuschuss bitten dürfen.

Kapitel 9
Von 16 bis 25 Jahren: Selbständig werden – lieben lernen

Nach den Turbulenzen der Teenagerjahre gleitet Ihr Familienboot nun wieder in ruhigere Gewässer hinüber. Es wird Zeit, ganz bewusst die letzte Erziehungs-Etappe einzuleiten, in der es darum geht, Ihre Jugendlichen auf ein selbständiges Leben vorzubereiten.

Auch wenn der Gedanke, dass unsere Kinder das Familien-Nest bald verlassen werden, widersprüchliche Gefühle auslöst, führt kein Weg daran vorbei, dass es unser Auftrag als Eltern ist, unsere Kinder in ihr ganz eigenes Leben zu entlassen. Die Frage, die sich uns dabei stellt, ist nicht, ob wir damit einverstanden sind, dass unsere Kinder ausfliegen werden. Sondern vielmehr: *Wie gestalten wir diese entscheidende Etappe so, dass unsere Kinder ihren Platz im Leben finden und ausfüllen können?*

Ich stand als Mutter intensiv in dieser Herausforderung drin und schwankte oft zwischen gespannter Vorfreude und Trennungsangst hin und her. Einerseits empfand ich es als entlastend, dass das Familienleben ruhiger wurde, andererseits hatte ich meine Aufgabe als «Familienmanagerin» wirklich als Berufung erlebt, die mir viel Erfüllung schenkte und von der ich mich ungern verabschiedete.

Während einiger Jahre kehrten unsere Großen jedes Wochenende nach Hause zurück und wurden nicht nur von den jüngeren Geschwistern, sondern auch von uns Eltern mit Begeisterung empfangen. Unsere Beziehung hatte sich zwar verändert, war deswegen jedoch nicht weniger herzlich oder vertraut. Wir genossen es, abends, wenn die Jüngeren bereits in der Heia waren, bei einem kleinen Snack über Gott und die Welt zu diskutieren und aktuelle Fragen auf Augenhöhe zu besprechen. Nicht selten erlebten wir dabei tief berührende Momente, in denen uns bewusst wurde, welch Vorrecht es ist, Eltern zu sein und einer nächsten Generation das Leben geschenkt zu haben.

Erwachsen werden – Selbständigkeit fördern

Erwachsen zu werden ist kein Ereignis, das zu einem bestimmten Zeitpunkt eintritt, sondern ein längerer Prozess, den ich hier in diesem Buch bei zwanzig Jahren abschließe, der aber selbstverständlich – je nach Reife Ihres Jugendlichen – auch zwei, drei Jahre länger andauern kann.

Noch ist unser Nachwuchs, zumindest ein Stück weit, unserer Leitung und Verantwortung anvertraut. Ein Sechzehnjähriger kann meines Erachtens noch nicht abschließend als erwachsen bezeichnet und dementsprechend behandelt werden.

Unsere Aufgabe als Eltern besteht darin, unseren fast erwachsenen Kindern immer mehr Eigenverantwortung zu übertragen, ohne sie deswegen von einem Tag auf den anderen sich selbst zu überlassen. Meine Erfahrung ist, dass Jugendliche es schätzen, wenn wir als Eltern Interesse für ihr Ergehen und die Herausforderungen zeigen, in denen sie stehen. «Mama, dass du nachfragst, tut echt gut!» oder «Dass der Papa sich um mich sorgt, ist echt super!», hieß es immer wieder mal in den Rückmeldungen unserer Großen, die sich manchmal eben doch noch ziemlich klein oder überfordert erlebten.

Je weniger aufdringlich und «gluckenhaft» wir uns als Mütter und Väter in dieser Familienphase benehmen, desto besser. Diskretion und Zurückhaltung sind im Umgang mit Jugendlichen ein absolutes Muss. Wenig, aber fundierte und taktvolle Einmischung seitens der Eltern kommt bedeutend besser an als pausenloses Berieseln mit Tipps und guten Ratschlägen.

Abschlussarbeiten und Feinschliff

In der Zeit zwischen sechzehn und zwanzig schließen wir unsere Erziehungsarbeit Punkt für Punkt ab und übertragen die Verantwortung für die Weiterentwicklung des betreffenden Lebensbereichs unserem Sohn oder unserer Tochter.

- *Was braucht unser Heranwachsender, um lebens-, liebes- und beziehungsfähig zu sein?»*
- *Wo hat meine Tochter bzw. mein Sohn noch Mankos, die wir zusammen angehen müssen, bevor sie das Familien-Nest endgültig verlassen?*
- *Habe ich meinen Kindern das auf ihren Weg mitgegeben, was mir wichtig erscheint, oder muss ich an gewissen Punkten noch etwas nachliefern, das ich bis jetzt verpasst habe?*

Solche Fragen bewegten mich im Umgang mit unseren Großen immer wieder mal, und an manchen Punkten stellte ich fest, dass tatsächlich noch Nachbesserungs- oder Feinschliffbedarf bestand. Ein Beispiel dafür war das Mithelfen im Haushalt, das von unseren Jungs immer wieder mal elegant-stillschweigend den weiblichen Familienmitgliedern überlassen wurde. Ein klar festgelegter Turnus fürs Putzen und Bügeln musste folglich her und brachte bisher ungeahnte Talente zum Vorschein. Ich musste meine vorgefasste Meinung über Männer, die sich vor der Hausarbeit drücken, gründlich revidieren …

Immer häufiger klinkte ich mich als Küchenfee auch mal aus und überließ das Kochen der Jungmannschaft. Oder wir engagierten die älteren Kinder, um den Haushalt und die Betreuung der jüngeren Geschwister mal ein Wochenende lang zu übernehmen.

Was für alle Beteiligten eine gute Erfahrung war. Unserem Nachwuchs wurde bewusst, wie viel Aufwand in dem steckte, was er oft so ganz selbstverständlich konsumierte, und wir als Eltern genossen unsere freie Zeit.

Auch Sprachaufenthalte, Hilfseinsätze in Ländern mit tieferem Lebensstandard oder das Mitleben in einer Wohngemeinschaft helfen Jugendlichen dabei, auf den Boden der Realität zu kommen und selbst Verantwortung zu übernehmen, statt im «Hotel Mama» nach der Bedienung zu klingeln.

Den liebevollen und sorgfältigen Umgang mit anderen Menschen einüben

Im Umgang mit anderen Menschen haben die meisten Jugendlichen (so wie wohl jeder von uns) noch einige Lernfelder offen. Es lohnt sich, jetzt dranzugehen, damit negative Muster sich gar nicht erst festsetzen.

Ihre Tochter hält Versprechungen nicht ein oder zeigt eine gewisse Tendenz zu Respektlosigkeit?

Zeigen Sie ihr auf, wie sehr sie damit ihren Beziehungen schadet und Menschen verletzt.

Verlangen Sie als Vater unbedingt, dass sie sich Ihnen gegenüber respektvoll verhält. Sie sind der erste Mann im Leben Ihrer Tochter. An Ihnen soll sie sehen und selbst ausprobieren können, wie ein wertschätzender Umgang zwischen den Geschlechtern gelebt werden kann.

Ihr Sohn hat am Geburtstag nicht mehr als ein «Herzlichen Glückwunsch» für Sie als Mutter übrig?

Sprechen Sie ihn darauf an, und bitten oder «beauftragen» Sie ihn, Ihnen doch bitte ein paar Blumen oder sonst etwas zu schenken, das Sie gerne mögen. Sie sind die erste Frau in seinem Leben. Mit Ihrer Unterstützung kann er seine guten Umgangsformen Frauen gegenüber entwickeln oder noch verbessern. Seine Zukünftige wird dies zu schätzen wissen.

Gute Umgangsformen, Höflichkeit und Takt sind kein Relikt aus alten Zeiten, sondern Türöffner zu gelingenden Beziehungen und mehr Lebensqualität.

Nicht immer werden Ihre Söhne oder Töchter schon begreifen, welch wertvollen Dienst Sie ihnen mit diesen Zukunftsvorbereitungen erweisen. Jugendliche leben ja oft mit der Idee, dass all ihre Macken sich wie durch Zauberhand verflüchtigen werden, wenn sie nur mal genug verliebt sind. Schön wär's! Bei mir selber zumindest hatte dies leider nicht funktioniert. Mein Vater war mir als jüngster Tochter gegenüber in Sachen Respekt viel zu nachsichtig gewesen. Deshalb musste ich mir als erwachsene Frau manch schlechte Angewohnheit – gerade auch in meiner Haltung und in meinem Umgang Männern gegenüber – unter Tränen und mit viel Anstrengung wieder abgewöhnen.

Spätestens wenn sich die ersten rosa Wolken verzogen haben, sind wir wieder, wer wir zuvor waren. Wir alle brauchen Korrektur und Veränderung – ein Leben lang.

Je früher Heranwachsende dies erkennen und umsetzen, desto genießbarer und beziehungsfähiger werden sie auch für ihre zukünftigen Partner und ihre Kinder sein.

Selbstdisziplin trainieren

«Wer sich beherrschen kann, ist besser als einer, der Städte erobert.»[53] Mit solch prägnanten Sätzen beschreibt der weise König Salomo eine Kompetenz, die junge Menschen sich unbedingt erwerben sollten.

Ein Eroberer, der im entscheidenden Moment die Nerven verliert, wird keinen Erfolg haben. Disziplinlosigkeit kann Projekte sabotieren und Menschen in den sozialen oder wirtschaftlichen Ruin treiben.

Unbeherrschtheit zerstört Vertrauen und zertrampelt achtlos, was mit viel Liebe aufgebaut wurde.

Konfrontieren Sie Ihren Sohn mit seiner Disziplinlosigkeit, und stellen Sie klar, dass Sie von Ihrer Tochter ein gewisses Maß an Anstand einfordern – auch was ihre Wortwahl betrifft.

Wo dies noch nicht gelingt, kann das Erbringen einer Wiedergutmachung eine wertvolle Hilfe zum Erlernen von mehr Selbstbeherrschung sein.

Unbeherrschtheit hat Konsequenzen und darf nicht auf die leichte Schulter genommen werden. Ein Bekannter, der sexsüchtige junge Männer begleitet, gebraucht das Bild des Bogenschießens für das, was junge Menschen lernen müssen, um auch in Sachen Sexualität ihre Ziele zu erreichen. Wer mit seinem Bogen ins Schwarze treffen will, muss als Erstes ein Ziel haben, das er ins Auge fassen möchte. Als Zweites braucht er Muskeln im Arm, um die Sehne zurückziehen zu können. Danach braucht er zum einen Spannkraft, um die Spannung weiter aufrechtzuerhalten, zum anderen die Disziplin, die Sehne erst dann loszulassen, wenn er das Ziel lange genug fokussieren konnte, um ins Schwarze zu treffen.

Wer sich dafür entscheidet, das Ausleben seiner Sexualität für den Ehepartner aufzusparen, erhält auch in diesem Bereich ein weites Lernfeld für das Training von Selbstdisziplin und Selbstkontrolle. Nicht alles, was schön und möglich ist, muss umgehend ausgelebt werden. Auf etwas freiwillig zu warten, steigert dessen Wert.

Wer schon einmal (um ein sehr banales Beispiel zu benutzen) während der Fastenzeit ganz bewusst auf Kaffee verzichtet hat, weiß, wie herrlich der erste Latte Macchiato beim Osterfrühstück schmeckt.

Sexualität ist weit kostbarer als irgendein Genussmittel, das wir konsumieren. Anlass genug, meine ich, mit dem Genießen auf die richtige Person und den passenden Moment zu warten.

Ein anderer Grund, das Warten zu trainieren, ist die Tatsache, dass die Fähigkeit zum Verzicht und die Fähigkeit zum Genuss untrennbar zusammengehören. Niemand, der in einer respekt- und liebevollen Beziehung lebt, wird immer und jederzeit Sex haben können. Kein Partner kann immer das geben, was der andere gerade wünscht, und spätestens nach einer Geburt oder Operation kommen Zeiten des Verzichtens auf das betroffene Paar zu.

Darauf vertrauen zu können, dass mein Freund auch warten und verzichten kann, war für mich als junge Frau sehr wichtig. Ich wollte nicht mit der dauernden Angst leben müssen, dass mein Partner sich anderweitig vergnügt, sobald seine Bedürfnisse nicht durch mich befriedigt werden können.

Sehr lebendig steht mir eine Situation vor Augen, die ich als jung verheiratete Frau erlebte. Ich arbeitete damals im Haushalt eines älteren Witwers, der immer wieder versuchte, mich damit zu beunruhigen, dass er behauptete, mein Mann würde sich während des obligatorischen Militärdienstes bestimmt mit anderen Frauen vergnügen. Meine Versicherung, ich hätte keine Angst, da mein Mann mir zwei Jahre lang bewiesen habe, dass er sich in dieser Hinsicht beherrschen könne, brachte meinen Arbeitgeber ziemlich ins Schleudern. Möglicherweise, weil er in seiner eigenen Ehe diese Art von Disziplin nicht aufgebracht hatte.

Wer sich morgen beherrschen will, sollte heute damit anfangen, Spannkraft aufzubauen und Spannung auszuhalten.

Kommunizieren lernen – konfliktfähig werden

Jugendliche sollten fähig sein, Wünsche zu äußern, über Gefühle zu reden und Aggressionen angemessen auszudrücken. Nur Säuglinge haben das Recht, verstanden zu werden, ohne dafür sprechen zu müssen.

Dazu einige Fragen:

- *Ist es möglich, mit Ihrem Sohn einen Konflikt auszudiskutieren, oder wird er laut, sobald Sie ein wenig an seiner Oberfläche kratzen?*
- *Kann Ihre Tochter mit einer negativen Rückmeldung umgehen, oder zieht sie sich beleidigt schmollend in ihr Schneckenhaus zurück?*
- *Kann Ihr Sohn andere ausreden lassen und aktiv zuhören?*
- *Sagt Ihre Tochter, wenn ihr etwas nicht passt? Oder zieht sie die Opferrolle dem Aktivwerden vor?*
- *Kann Ihr Sohn sich entschuldigen oder um Verzeihung bitten?*
- *Kann Ihre Tochter Fehler eingestehen?*
- *Wie lösen Sie in Ihrer Familie Konflikte? Haben Sie eine gute Familien-Streitkultur entwickelt?*

Wer lieben will, muss auch verhandeln und streiten können. Das Training dafür findet nicht irgendwann in ferner Zukunft, sondern jetzt statt. Im Bestfall in der Familie.

Defizite ansprechen – die Zukunft vorbereiten

Manches an meinen älteren Kindern fiel mir erst so richtig auf, als sie im Begriff waren, unser Haus zu verlassen. Was immer wieder mal zu intensiven Gesprächen führte, bei denen ich auch dazu stand, dass ich in der Erziehung manches verpasst hatte, das der Jugendliche jetzt selber noch aufholen musste. Und glücklicherweise auch konnte. Es ist für das Erwachsenwerden unabdingbar, dass unsere Kinder die Verantwortung dafür übernehmen, was sie aus dem machen, was ihnen in die Wiege gelegt oder von uns Eltern mitgegeben wurde.

Eltern geben ihr Bestes.

Was – unbestritten – nicht immer genug ist.

Stehen Sie ehrlich zu Mankos und Schwächen, und signalisieren Sie die Bereitschaft, mit Ihren Heranwachsenden zusammen an den schwierigen oder belastenden Erfahrungen, die es in jeder Familiengeschichte gibt, zu arbeiten, falls dies nötig sein sollte.

Stellen Sie aber auch klar, dass es jetzt an Ihrem Sohn oder an Ihrer Tochter liegt, sein Leben bzw. ihr Leben zu gestalten, ohne sich andauernd hinter dem elterlichen Versagen zu verstecken. Unsere Kinder sind nicht dazu verpflichtet, unsere Fehler zu wiederholen. Sie dürfen es gerne besser machen als wir Eltern.

Darauf arbeiten wir hin.

Loslassen, obwohl es wehtut

Wie gespannt oder entspannt die Beziehung zu unseren Heranwachsenden ist, hängt maßgeblich davon ab, ob wir als Eltern in unserem Herzen wirklich entschieden sind, sie schrittweise in ihre eigene Zukunft zu entlassen oder nicht. Viele Eltern leiden darunter, dass ihre Söhne oder Töchter sich nichts mehr sagen lassen, und merken dabei nicht, dass sie selbst das Problem sind, weil sie klammern, wo sie doch längst loslassen sollten.

Was bleibt Jugendlichen in einem solchen Fall anderes übrig, als sich zu distanzieren oder mit Vehemenz loszureißen?

Es empfiehlt sich, als Eltern den Gefühlen, die das Erwachsenwerden unserer Kinder in uns auslöst, auf den Grund zu gehen und ehrlich dazu zu stehen, dass uns das Freigeben unserer Jugendlichen schwerer fällt, als wir vielleicht gedacht haben.

Auch unseren Heranwachsenden gegenüber ist Ehrlichkeit hilfreicher als der krampfhafte Versuch, ganz die lockere Mama oder den souveränen Papa zu spielen.

Ich erinnere mich an Situationen, in denen mein Sohn mich verständnisvoll angrinste, wenn ich, um nur ein Beispiel zu nennen, zugab, dass es mir schwerfiel, ihn so weit weg von uns studieren zu lassen und darauf zu vertrauen, dass er auch ohne meine Fürsorge überleben konnte. «Nimm's locker, Mama, du schaffst das!», war der trockene Kommentar des verständnisvollsten aller Erstgeborenen.

Auch im leeren Nest lässt es sich leben

Machen Sie sich rechtzeitig Gedanken darüber, wie Sie Ihr Leben einrichten wollen, wenn ein Kind ums andere ausfliegt. Suchen Sie sich Projekte und Aufgaben, die Sie herausfordern und ausfüllen. Wagen Sie Neues, realisieren Sie langgehegte Träume und bisher noch nicht Umgesetztes. Nutzen Sie die freiwerdende Zeit, um in Ihre Partnerschaft zu investieren, die ja auch dann noch erfüllend sein soll, wenn die Kinder keinen Gesprächsstoff mehr bieten. Einen Tanzkurs besuchen, für ein romantisches Wochenende wegfahren, gemeinsam das Segeln erlernen, öfter mal abends ausgehen, ohne um zehn heimkehren zu müssen, weil der Babysitter nach Hause will … Warum denn nicht? Just do it!

Unsere Kids brachen jedes Mal in begeistertes Indianergeheul aus, wenn sie einen «sturmfreien Abend» hatten, wie sie das jeweils nannten. (Nicht besonders freundlich, wenn Sie mich fragen, nach so viel Aufopferung unsererseits …)

Wie auch immer: Es gibt ein Leben *nach* den Kindern. Zumindest behaupten dies manche Fachleute, und die müssen es ja wissen!

Segnen und ehren

Auch für erwachsene Kinder bleibt die Beziehung zu ihren Eltern ein wichtiger Faktor, der ihre Zukunft entscheidend beeinflusst und prägt. Ob im Positiven oder im Negativen: Tatsache ist, dass wir alle von unseren Eltern nie ganz loskommen werden. Wir stehen in einer Generationenlinie, in der Gutes und Schlechtes, Aufbauendes und Destruktives gleichermaßen von den Eltern an die Kinder weitergegeben wird. Wer dies akzeptiert und ins eigene Leben integriert, kann auf gesunde Art und Weise zu einer eigenständigen und freien Persönlichkeit werden.

Was Thema vieler psychologischer Abhandlungen ist, bringt die Heilige Schrift im fünften der Zehn Gebote in einem kurzen Satz auf den Punkt: «Ehre Vater und Mutter, damit es dir wohl geht und du lange lebst in dem Land, das der Herr dir gibt.»[54]

Daran führt kein Weg vorbei, wie aufgeklärt oder modern wir auch immer sein mögen.

Unseren Jugendlichen wird es nur dann wirklich wohl gehen, wenn sie sich dafür entscheiden, uns als ihre Eltern zu ehren. Nicht weil wir so gut sind und alles richtig gemacht haben, sondern weil wir ihnen das Leben geschenkt haben. Weil sie damit einer gesetzten Ordnung zustimmen, statt dagegen anzukämpfen. Und weil sie ohne diese Zustimmung nie ganz eigenständig sein werden, so paradox dies auch klingen mag.

Es ist unsere Aufgabe als Eltern, von unseren Kindern Achtung, Ehre und Respekt einzufordern – damit es ihnen wohl ergeht und sie ein langes, glückliches Leben ohne Bitterkeit und ohne ein ungesundes «An-uns-gebunden-Bleiben» führen können.

Suchen Sie das Gespräch mit Ihrer Tochter oder Ihrem Sohn, wenn Sie spüren, dass es ihr oder ihm an dieser Ehre und Achtung Ihnen als Eltern gegenüber fehlt. Ringen Sie gemeinsam darum, wieder zurück in diese lebensfördernde Ordnung finden zu können.

Bereinigen Sie, was zu bereinigen ist. Bitten Sie um Vergebung, wo Sie an Ihren Kindern schuldig geworden sind, wo das Herz Ihres Kindes oder Jugendlichen durch Ihr Fehlverhalten verhärtet wurde. Investieren Sie geduldig und ausdauernd alles, was Ihnen möglich ist, dafür, (wieder) in eine gesunde Herzensbeziehung zu Ihrem Jugendlichen zu kommen. Der Rest liegt dann bei Ihrem Sohn oder Ihrer Tochter, die für sich entscheiden müssen, ob sie ihre Eltern ehren oder sich selbst von all dem Guten, das daraus erwächst, abschneiden wollen.

«Der Segen der Eltern baut das Haus der Kinder»[55]

Der obige Satz steht für mich in gewisser Weise dem Gebot, als Kind die eigenen Eltern zu ehren, gegenüber.

Als Eltern sind wir aufgerufen, unsere Kinder mit Wohlwollen und den besten Wünschen in ihr eigenes Leben hinein zu entlassen.

Segen ist nicht etwas, das von uns kommt, sondern etwas, das wir empfangen und weitergeben. Segen ist wie ein Versprechen, wie eine Gutschrift, die von Gott persönlich eingelöst wird.

Doch so einfach, wie sich dies jetzt vielleicht anhört, ist die Sache mit dem Segnen gar nicht. Gerade wenn es sich um das Loslassen unserer «Brut» handelt, geht der Auftrag des Segnens uns ganz schön an die Nieren. Und vielleicht kommen Ihnen ja einige der nachfolgend aufgeführten Fragen irgendwie bekannt vor:

- *Ob es einen Mann auf dieser weiten Welt gibt, der perfekt genug ist, um meiner Tochter geben zu können, was sie braucht?*
- *Erlernt mein Kind den Beruf, der seinen Fähigkeiten auch wirklich voll angemessen ist?*
- *Muss es denn unbedingt mein Sohn sein, der sich zum Entwicklungshelfer oder Missionspiloten ausbilden lässt, um weit weg von uns den Ärmsten dieser Welt zu helfen??*
- *Muss ausgerechnet meine Tochter sich für ein Leben als Single entscheiden, obwohl ich doch so gerne Großmutter werden wollte?*
- *Es gab so viele bodenständige Frauen, die meinem Sohn schöne Augen machten – muss er jetzt gerade diese Stadttussi heiraten?*

Wenn Eltern nicht bereit sind, die Wege, die ihre Kinder gehen, segnend zu begleiten, bereiten sie nicht nur ihren Kindern, sondern auch sich selbst viel Not und Kummer, die nicht sein müssten. Natürlich können wir nicht immer einverstanden sein und alles gutheißen, was unsere Kinder tun. Und es mag sogar Punkte geben, an denen wir klar und deutlich Einspruch erheben müssen, weil wir sonst zumindest ein Stück weit mitschuldig werden.

Doch darum geht es mir hier nicht. Es geht mir um die Grundhaltung, die wir als Eltern an den Tag legen:

- *Reagiere ich meinen erwachsen werdenden Kindern gegenüber konstruktiv oder destruktiv?*
- *Ist meine Haltung segnend oder niederreißend?*
- *Bin ich grundsätzlich eher freigebend oder eher klammernd?*

Sie werden es nicht bereuen, sich diesen Fragen aufrichtig gestellt zu haben. Die Beziehung zu Ihren kurz vor dem Ausfliegen stehenden oder bereits ausgeflogenen Kindern wird dadurch gefördert, dass Sie ehrlich an Ihren Trennungsängsten oder anderen nicht beziehungsfördernden Prägungen arbeiten.

Nehmen Sie sich wichtig – das sind Sie nämlich wirklich. Aber nicht *zu* wichtig.

Ich merke immer wieder, wie befreiend es ist, mich daran zu erinnern, dass ich als Mutter nicht das Maß aller Dinge bin. Nicht immer sind meine Ideen und Lösungsansätze die einzig möglichen und richtigen, und es steht auch nicht in meiner Macht, das Glück meiner Kinder zu schmieden. Gott sei Dank nicht!

Loslassen ist Vertrauenssache. Es ist gut zu wissen, dass über allem noch der Vater aller Väter steht, dem das Gedeihen unserer im Ausfliegen begriffenen Kinder noch mehr am Herzen liegt als uns Eltern. Im Buch «Wenn Kinder andere Wege gehen»[56] schreibt meine Mit-Autorin Nicola Vollkommer: «Loslassen ist wichtig. Eigene Wünsche und Vorstellungen für das Kind beiseitelegen, aber das Kind als kostbare Person, als Geschenk Gottes trotzdem innerlich festhalten und diese Verbundenheit mit allen Mitteln auch zeigen. Wir können in der Gewissheit leben, dass Gott eine segnende Hand über Familien hält, deren Eltern ihn ernsthaft suchen und für ihre Kinder beten.»

Liebe, Freundschaft und Sexualität

Je älter Ihr Jugendlicher wird, desto größer wird die Wahrscheinlichkeit, dass er eines Tages ganz deftig von Amors Pfeil getroffen wird. Ein neuer Lebensabschnitt beginnt – auch für Sie als Eltern. Ihre Familie bekommt Zuwachs, Prioritäten verschieben sich, und es kommen neue Fragen und Herausforderungen auf Sie zu.

Ist er der Richtige? Ist sie es wirklich?

Vielleicht geht es Ihnen ja so wie mir, dass Sie bei der ersten Verabredung Ihres Jugendlichen fast genauso nervös sind wie Ihre Tochter oder Ihr Sohn.

Mitzuerleben, wie zwischen zwei Menschen die ersten feinen Fäden gesponnen werden, ist eine zutiefst berührende Erfahrung, die alle uns mögliche Sorgfalt und Feinfühligkeit verlangt. Wenn Kinder uns in solch persönlichen Fragen ins Vertrauen ziehen, ist dies eine Ehre, und ich achte darauf, die Grenzen, die sie uns signalisieren, nicht zu überschreiten.

Als Mütter und Väter wollen wir für unsere Kinder nur das Beste. Der Schluss vieler Märchen: «Und sie lebten glücklich und zufrieden bis an ihr seliges Ende», fasst gut in Worte, was ich meinen Kindern in Bezug auf ihre Partnerwahl wünsche.

Doch solche Wunschvorstellungen können auch zum Verhängnis werden. Das Leben ist, leider, kein Märchen. Wir können nicht in die Zukunft sehen und wissen deshalb auch nicht, was das Beste für unser Kind ist. (So sehr ich mir das manchmal tatsächlich einbilde …)

Liebe ist immer ein Wagnis

Was die Partnerwahl betrifft, gibt es keine Rezepte mit absoluter Erfolgsgarantie, sondern nur Hinweise und einige grundlegende Prinzipien, die wir als Eltern an unsere Jugendlichen weitergeben können.

Es macht als Erstes sicher Sinn, dass Ihre Tochter oder Ihr Sohn sich zu Beginn einer Freundschaft fragen, worauf sie letztlich hinauswollen.

Geht es darum, mal einfach auszuprobieren, wie es sich anfühlt, verliebt zu sein und «mit jemandem zu gehen»?

Oder ist es, mal prinzipiell gesehen, das Ziel, das ganze Leben gemeinsam zu verbringen?

Falls es um etwas Ernsthaftes geht, lohnt es sich, zu überlegen, ob beide es sich grundsätzlich vorstellen könnten, mit genau dieser Person zusammen ihr Leben zu teilen, Probleme zu bewältigen und eine Familie zu gründen.

Stimmen die Zukunftsvorstellungen der beiden in etwa überein?

Wenn sie davon träumt, in fernen Ländern große Abenteuer zu bestehen, während er sich nur ein klar strukturiertes Leben in der nahen Kleinstadt vorstellen kann, wird ein gemeinsames Leben für beide sehr herausfordernd sein.

Teilen beide Partner grundsätzliche Werte und Vorstellungen? Oder klaffen diese weit auseinander?

Wenn grundlegende Lebenseinstellungen zu weit auseinanderliegen, wird es sehr schwierig sein, in wichtigen Fragen auf einen gemeinsamen Nenner zu kommen.

Welche Kirche besuchen die zwei? Ist der Glaube an Gott etwas Verbindendes? Oder etwas, das nur einem der beiden wichtig ist?

Ein gemeinsam gelebter Glaube gehört für mich zu den größten Ehe-Kraftspendern, die ich kenne. Diesen wichtigen Bereich nicht mit dem Ehepartner teilen zu können, halte ich – auch aufgrund der Erfahrungen von Paaren aus meinem Bekanntenkreis – für einen großen Nachteil.

Stecken beide noch mitten in der Ausbildung? Oder gibt es konkrete Pläne wie Auslandaufenthalte oder Praktika, die konkrete Auswirkungen auf eine Freundschaft hätten?

Fragen über Fragen, die Ihrem Sohn oder Ihrer Tochter dabei helfen können, sich für oder gegen eine Beziehung zu entscheiden. Und doch gibt es, auch wenn fast alles passen sollte, keine absoluten Sicherheiten. Liebe ist ein Wagnis, und irgendwann kommt der Punkt, wo unser Sohn oder unsere Tochter sich entscheiden muss, entweder allein zu bleiben oder sich auf einen anderen Menschen mit all seinen Stärken und Schwächen, mit seinen Sonnen- und Schattenseiten einzulassen.

Vielen jungen Menschen fällt dies schwer. Was ja kein Wunder ist, wenn wir unsere Gesellschaft anschauen. «Multioptional» und Optimierung heißen die Schlagworte unserer heutigen Gesellschaft. Täglich werden wir mit noch besseren, noch günstigeren, noch attraktiveren Angeboten bombardiert – und unser Sohn soll sich jetzt für eine *einzige* Frau entscheiden? Unsere Tochter soll ihr Herz an jemanden verschenken, von dem sie nie wissen wird, ob er wirklich «der Beste» ist?

Jede Wahl schließt andere Optionen aus. Daran führt kein Weg vorbei, und wir alle müssen, wenn wir glücklich werden wollen, daran arbeiten, aus dem, was wir gewählt haben, das Beste zu machen.

Die Multioptionsgesellschaft entpuppt sich in Bezug auf Beziehungen nur allzu oft als Sackgasse. Glücklich wird, wie ein Beziehungsforscher dies formulierte, das Paar, das es schafft, innerhalb seiner Beziehung all das bis in die Tiefe auszuloten, was es gemeinsam genießen und erleben kann.

Oder, wie Gary L. Thomas es in seinem Buch «Der heilige Hafen» formuliert: «Statt uns zu fragen, ob wir den richtigen Partner geheiratet haben, sollten wir lieber lernen, mit dem Menschen, den wir gewählt haben, zu leben.»[57]

Den eigenen Partner zum Einzigen zu machen und ihn im Laufe des gemeinsamen Unterwegs-Seins zum Besten werden zu lassen, ist ein Ansatz mit Glückspotenzial. Er ist meine Wahl und deshalb der Beste für mich. Liebe ist (auch) eine Entscheidung.

Ob unsere Kinder den richtigen Partner haben, wird nicht zuletzt davon abhängen, ob sie sich irgendwann dazu entschließen, einen einzigen Menschen zum für sie Allerbesten zu krönen und für diese eine Person immer mehr zur Richtigen oder zum Richtigen zu werden.

Werben und umworben werden

Auch wenn wir in einer Welt voller Umbrüche leben, haben sich doch die grundlegenden Bedürfnisse von Mann und Frau kaum verändert. Noch immer schlummert in den Herzen unserer Töchter die Sehnsucht, dass irgendwann ein Prinz kommt und ihnen die Welt zu Füßen legt. Und noch immer träumen junge Männer davon, das Herz der Frau, die ihnen den Kopf verdreht hat, im Sturm zu erobern. Zum Glück.

Das knallharte Geschäft, das vielerorts mit Liebe und Sexualität gemacht wird, kann ja nicht alles sein, was aus dem Garten Eden übriggeblieben ist. Sehnsüchte und Ideale tragen uns Menschen weit über uns selbst hinaus und holen das Beste aus uns heraus – wenn wir an ihrer Umsetzung arbeiten.

Halten Sie die Träume und Sehnsüchte in den Herzen Ihrer jungen Erwachsenen wach. Erzählen Sie Ihre eigene Liebesgeschichte, wie das war, als Sie sich kennengelernt hatten.

Und vielleicht ist dies ja auch der Zeitpunkt, sich als Paar mal wieder ehrlich zu fragen, wie es denn um das Werben in der eigenen Beziehung steht.

- *Investieren wir noch Fantasie und Leidenschaft? Werben wir noch immer um unseren Partner? Oder haben sich Gleichgültigkeit und Langeweile in unserer Beziehung breitgemacht?*
- *Wann hatte ich das letzte Mal Schmetterlinge im Bauch, als mein Partner, meine Partnerin mich anschaute oder berührte?*
- *In welchem Punkt könnten wir uns vom Glück junger Liebespaare wieder neu inspirieren lassen?*

Aus meiner persönlichen Erfahrung weiß ich, dass es möglich ist, sich immer wieder mal ganz neu in den eigenen Ehemann (oder die eigene Ehefrau) zu verlieben. Und es ist langfristig gesehen wohl auch bedeutend unkomplizierter, als sich auf einen neuen Lebensabschnittspartner einzustellen. Es ist, gerade auch für Jugendliche, sehr ermutigend, uns dabei zuzuschauen, wie wir als Eltern in unsere Partnerschaft investieren.

Darf es in Ihrer Ehe Frühling werden?

Ermutigen Sie Ihren Sohn dazu, engagiert und kreativ um die Frau seines Herzens zu werben. (Vielleicht braucht er ein paar Ideen, wie er das anstellen könnte.)

Erklären Sie Ihrer Tochter, wie Mann sich fühlt, wenn er um die Gunst einer Frau wirbt. Zu verstehen, wie groß die Angst vieler Männer vor dem Zurückgewiesen-Werden sein kann, wird ihr dabei helfen, sorgfältig und liebevoll auf Annäherungsversuche zu reagieren. Auch dann, wenn sie die Gefühle des betreffenden Verehrers nicht erwidern kann.

Wo immer dies möglich ist, empfehle ich Jugendlichen, auch die Eltern ihres Freundes oder ihrer Freundin in den Prozess des Werbens mit einzubeziehen. Schließlich sind dies die Menschen, denen unser Jugendlicher seine Freundin oder seinen Freund – zumindest ein Stück weit – verdankt. Es berührt das Herz einer Mutter, wenn sie gefragt wird, ob sie ihre Tochter dem betreffenden jungen Mann anvertrauen will, und es stimmt Väter großzügig, wenn höflich um ihre Zustimmung zu einer Freundschaft gebeten wird.

Jugendliche, die das Prinzip des «Vater-und-Mutter-Ehrens» verstanden haben, werden diesen Schritt gerne tun. Und Eltern, die den Grundsatz des Segnens verinnerlicht haben, werden darauf mit Wertschätzung und Achtung reagieren.

So altmodisch diese Zeilen auch klingen mögen: Die Grundlage, auf der eine Liebesbeziehung steht, entscheidet nicht selten über deren Qualität und Dauer. Rücksichtslosigkeit oder Respektlosigkeit den Eltern seines Partners gegenüber ist ein Bumerang, der über kurz oder lang auf unseren Jugendlichen zurückfallen kann.

Das Gespräch suchen – Ratgeber bleiben

Suchen Sie das Gespräch mit Ihren Jugendlichen. Interessieren Sie sich dafür, wie es ihnen in ihrer Liebesbeziehung geht, was sie gerade beschäftigt oder ihnen Sorgen macht.

In einer Gesellschaft, die keine allgemein gültigen Normen in Bezug auf Beziehungen und Sexualität mehr kennt, müssen junge Paare schon sehr früh entscheiden, wie sie mit ihrer Sexualität umgehen wollen. Tun sie dies nicht, landen sie früher oder später an einem Punkt, den sie vielleicht noch gar nicht ansteuern wollten, und müssen Entscheidungen treffen, für die sie eigentlich noch nicht bereit sind.

Welche Zärtlichkeiten gehören zu welchem Beziehungsabschnitt?

Viele Jugendliche sind sich nicht bewusst, was geschieht, wenn sie ihren Gefühlen einfach freien Lauf lassen. Sie stecken sich in Bezug auf den Umgang mit Sexualität zwar Ziele, machen sich aber teilweise wenig Gedanken über den Weg, auf dem diese auch tatsächlich zu erreichen sind, und finden sich plötzlich in Situationen wieder, die sie noch gar nicht anpeilen wollten. «Wir haben uns gar nichts dazu überlegt» oder «Wir wollten doch noch gar nicht miteinander schlafen», heißt es dann.

Setzen Sie sich dafür ein, dass sich das junge Paar zu diesem Punkt wirklich Gedanken macht und sich bewusst ist, dass man die Milch, bildlich gesprochen, auf niedriger Flamme erwärmen muss, wenn sie nicht überkochen soll.

Logisch, leider aber oft nicht im Voraus bedacht und besprochen.

Sprechen Sie Ihre Jugendlichen darauf an, wie sie in ihrer Beziehung mit Zärtlichkeit und Sexualität umgehen wollen. Fordern Sie die beiden auf, den geplanten Verlauf ihrer Freundschaft mal auf Papier zu skizzieren und dazuzuschreiben, welcher körperliche Ausdruck von Liebe ihrer Meinung nach zu welchem Beziehungsabschnitt gehört.

Keine leichte Aufgabe in einer Gesellschaft, die den Begriff «Sorgfältiges Sich-Annähern» kaum buchstabieren kann und in der es für viele normal ist, dass das erste nähere Kennenlernen im Bett stattfindet. Dass dabei wichtige Schritte übersprungen werden, erkennen viele Menschen erst später, wenn sie merken, dass Sexualität alleine noch keine stabile Beziehungsgrundlage darstellt. Wir alle verbringen in einer normalen Woche deutlich mehr Zeit mit alltäglichen und banalen Tätigkeiten als mit ekstatischen Liebesabenteuern – willkommen in der Realität!

Dauerhafte Beziehungen zeichnen sich dadurch aus, dass nicht nur die körperlich-sexuelle, sondern auch die geistige und seelische Verbindung zwischen den Partnern gepflegt und vertieft wird.

Viele Paare aus meinem Bekanntenkreis drücken aus, was auch wir selbst genauso erlebt haben: Dass körperliche Zärtlichkeiten während ihrer Freundschaftszeit eigentlich zu viel Raum eingenommen haben. Und dass sie heute (wenn sie denn das wüssten, was sie inzwischen aus der Erfahrung wissen) mehr in die anderen Bereiche wie gemeinsame Unternehmungen und tiefe Gespräche investieren würden.

Je ganzheitlicher eine Beziehung entwickelt wird, desto besser.

Alles hat seine Zeit. Wer zu einem gediegenen Abendessen mit fünf Gängen eingeladen wird, verdirbt sich die Sache, wenn er bei der Vorspeise dauernd nach dem Hauptgang schielt, während des zweiten Ganges schon nur noch ans Dessert denkt und weder ein Auge für die Schönheit der Tischdekoration noch für sein Gegenüber hat.

Und wie ein stilvolles Abendessen verläuft auch eine gesunde Beziehung in solchen «Gängen», die jeder für sich allein schon einen Genuss darstellen. Einander mit Blicken liebkosen, Händchenhalten und stundenlang spazieren gehen? Wunderbarer Einstieg – mehr braucht es noch gar nicht. Sich umarmen, den ersten zarten Kuss austauschen und es dabei erst mal bewenden lassen, bis so viel an Nähe und Vertrauen gewachsen ist, dass stürmischere Zärtlichkeiten die passende Beilage sind.

Stilvoller Genuss statt Fastfood ist angesagt. Ermutigen Sie Ihre

Jugendlichen dazu, die Kunst des Genießens auch in Bezug auf Zärtlichkeit und Nähe zu erlernen und in ihrer Beziehung zu pflegen. Unterstützen Sie sie dabei, ein Gespür für den richtigen Zeitpunkt, für das Zuwenig oder Zuviel zu entwickeln und sensibel auf das zu reagieren, was der Partner ausdrückt. Gesunde Selbstbeherrschung geht immer Hand in Hand mit der Fähigkeit, Gefühle und Intuitives wahrzunehmen und angemessen darauf zu reagieren.

Menschen reagieren ja auch auf Berührungen oder Sinnesreize total unterschiedlich. Zu realisieren, «die eine Berührung löst in mir zärtliche Gefühle aus, während eine andere meine Lust, mit dem Partner zu schlafen, anfacht», ist einerseits eine Hilfe, um verfrühte sexuelle Intimität zu vermeiden, andererseits aber auch eine geniale Vorbereitung auf beglückende sexuelle Erfahrungen. Nur Menschen, die sich spüren, werden in ihrer Ehe tiefe Erfüllung und Leidenschaft erleben und sensibel auf die Bedürfnisse ihres Partners eingehen können.

Wo das einzelne Paar die Grenze ziehen will, muss es in gemeinsamer Absprache und gegenseitiger Rücksichtnahme entscheiden. Menschen reagieren, auch was Zärtlichkeiten und Berührungen betrifft, sehr unterschiedlich. Was der eine als aufreizend empfindet, lässt den anderen möglicherweise noch ziemlich kalt. Wichtig erscheint mir deshalb auch in diesem Bereich eine offene Kommunikation, in der beide Partner sich ehrlich äußern und vom anderen ernst genommen und respektiert werden. Keiner der beiden Partner sollte bei Dingen zustimmen oder mitmachen, zu denen er kein inneres Ja hat.

Falls das Paar sich dafür entscheidet, das Sex-Haben für die Ehe aufzusparen, stellt sich natürlich die Frage, wie man den Begriff definiert. Geht es nur darum, dass der Penis nicht in die Vagina eingeführt wird, oder findet Sex auch da statt, wo Paare einander beispielsweise durch Petting zum Orgasmus bringen? Was bedeutet der biblische Begriff des «Einander Erkennens» ganz konkret? Persönlich bin ich überzeugt, dass «Sex haben» nicht allein durch die genitale Vereinigung stattfindet. Ich verstehe das «Sich Erkennen», von dem die Bibel spricht, deutlich umfassender und rate Paaren deshalb, zu definieren, was genau sie mit «Warten» meinen.

Respektiert einer der Partner die Grenzen nicht, die ihm der andere setzt, hat das Paar ein Problem, das auf gar keinen Fall banalisiert werden sollte. Denn Respekt gehört zu den Grundfaktoren einer gelingenden und für beide Partner beglückenden Beziehung.

Eine Freundschaft, die davon lebt, dass der eine Partner seine eigenen Gefühle oder Stoppsignale «dem anderen zuliebe» übergeht, endet meiner Erfahrung nach leider nur allzu oft als Tragödie. Persönlich ziehe ich in diesem Punkt ein Ende mit Schrecken dem Schrecken ohne Ende eindeutig vor.

Mangel an Respekt kann in der Freundschaftszeit ein durchaus berechtigter Trennungsgrund sein.

Heiraten oder «Häusle bauen»?

Seelische und körperliche Vertrautheit sollten sich, wie bereits ausgeführt, in einer Beziehung einigermaßen im Gleichschritt entwickeln können. Wer Sexualität für die Ehe aufsparen will, muss sich deshalb überlegen, wie er seine Freundschaft plant. Denn so viel ist sicher:

Je näher sich zwei Menschen kommen, desto größer wird auch ihr Wunsch, miteinander zu schlafen, und es kann der Punkt kommen, wo das Warten echt zur Qual wird, weil logischerweise jetzt «Heiraten» dran wäre.

Und warum eigentlich nicht? Müssen Hochzeiten wirklich ein Vermögen kosten, oder gäbe es andere, ebenso fröhliche und beglückende Formen, den Bund fürs Leben zu feiern? Muss das Studium wirklich abgeschlossen sein, muss man die ganze Welt bereisen, bevor man heiratet? Provokante Fragen in einer Zeit, in der «Heiraten und Kinderkriegen» sozusagen das späte i-Tüpfelchen ist, das man setzt, nachdem zuerst mal erfolgreich Karriere gemacht und ein eigenes Haus gebaut wurde.

Doch Hand aufs Herz: Auch in einer Studentenbude lässt es

sich herrlich lieben, reisen kann man zu zweit mindestens so gut wie alleine, und kleine Kinder scheren sich kaum darum, ob sie im eigenen Haus oder in einer Mietwohnung aufwachsen. Ein gesundes Maß an Flexibilität und Offenheit könnte meines Erachtens in dieser Frage ein wichtiger Schlüssel zu mehr Entspanntheit und Zufriedenheit sein.

Als Christ erziehen

Christen sind im Umgang mit ihrer Sexualität ebenso herausgefordert wie Menschen, in deren Leben der Glaube an Gott keinen zentralen Stellenwert hat. Der Wunsch nach sexueller Befriedigung und Erfüllung gehört zu unserem Menschsein, und es gibt keinen Grund, sich dafür zu schämen oder diese Ursehnsucht bekämpfen zu wollen. Wir sind vom Schöpfer her auf Beziehung, auf das Einswerden mit einer anderen Person programmiert, und Gott wünscht sich nichts mehr, als dass wir dieses Geschenk in vollen Zügen genießen. Wenn wir uns als Christen nur darauf fixieren, wie weit wir noch gehen können, ohne die Grenzen definitiv überschritten zu haben, dann zeigt dies, dass wir noch nicht wirklich begriffen haben, worum es dem himmlischen Vater im Tiefsten geht, wenn er uns als seinen Kindern Anweisungen für den Umgang mit Sexualität gibt.

Christen, die mit dem Gefühl leben, durch das Einhalten von Gottes Ordnungen zu kurz zu kommen, gleichen Ziegen, die, egal wie riesig und saftig ihre Weide auch sein mag, immer unter dem Zaun durchfressen, weil sie überzeugt sind, dass das Gras jenseits des Zaunes bestimmt noch etwas grüner und saftiger ist. (Als stolze und durchaus fürsorgliche Ziegenhalter beobachteten wir dieses Phänomen über Jahre hinweg täglich neu mit großer Verwunderung.)

Nicht unsere sexuellen Bedürfnisse trennen uns von Gott, sondern das tiefe Misstrauen, das im Garten Eden seinen Anfang genommen hat und uns seither immer wieder in die Falle lockt. Die Fixierung auf den einen Baum, von dem nicht gegessen werden soll, nimmt uns gefangen, und wir verstecken uns misstrauisch hinter unseren Barrikaden. Wie schade!

In der sexuellen Gemeinschaft von Eheleuten wird etwas von Gottes Wirklichkeit sichtbar. Oder, wie Robertson McQuilkin es formuliert:

«Der erste Zweck der Ehe ist liebende Gemeinschaft – die Einheit von zwei Menschen in einer Beziehung, die das Wesen Gottes selbst widerspiegelt.»[58]

Wer dies verstanden hat, wird Sexualität meiner Einschätzung nach freiwillig und aus Überzeugung nur in einem dieser geistlichen Wirklichkeit angemessenen Rahmen leben wollen.

Doch nicht immer gelingt dies. Auch Christen scheitern, übertreten Grenzen oder kommen vom Weg ab. Das Buch der Bücher berichtet darüber – offen und schonungslos. Am Beispiel des großen Liederdichters und Königs David wird uns aufgezeigt, dass Menschen schwere Fehler begehen und doch im Bereich von Gottes Freundschaft bleiben können. David wird als «Mann nach dem Herzen Gottes» bezeichnet, obwohl es dafür – aus meiner Sicht zumindest – perfektere Kandidaten gäbe. Immerhin ist David ein Meuchelmörder und Ehebrecher. Was macht diesen Mann trotzdem zu einem Geliebten Gottes?[59]

Unter anderem wohl seine Ehrlichkeit und die Bereitschaft zu echter Reue und Umkehr.

Unsere Liebe zu Gott zeigt sich nicht darin, dass wir es schaffen, alles richtig zu machen, sondern in der Bereitschaft zur Umkehr, wenn wir merken, dass wir uns verlaufen haben.

Nicht immer werden uns dadurch die Konsequenzen unseres Handelns erspart, doch wir bleiben im Einflussbereich der Güte und des Erbarmens Gottes, die jeden Morgen neu sind.

Der Vater aller Väter macht sich über seine Kinder keine Illusionen – und ist trotzdem Idealist: Immer bereit, uns Gutes zuzutrauen oder uns eine neue Chance zu geben, wenn wir es vermasselt haben. Wie alle Väter und Mütter freut er sich über Kinder, die sich ernsthaft bemühen, ihn zu lieben und zu ehren.

Christen sind wirklich nicht besser als andere Leute.

Aber sie sind besser dran – und deshalb durchaus zu beneiden!

Verliebt, verlobt, verheiratet

Drei Worte, die einen Rhythmus vorgeben, der auch etwas über die Verbindlichkeit einer Beziehung aussagt.

Mit diesem letzten Kapitel überschreiten wir die im Inhaltsverzeichnis meines Buches angesprochene Altersgrenze von zwanzig Jahren. Die meisten jungen Leute heiraten heute ja erst mit 25 bis 30 oder später. Und doch, so scheint mir, gehören Partnerwahl, Verlobung und Heirat als eigentlicher Schlusspunkt zu unserem Thema dazu. Deshalb nun also dieser Kapitelzusatz.

Verliebt

Dieser Begriff leitet die Phase des Kennenlernens ein. In diesem Beziehungsabschnitt sollten das Gespräch sowie gemeinsame Unternehmungen, bei denen sich die Partner in unterschiedlichen Situationen erleben, im Mittelpunkt stehen. Es geht ja darum, sich zu entscheiden, ob man mit diesem einen Menschen sein ganzes Leben teilen möchte oder nicht.

Sehr zu empfehlen ist es übrigens, dass ein Paar sich von Anfang an begleiten lässt. Sich regelmäßig mit einem anderen Paar zu treffen, das schon verheiratet ist, hilft, die Beziehung auf ein gesundes Fundament zu stellen. Und für den Fall, dass das Paar in eine Krise gerät, sind bereits vertraute Wegbegleiter da, die ihm mit Rat und Tat zur Seite stehen.

Junge Menschen leben heute oft eine große räumliche und körperliche Nähe zu Gleichaltrigen. In gemischten WGs zusammenzuwohnen ist üblicher, als es dies zu meiner Zeit war, und generell begegnen sich Männer und Frauen deutlich ungezwungener, als dies in meiner Jugend der Fall war. Was durchaus Vorteile hat, aber das Finden eines Partners nicht unbedingt leichter macht.

Küsschen und Umarmungen sind längst nicht mehr den engsten Freunden vorbehalten. Gleichzeitig nimmt die Bereitschaft oder Fähigkeit, sich auf einen einzigen Menschen zu fokussieren, eher ab. Unverbindlichkeit und Bindungsunfähigkeit werden in unserer grenzenlos offenen und freizügigen Gesellschaft zu einem ernst zu nehmenden Problem.

Fragen Sie Ihre Verliebten, ob sie schon abgesprochen haben, wie weit sie in ihrer körperlichen Beziehung gehen wollen. Empfehlen Sie ihnen, Grenzen abzusprechen und sich dann gegenseitig dabei zu unterstützen, diese auch einzuhalten.

Bewährt hat sich meiner Erfahrung nach die Abmachung, dass Kleider nicht ausgezogen werden und die Bikini- und Badeshorts-Zone für Berührungen tabu ist. Wenn junge Leute mir ernsthaft versichern, dass sie sich gegenseitig an erogenen Zonen berühren oder im selben Bett schlafen, ohne dass dabei «etwas läuft», dann gibt es für mich nur zwei Möglichkeiten: Entweder schlägt dieses Paar demnächst den Weltrekord in der Disziplin Selbstbeherrschung, oder, wie eine Freundin dazu trocken meinte, es stimmt etwas nicht mit den beiden …

Empfehlen kann ich Verliebten, vor allem wenn Heiraten noch lange kein Thema ist, viel Zeit mit anderen zusammen, mit befreundeten Paaren oder mit der Familie zu verbringen.

Junge Leute aus unserem Freundeskreis hatten für sich die Entscheidung getroffen, ihre Zimmertür immer einen Spaltbreit offen zu lassen, wenn sie sich als Paar zurückzogen. Sie waren während sehr langer Zeit befreundet, und es war ihnen wichtig, sich selber davor zu schützen, ihre miteinander abgesprochenen Grenzen zu überschreiten. Hut ab, finde ich. Die zwei sind unterdessen verheiratet und wirken entspannt und glücklich. Das lange Warten scheint ihnen nicht geschadet zu haben.

Mit Grenzüberschreitungen umgehen

Der Umgang mit sexueller Lust und Erotik ist ein Thema, das von verschiedenen Paaren total unterschiedlich erlebt wird. Während es manchen Paaren ziemlich leichtfällt, ihre Abmachungen einzuhalten, tun sich andere schwer damit.

Auch wenn Paare entschlossen sind, nicht miteinander zu schlafen, kann es vorkommen, dass sie weiter gehen, als sie es geplant oder vereinbart hatten. In solch einer Situation brauchen junge Paare weise Ansprechpartner, die sie nicht mit Vorwürfen eindecken, sondern ihnen dabei helfen, mit der Situation hilfreich umzugehen.

Was tut man, wenn man bei einer Wanderung vom Weg abkommt? Man gesteht sich ein, dass man sich verirrt hat, und kehrt auf den vorgesehenen Weg zurück.

Unterstützen Sie das Paar dabei, wieder auf den von ihm selbst gewählten Weg zurückzukehren. Wer einmal mit seinem Partner geschlafen hat, obwohl er dies außerhalb der Ehe für falsch hält, muss es deswegen noch lange nicht wieder tun. Wer vom Weg abgekommen ist, kann wenden, bis zur Abzweigung zurückkehren und dort wieder in die gewünschte Richtung einspuren.

Helfen Sie den jungen Leuten dabei, wieder einzuspuren und so miteinander umzugehen, dass sie die Ziele, die sie sich in Bezug auf den Umgang mit Sexualität stecken, auch erreichen können.

Wo überfordert das Paar sich gegenseitig?

Wo sind konkrete Verhaltensänderungen angesagt?

An welchem Punkt könnten Sie als Eltern den jungen Leuten eine Hilfe sein?

Auch falls durch das ungeplante Miteinander-Schlafen eine Schwangerschaft eintritt, brauchen die jungen Leute Unterstützung. Scheuen Sie sich bitte nicht, die Hilfe einer Fachstelle in Anspruch zu nehmen, wenn Sie unsicher sind, wie Sie als Eltern mit der veränderten Situation umgehen sollen.[60] Oft tun sich im Gespräch mit einer außenstehenden Person Wege auf, an die man noch gar nicht gedacht hat. Was unlösbar schien, kann für alle Beteiligten durchaus zu einer Chance werden.

Über Verhütung reden

Wenn Paare keinen Sinn darin sehen, mit dem Ausleben ihrer Sexualität bis zur Hochzeit zu warten, sollten sie sich Gedanken zum Thema «Familienplanung» machen. Fragen Sie nach, ob Ihr Sohn oder Ihre Tochter sich der Verantwortung bewusst sind, die sie mit der Entscheidung, Sex zu haben, auf sich nehmen. Wurden mögliche Konsequenzen in Betracht gezogen, oder lebt das

Paar eher gedankenlos drauflos, weil es davon ausgeht, dass eine ungeplante Schwangerschaft immer nur andere betrifft?

Stellen Sie sicher, dass das junge Paar wirklich weiß, wie Verhütungsmittel richtig eingesetzt und korrekt angewendet werden. Junge Menschen sind teilweise deutlich weniger gut informiert, als es den Anschein macht.

Den eigenen Stil beibehalten – Respekt einfordern

Als Eltern sind Sie gerade auch im Umgang mit erwachsen werdenden Kindern herausgefordert, Ihren eigenen Werten und Grundeinstellungen treu zu bleiben.

Passen Sie sich nicht dem Stil Ihrer Jugendlichen an. Vertreten Sie weiterhin das, was Ihnen am Herzen liegt, und fordern Sie – auch von Ihren erwachsenen Kindern – die Einhaltung Ihrer Hausregeln ein. Sie sind (im Rahmen Ihrer Einflussmöglichkeiten selbstverständlich) für das verantwortlich, was in Ihrem Haus oder Ihrer Wohnung geschieht. Formulieren Sie klar, was unter Ihrem Dach geht und was nicht. Machen Sie in Bereichen, die Ihnen wichtig sind, keine Kompromisse, denn die Erfahrung zeigt, dass ein Kompromiss meist weitere nach sich zieht. Was so weit gehen kann, dass Sie sich irgendwann im eigenen Haus fremd und unwohl fühlen.

- *Sie möchten nicht, dass in Ihrem Zuhause geraucht oder übermäßig Alkohol konsumiert wird?*
- *Sie wollen nicht, dass der Freund Ihrer Tochter bei ihr im Zimmer übernachtet?*
- *Sie mögen keine Fluchwörter oder schmutzigen Witze hören?*
- *Sie wollen nicht, dass unter Ihrem Dach Pornografie konsumiert wird?*
- *Sie hassen gewaltverherrlichende Filme und Ballergames?*

Kommunizieren Sie, was Sie von Ihren Kindern und deren Freunden erwarten, und bestehen Sie darauf, dass Ihre Wünsche respektiert werden. Beziehungen leben von gegenseitiger Achtung. Ihre Kinder zu lieben bedeutet nicht, ihnen an jedem Punkt entgegenzukommen und eigene Werte der Harmonie zuliebe zu opfern. Sogar wenn Sie damit an manchen Punkten auf Widerstand stoßen sollten, ist es meiner Überzeugung nach doch der Weg, auf dem Sie – sich selbst und Ihren Kindern gegenüber – glaubwürdig und authentisch bleiben.

Gleichzeitig ist es elementar, unsere Kinder unabhängig davon, was sie tun oder welche Meinungen sie vertreten, zu lieben und zu achten. Weder unsere Beziehung zu ihnen noch ihr Wert hängen an der Frage, ob sie in unseren Fußstapfen gehen oder nicht. Außerhalb Ihres Verantwortungsbereiches können Sie Ihren erwachsenen Kindern auch nicht mehr vorschreiben, was sie zu tun oder zu lassen haben. Sie treffen nun ihre eigene Wahl und tragen selbst die Verantwortung für ihr Leben. Wir können das Herz unserer Kinder nicht steuern oder beherrschen – zum Glück nicht. Sie sind frei, andere Wege zu wählen, auch wenn dies für uns sehr schmerzhaft sein kann. Unser Loslassen ist einmal mehr gefragt – und gleichzeitig die Fähigkeit, für unsere Kinder da zu sein, wenn sie uns brauchen. Ohne uns selbst jedoch zu verleugnen oder aufzugeben.

Im Buch «Wenn Kinder andere Wege gehen», das ich gemeinsam mit Nicola Vollkommer verfasst habe, erzählen Mütter und Väter, wie sie damit umgingen, dass ihre Kinder in unterschiedlichen Bereichen den Werten ihrer Eltern den Rücken kehrten. Die persönlichen Interviews sowohl mit betroffenen Eltern als auch mit ihren «abgedrifteten» und zurückgekehrten Kindern machen «Wenn Kinder andere Wege gehen» zu einem ermutigenden Navi für herausfordernde Zeiten.

Krisen bewältigen

Sobald die ersten rosa Wolken abgezogen sind, kommen manche Freundschaften in die Krise. Ernüchterung macht sich breit, und Streit oder Auseinandersetzungen stellen die erste Liebe auf eine harte Probe. Er ist klammernd, sie braucht Freiheit; er verbringt die freien Nachmittage beim Training, sie träumt von romantischen Spaziergängen … was auch immer.

Helfen Sie Ihren Jugendlichen dabei, sich konstruktiv mit der

Andersartigkeit ihres Partners auseinanderzusetzen und den eigenen Defiziten ehrlich ins Auge zu schauen. Unterstützen Sie Ihren Sohn oder Ihre Tochter dabei, sich Schwierigkeiten zu stellen, statt davonzulaufen. «Wir passen einfach nicht zusammen» kann auch zur Ausrede werden, die persönliches Wachstum verhindert. Oft hilft es jungen Paaren, mit etwas älteren Bezugspersonen regelmäßig auszutauschen und sich als Paar im gemeinsamen Reifungsprozess begleiten zu lassen.

Offenheit – sich einander anvertrauen

Je länger sich ein Paar kennt, desto offener sollte es miteinander im Gespräch sein. Wer körperliche oder seelische Handicaps und Narben verschweigt, weil er den Partner nicht vor den Kopf stoßen will, betrügt sich und den anderen. Oft genug mit katastrophalen Konsequenzen. Wenn es darum geht, zu entscheiden, ob man ein ganzes Leben miteinander verbringen will, muss man auch wissen, was denn alles zu dieser Person gehört, zu der man vor dem Traualtar Ja sagen wird.

«Ich kaufe keine Katze im Sack!» Damit begründen viele Menschen den Entschluss, bereits vor der Eheschließung miteinander zu schlafen. Doch ob man die Katze wirklich ohne Sack kriegt, ist weniger eine Frage des Ausprobierens von Sexualität als davon, ob man zu gegenseitiger Offenheit, Ehrlichkeit und Transparenz fähig und bereit ist.

Wenn eine Frau eine diffuse Angst vor Männern und männlicher Sexualität empfindet oder sich selbst als gefühlskalt und kaum erregbar erlebt, muss ihr Zukünftiger dies erfahren. Wenn ein Mann weiß, dass er unter Erektionsstörungen leidet, sollte er dies nicht aus Scham verschweigen und darauf hoffen, dass das Problem sich in Luft auflöst, sobald er die richtige Frau zum Altar führt.

Was auch immer es sein sollte: Fordern Sie Paare dazu auf, sich dem geliebten Menschen auch in den Punkten anzuvertrauen, die sie viel lieber verdrängen oder für sich behalten würden.

Natürlich muss für solche Gespräche der richtige Zeitpunkt und ein passender Rahmen gefunden werden. Dem anderen mitzuteilen, dass man bereits sexuelle Beziehungen oder sehr enge seelische Verbindungen zu anderen Partnern hatte, erfordert Mut, Vertrauen und ein Empfinden dafür, welche Details erzählt und welche ausgelassen werden sollten.

Über erlebte körperliche oder seelische Übergriffe ins Gespräch zu kommen, kann Paare ziemlich überfordern, wenn sie damit alleingelassen werden. Nichtsdestotrotz ist es enorm wichtig, dass es angesprochen und ausgesprochen wird.

Ermutigen Sie Ihren Sohn oder Ihre Tochter unbedingt dazu, sich für schwierige Gespräche die Unterstützung von erfahrenen Begleitpersonen zu suchen.

Als Eltern eine solche Beraterfunktion zu übernehmen, würde ich Ihnen eher nicht empfehlen. Neutrale Personen sind für solche Situationen meist viel besser geeignet.

Manchmal macht es Sinn, dass der betroffene Partner eine Therapie beginnt, um seine belastenden Erfahrungen aufzuarbeiten. In anderen Fällen empfiehlt es sich, dass das Paar gemeinsam eine Lebensschule besucht oder eine Therapie in Anspruch nimmt – damit das bisher angesammelte Lebensgepäck nicht zum Beziehungskiller wird.

Gerade über das Schwierige in unseren Leben muss unbedingt geredet werden, wenn eine Beziehung langfristigen Bestand haben soll. Wir alle sind darauf angewiesen, dass unser Partner nicht nur zu unseren guten Seiten, sondern auch zum uns belastenden Gepäck ein freiwilliges und überzeugtes Ja finden kann

Verlobt

Wer sich verlobt, drückt damit aus, dass die Kennenlernphase grundsätzlich abgeschlossen ist und dass der Wunsch da ist, in absehbarer Zeit zu heiraten. Doch noch kann die Beziehung wieder aufgelöst werden, ohne dass dies rechtliche oder finanzielle Konsequenzen hat.

Das ist ein wichtiger Hinweis, gerade auch für das Gestalten der körperlichen Beziehung, meine ich. Verlobte sollten sich so verhalten, dass sie sich wieder aus der Beziehung lösen können, wenn sie merken, dass es aus irgendeinem Grund nicht möglich ist, eine gemeinsame Zukunft in Angriff zu nehmen. Und zwar ohne das Gefühl, durch körperliche Intimität oder ein gemeinsames Kind oder was auch immer schon fast unauflöslich aneinander gebunden zu sein.

Zwei unserer vier Kinder lösten eine Verlobung auf, weil sie merkten, dass sie trotz großer Bemühungen kein ganzes Ja zu ihren Verlobten hatten. Was sich bereits in der Freundschaftszeit gezeigt hatte, verstärkte sich, als sie anfingen, ihre Hochzeit zu planen. Es kostete beide viel Mut und viele Tränen, ihre Verlobungen aufzulösen, und auch für uns als Familie waren dies zwei sehr schmerzhafte Zeiten. Wir hatten die Verlobten unserer Kinder ins Herz geschlossen; sie aufgrund der Entscheidung unserer Kinder aus unserem Leben verschwinden zu sehen, tat weh. Und doch ist in unserer Kultur die Verlobungszeit eine Zeit des nochmaligen Prüfens, die auch mit einem Nein enden kann.

Verlobt ist nicht verheiratet. Jeder dieser Begriffe macht nur so weit wirklich Sinn, wie er auch mit Leben und mit Inhalt gefüllt ist. Wenn Paare Geschlechtsverkehr haben, ohne verheiratet zu sein, ist dies meiner Ansicht nach ebenso widersprüchlich wie eine platonische Ehe.

Wir haben uns den Umgang mit diesen Themen wirklich schwergemacht. Da fragen Leute: «Ja, aber wieso sollen wir nicht im Konkubinat leben, wir sind doch so gut wie verheiratet?», während sie, wenn es ans Ausfüllen von Dokumenten geht, ohne nachzudenken bei «Zivilstand: ledig» ihr Kreuz setzen.

Wie herrlich unkompliziert wäre es doch, wenn wir uns dafür entscheiden könnten, das, was wir reden, auch zu leben: Sich befreunden, sich verloben und sich verheiraten – jeweils mit dem entsprechenden dazugehörenden körperlichen Ausdruck. Dann wäre eine Hochzeit auch wirklich eine Hochzeit – und nicht eine Art «Nachfeier» des Zusammenziehens. Und es wäre, gerade auch für junge Menschen, wieder einfacher zu verstehen, welche Bedeutung eine öffentlich vollzogene Trauung hat.

Verlobten kann ich übrigens nur ans Herz legen, einen Ehevorbereitungskurs zu besuchen.

Es tut gut, diesen wichtigen Lebensabschnitt unter fachkundiger Begleitung zu gestalten. Ehe-Bereitschaftsanalysen helfen den Paaren, sich darüber klar zu werden, ob eine gemeinsame Zukunft realistisch ist – und falls ja, wie diese aussehen könnte.

Auch über die Unterschiede von Mann und Frau, über Sexualität und Intimität wird in solchen Kursen offen geredet. Manchen Schwierigkeiten wird so bereits im Vorfeld der Wind aus den Segeln genommen, und das zum Kurs gehörende Abschlussgespräch einige Wochen nach der Hochzeit ermöglicht es, in bereits vertrautem Rahmen über Enttäuschungen oder Fragen in Bezug auf Ehe und Sexualität reden zu können und nach entsprechenden Lösungen zu suchen.

Leider waren zu meiner Zeit solche Kurse noch nicht selbstverständlich im Angebot. Wir hätten uns manche Schwierigkeit erspart, wenn wir mehr darüber gewusst hätten, wie man eine sexuelle Beziehung sorgfältig aufbaut und lebt, statt sich kopfüber hineinzustürzen und erst mal hart auf dem Boden der Realität zu landen. Das erste Mal ist bei den meisten Paaren ja nicht gerade ein Höhenflug … Was auch nicht weiter schlimm ist, wenn man es weiß und sich darauf vorbereitet. Wer sich mittags am Traualtar ewige Treue verspricht, hat ja in der Regel ein Leben lang Zeit, seine Liebesfähigkeit auch in ihrem körperlichen Ausdruck zu erweitern.

«Liebe ist ein Gefühl, das man lernen muss», so hieß der Titel eines Buches von Walter Trobisch, das in meiner Jugendzeit zu den Bestsellern gehörte. Auch in Bezug auf Sexualität fallen die wenigsten Paare gleich als Meister vom Himmel. Das sexuelle Miteinander erfordert die Fähigkeit, sich aufeinander einzustellen, aufeinander zu warten und es miteinander auszuhalten, wenn manche Liebesnacht nicht halb so erotisch endet, wie sie in den Tagträumen begonnen hatte. Es erfordert Vertrauen, dem anderen intime Wünsche und Sehnsüchte mitzuteilen. Wer liebt, macht sich verletzlich. Wer sich bedürftig zeigt, riskiert es, enttäuscht zu werden.

Oft klaffen die sexuellen Bedürfnisse weit auseinander. Er möchte immer, während sie mit etwas Kuscheln schon ganz zufrieden wäre. Und auch das Gegenteil ist häufiger der Fall, als dies in der öffentlichen Meinung bekannt ist: Dass sie gerne Sex hätte, während ihr Partner sich dazu kaum aufraffen kann. Solche Frauen leiden oft doppelt: Einerseits fühlen sie sich abgelehnt oder zurückgestoßen, weil sie körperlich nicht begehrt werden, und andererseits müssen sie sich das Gejammere ihrer Freundinnen anhören, deren Ehemänner einfach nie genug bekommen.

Warum die Bedürfnisse von Mann und Frau häufig so gegensätzlich sind, fragen Sie mich? Das hat zum einen biologische Gründe, hängt sowohl mit den Hormonen und dem weiblichen Zyklus wie auch mit Schwangerschaften, Geburten und vielen weiteren Faktoren zusammen. Und natürlich mit unserem Charakter, unserer Genetik und unserer Prägung. Wie andere Eigenschaften ist auch unsere «Sinnlichkeit» unterschiedlich ausgeprägt. Als Teenager stellte ich fest, dass es in unserer Schulklasse Mädchen gab, die bei vielen Jungs einen Testosteronschub auslösten, sobald sie das Schulzimmer betraten. Während bei meinem Eintreten kaum ein Junge den Kopf hob. Ganz offensichtlich gehörte ich nicht zu den Mädels mit dem stärksten Sex-Appeal. Was definitiv Vor- und Nachteile hat.

Doch Geduld und Engagement bringen auch in Bezug auf Erotik und Sinnlichkeit in vielen Fällen tatsächlich Rosen. Sexualität kann gelernt werden, Sinnlichkeit und Lust können geweckt und gepflegt werden, dazu gibt es heute glücklicherweise sehr wertvolle Bücher und Kursangebote. Und auch die Zeit schafft bei vielen Paaren einen gewissen Ausgleich: Während der sexuelle Appetit bei den meisten Männern mit zunehmendem Alter abnimmt, kommen Frauen in einer von Wertschätzung geprägten Beziehung oft zunehmend auf den Geschmack. Die Zufriedenheit in Bezug auf sexuelle Erfüllung steigt (wie Paar-Umfragen zeigen) bei einer Mehrheit in der Lebensmitte kontinuierlich an. Gewachsenes Vertrauen und gemeinsam Erlebtes fördern offensichtlich bei vielen Paaren auch die Fähigkeit zu tiefer Hingabe und beglückender, verbindender Intimität.

Torschlusspanik

Manche Paare kriegen kurz vor der Hochzeit nochmals ernsthaft die Krise. Was jedoch nicht bedeuten muss, dass mit der Beziehung etwas nicht stimmt. Oft wird uns Menschen einfach erst kurz vor einem wichtigen Schritt dessen Tragweite bewusst. Schaffe ich das? Werde ich meinem Partner ein Leben lang treu sein können? Werde ich ihn auch noch lieben, wenn er älter wird oder wenn das, was mich jetzt so anzieht, sich verändert? Was, wenn der andere sich in eine Richtung entwickelt, die mir nicht gefällt?

Berechtigte Fragen und Ängste, vor allem für Paare, die mit «bis dass der Tod uns scheidet» ernst machen möchten.

Helfen Sie Ihrem Sohn oder Ihrer Tochter in solchen Situationen dabei, Torschlusspanik von tatsächlich Bedenkenswertem zu trennen.

Klar ist, dass niemand von uns die Zukunft kennt und dass es keine absoluten Sicherheiten gibt. Wer nichts wagt, wird auch nichts gewinnen. Machen Sie Mut zu Bindung und Verbindlichkeit. Erzählen Sie Ihren jungen Erwachsenen, wie Sie als Paar solche Krisen überwunden und neuen Mut gefasst haben und wie Sie auch heute immer wieder neu Wege suchen und finden, um mit Ihrem Partner mehr Nähe und Erfüllung zu erleben.

Es gibt kein krisenfreies Leben, auch für unsere Kinder nicht – herzlich willkommen in der Realität! Und genau deshalb ist es so wesentlich, junge Menschen dabei anzuleiten, Schwierigkeiten auch in ihren Partnerschaften als Chancen nutzen zu lernen. Dass man als Paar gestärkt aus Krisen hervorgehen kann, muss für Jugendliche sichtbar und erfahrbar werden.

Nur auf diesem Weg werden junge Paare den Mut finden, sich auch in unserer Multiple-Choice-Gesellschaft auf verbindliche Beziehungen einzulassen.

Familienplanung

Spätestens als Verlobte sollten Paare sich auch mit dem Thema Familienplanung befassen. Möchten beide Partner Kinder? Und wenn ja: wann und wie viele?

Auch wenn diese Fragen momentan vielleicht noch unwesentlich erscheinen, dürfen sie nicht ignoriert werden. Wenn der eine Partner keine Kinder möchte, während der andere es kaum erwarten kann, eine Familie zu gründen, sind schwerwiegende eheliche Komplikationen absehbar. Zumindest grundsätzlich sollte sich ein Paar deshalb über die Kinderfrage einigen, bevor es sich definitiv für ein gemeinsames Leben entscheidet.

Ob Kinderwünsche dann tatsächlich in Erfüllung gehen, ist ein anderes Thema. Nicht immer entwickelt sich das Leben nach unseren Plänen und Vorstellungen. Dies bei allem Planen und Abklären nicht zu vergessen, verhilft zu einer gesunden und realistischen Lebenseinstellung.

Wenn das Paar noch keine Kinder möchte, muss es sich über Verhütung Gedanken machen. Welche Methoden zur Familienplanung gibt es? Und welche davon passen zu uns, zu unseren Überzeugungen und Plänen? Welches sind die ethischen und praktischen Kriterien, nach denen wir unsere Wahl treffen wollen?

Es lohnt sich, verschiedene Methoden genauer anzuschauen und nicht gleich zur erstbesten Schachtel zu greifen. Die symptothermale Empfängnisregelung beispielsweise ist meines Erachtens eine gute Methode, wenn Verhütung auf körperbewusste und partnerschaftliche Art gelebt und erlebt werden möchte.[61] Dass natürliche Methoden weniger sicher sind als Hormonpräparate, kann ich aus meiner Erfahrung nicht bestätigen. Wer natürliche Methoden fachgerecht und konsequent anwendet, wird damit überwiegend gute Erfahrungen machen. Jedes Paar muss hier seinen eigenen Weg suchen und finden. Literatur und Internet bieten eine Fülle an Informationen zum Thema Familienplanung. Stöbern und Diskutieren ist angesagt.

Eine Untersuchung beim Gynäkologen oder dem betreffenden Hausarzt ist vor dem Start in ein gemeinsames Leben auf jeden Fall empfehlenswert. Offensichtliche Störfaktoren können dadurch rechtzeitig erkannt und besprochen werden, und manche Probleme – wie beispielsweise Infektionen im Genitalbereich oder auch Vaginalverkrampfungen, die beim Geschlechtsverkehr

Schmerzen verursachen – können durch entsprechende Maßnahmen abgemildert oder behoben werden (wenn man um sie weiß). Es empfiehlt sich daher, den Hausarzt oder Gynäkologen konkret zu fragen, ob körperlich etwas vorliegt, das beim Geschlechtsverkehr beachtet oder vorgängig behandelt werden muss.

Selbstverständlich wird es jedoch auch durch sorgfältigstes Abklären nicht möglich sein, alle Schwierigkeiten bereits im Vorfeld zu kennen oder auszuschließen. Liebe ist ein Wagnis, das Mut und Vertrauen erfordert. Wüssten wir von vornherein um *alles*, was mit der Eheschließung oder der Familiengründung auf uns zukommt, würde sich wohl kaum jemand zu diesem Schritt durchringen können.

Was wirklich schade wäre, gerade auch, wenn ich meine eigene Liebes- und Familiengeschichte mit all ihren Höhen und Tiefen betrachte.

Verheiratet

Die Hochzeit eines Kindes stellt auch für Eltern einen gewichtigen Meilenstein dar. Als Vater führen Sie Ihre Tochter zum Altar und übergeben sie dort dem wartenden Bräutigam. Als Mutter treten Sie Ihren Sohn, nachdem Sie an seinem Arm durch das Kirchenschiff geschritten sind, an eine andere Frau ab. Wichtige Symbolhandlungen, die, wenn sie bewusst durchgeführt werden, viel zum Glück Ihrer Kinder beitragen.

«Ein Mann wird Vater und Mutter verlassen und seiner Frau anhangen, und die zwei werden eine Einheit sein»[62], so beschreibt das Buch der Bücher diesen wichtigen Loslösungsprozess.

Lassen Sie los, und halten Sie an diesem Loslassen fest, wenn Zeiten kommen, in denen es Ihnen schwerfällt zu akzeptieren, dass jetzt eine andere Person das Leben Ihres Kindes teilt. Mit dazu gehört auch die Entscheidung, Ihren Sohn oder Ihre Tochter nicht mit übertriebener oder undifferenzierter Herzlichkeit zu empfangen, falls diese sich angesichts von ehelichen Schwierigkeiten in Ihre Arme zurückflüchten wollen.

Just
married

Nehmen Sie in solchen Momenten Ihr Herz in beide Hände, und muten Sie es Ihrer Tochter oder Ihrem Sohn zu, sich in der neuen Rolle zurechtfinden zu lernen, ohne bei jedem Wehwehchen zu Hause aufzukreuzen, um sich von Papa oder Mama hätscheln zu lassen. Erklären Sie, dass Sie jederzeit gerne für Gespräche mit dem jungen Paar zu haben sind, bei diesen jedoch nicht die Partei Ihres Kindes ergreifen oder gegen dessen Ehepartner argumentieren werden.

Fordern Sie das junge Paar, wo Ihnen dies sinnvoll oder notwendig erscheint, dazu auf, Beratung und Hilfe außerhalb der Familie in Anspruch zu nehmen.

Je besser Sie als Eltern Ihre neue Position als «Außenstehende» einnehmen, desto leichter werden Ihr Sohn oder Ihre Tochter in die neue Einheit, die sie jetzt mit ihrem Ehepartner bilden, hineinwachsen. Und desto entspannter wird auch die Beziehung zu Ihren Schwiegersöhnen, Schwiegertöchtern und zukünftigen Enkeln sein.

Sie werden als Eltern weiterhin einen wichtigen Platz im Leben Ihrer Kinder haben. Als segnende und ermutigende Begleiter, als weise Ratgeber und Helfer in Not wird Ihre Unterstützung und Anwesenheit auch in Zukunft gefragt sein. Was Sie in den vergangenen 20, 25 oder gar 30 Jahren in die Beziehung zu Ihren Töchtern bzw. Söhnen investiert haben, wird Früchte tragen und sich vermehren.

Sie haben Ihrem Kind das Leben geschenkt, sein Bedürfnis nach Nähe und Zugehörigkeit gestillt und es mit allem versorgt, was es brauchte. Mit ihm zusammen haben auch Sie als Eltern die Welt neu entdeckt und den Umgang mit großen Gefühlen eingeübt.

Verlässlich begleiteten Sie Ihren Sohn oder Ihre Tochter durch die Trotzphase und später hinein in das Entdecken der eigenen Geschlechtlichkeit und der persönlichen Identität. Was Sie Ihren Zehn- bis Zwölfjährigen an Werten vorgelebt und weitergegeben haben, wird nicht ohne Auswirkungen bleiben.

In den Stürmen der Teenagerjahre haben Sie an der Beziehung

zu Ihrem Pubertierenden festgehalten und es ihm dadurch ermöglicht, persönliche Freiheit zu erleben, ohne deswegen den Halt zu verlieren. Und während der Zeit des Selbständigwerdens unterstützten Sie Ihren Sohn oder Ihre Tochter dabei, lebens- und liebesfähig zu werden.

Was Sie als Mutter oder Vater mit Ihren Kindern verbindet, wird bleiben und sich vermehren. Der Segen geht weiter, von Generation zu Generation. Das hat uns der vertrauenswürdigste aller Väter – Gott – versprochen!

Quellenangaben und Literaturhinweise

1 Emmi Pikler, Anna Tardos: Miteinander vertraut werden. Wie wir mit Babys und kleinen Kindern gut umgehen, Herder: Freiburg, 1997[4], gekürzte Lizenzausgabe, Seite 107.

2 Dr. med. Josef Rötzer: Natürliche Empfängnisregelung. Der partnerschaftliche Weg – die sympto-thermale Methode, Herder: Freiburg, 2010[13].

3 Silvia Cramerotti-Landgraf: Wohin mit der Mütterlichkeit? Das Spannungsfeld zwischen gesellschaftlichen Forderungen, den kindlichen Bedürfnissen und den Wünschen der Frau – Überlegungen aus psychoanalytischer Sicht, Logos, Berlin, 2020.

4 www.kreatharina.ch

5 Werner Stangl (2022, 21. Juli). Bindung – Online Lexikon für Psychologie und Pädagogik; https://lexikon.stangl.eu/1996/bindung.

6 Schadet die Kinderkrippe meinem Kind? Florian Sedlacek, Serge K.D. Sulz, Alfred Walter, CIP-Medien, 2018.

7 Claudia Weiss: «Studien zeigen: Krippenkinder sind aggressiver», Interview mit Jesper Juul, in: «Der Sonntag», 04/2012, Seite 37–38.

8 www.bindungsbasiert.ch

9 1. Mose 1,1–2,4

10 www.bindungsbasiert.ch

11 Eva Zeltner: Generationen-Mix, Zytglogge: Bern 1998, Seite 29.

12 vgl. Daniel 2,27–28 (Hoffnung für alle)

13 4. Mose 22,1–35

14 vgl. Matthäus 7,24.

15 Psalm 25,14 (Hoffnung für alle)

16 Castagna Beratungs- und Informationsstelle; www.castagna-zh.ch

17 Vertrauensvolle Beziehungen leben; www.vertrauenspaedagogik.ch

18 Johannes 8,32

19 Siehe Adressenverzeichnis Beratungsstellen.

20 Zum Beispiel: Malcolm und Meryl Doney: Mama, Papa und ich. Wo kommen die kleinen Babys her? Brunnen: Gießen 2008[21].

21 Silke Müller: Wir verlieren unsere Kinder, Droemer: München 2023.

22 Chris Duwe: Einfach mal anklicken!?, Fontis: Basel 2019.

23 Danny Plett: «Von ganzem Herzen. Bibelverse singend lernen», Janz Team Music Nr. 556729, 07/2007.

24 1. Mose 17,7; Jesaja 55,3; Jeremia 31,31–33

25 Robertson McQuilkin: Biblische Ethik. Eine Einführung in biblisch begründetes Denken und Handeln, Christliche Verlagsgesellschaft: Dillenburg 2003, Seite 204–205.

26 2.Petr. 1,3 (Hoffnung für alle)

27 vgl. 5. Mose 4,6–8,40.

28 Josua 24,15

29 Peter Angst: Verwöhnte Kinder fallen nicht vom Himmel, Zytglogge: Bern 1995, Seite 81.

30 Zitiert bei Reinhold Ruthe: Verwöhnt, bestraft fürs Leben, Brunnen: Basel 2010, Seite 125.

31 Entwicklungssensible Sexualpädagogik www.essp.de

32 Peter Angst, a. a. O., Seite 92.

33 Sprüche 4,23 (Hoffnung für alle)

34 Literaturtipp zum Thema: Eva Zeltner: Generationen-Mix, Zytglogge: Bern 1998.

35 Haim Omer/Philipp Streit: Neue Autorität: Das Geheimnis starker Eltern, Vandenhoeck & Ruprecht: Göttingen 2018, Seite 22.

36 Reinhold Ruthe, a. a. O.

37 Römer 12,2 (Hoffnung für alle)

38 1. Mose 6,9 (Elberfelder Bibel)

39 1. Mose 1,27 (Hoffnung für alle)

40 Psalm 119,45.129.130 (Hoffnung für alle)

41 Elie Wiesel: Den Frieden feiern, hrsg. von Reinhold Boschert-Kimmig, Herder: Freiburg 1991, Seite 29, zitiert nach Jan Bauke: «Die Fröhlichkeit des Glaubens und die Leidenschaft der Theologie», in: «Hermeneutische Blätter» 2004 1/2, Seite 158, Fußnote 41; http://www.hermes.uzh.ch/publikationen/Hermeneutische-Blaetter/HBl2004_1_2.pdf.

42 Lutz Jäncke: «Denn sie wissen nicht, was sie tun», in: «Der Schweizerische Beobachter», Zürich, 01/2006, Seite 20.

43 Studie «Always on» 2019, http://www.generationsmartphone.ch/pdf/Studie_Always_on_2019-08-26_FHNW.pdf

44 Prof. Dr. Johannes Huber: Wunderwerk Frau, Edition Gräfe und Unzer: München, 2022.

45 DAS Abschlussarbeit Anita B. Kayser, UZH 2023 file:///C:/Users/Admin/Downloads/Abschlussarbeit%20Anita%20Kayser.pdf

46 Gabriele Kuby: only you. gib der liebe eine chance, fe-medien: Kisslegg, 2. korrigierte Auflage 2010, Seite 29.

47 «Hey You!», Sexuelle Gesundheit Schweiz, 2021, Seite 45.

48 Siehe Adressenverzeichnis Schwangerenberatungsstellen ab Seite 294.

[49] Pam Stenzel: Sex hat seinen Preis. Gottes Vorstellung von Sexualität, Willow: Gießen 2009.

[50] 5. Mose 24,5

[51] vgl. 5. Mose 30,19–20 (Hoffnung für alle).

[52] vgl. 1. Könige 18,21 (Hoffnung für alle).

[53] vgl. Sprüche 16,32 (Hoffnung für alle).

[54] vgl. 2. Mose 20,12 (Elberfelder Bibel).

[55] vgl. Jesus Sirach 3,9 (Gute Nachricht).

[56] Regula Lehmann, Nicola Vollkommer: Wenn Kinder andere Wege gehen, Fontis: Basel, 2022.

[57] Gary L. Thomas: Der heilige Hafen, SCM Brockhaus: Wuppertal 2021, Seite 91.

[58] Robertson McQuilkin, a. a.O., Seite 208.

[59] 1. Samuel 13,14

[60] Siehe Adressen Beratungsstellen (Rat und Hilfe für ungeplant schwangere Frauen).

[61] Genauere Informationen dazu sind im Buch von Dr. med. Josef Rötzer, a. a.O., zu finden.

[62] Matthäus 19,5 (vgl. 1. Mose 2,24; Lutherbibel).

Adressenverzeichnis Beratungsstellen

Beratungsstellen in Deutschland

Lebensberatung, Eheberatung, Seelsorge

ICL – Institut für Christliche Lebens- und Eheberatung
M. Müller, Sonnenrain 6
79585 Steinen
Tel. 07627 88 85
www.icl-institut.org

Team.F – Neues Leben für Familien e. V. Christliche Ehe- und Familienseminare
Honseler Bruch 30
58511 Lüdenscheid
Tel. 02351 816 86
www.team-f.de

Rat und Hilfe für ungeplant schwangere Frauen

Alfa e. V.
Ottmarsgäßchen 8
86152 Augsburg
Tel. 0821 51 20 31
24-h-Notruf: 0800 36 999 63
www.alfa-ev.de

Beratungsstelle Aus-WEG?!
(Bietet auch Hilfe für Frauen nach einer Abtreibung an.)
Westliche Karl-Friedrich-Str. 31,
75172 Pforzheim
Tel. 0723 1424 6000
www.ausweg-pforzheim.de

Fragen rund um Sexualität und Identität

Institut für dialogische und identitätsstiftende Seelsorge und Beratung e. V. (IdiSB)
Hauptstr. 72
71732 Tamm
Tel. 07141 68 89 670
www.idisb.de

Informationen zu verschiedenen Themen rund um Liebe und Sexualität

Weißes Kreuz e.V
Weißes-Kreuz-Straße 3
34292 Ahnatal/Kassel
Tel. 05609 8399 0
www.weisses-kreuz.de

Mediensucht und Pornografie

return Fachstelle Mediensucht
Oberstraße 13a
30167 Hannover
Tel. 0511 4897 4650
www.return-mediensucht.de

Safersurfing
Hinter Erlen 5
78274 Hilzingen
Tel. +43 1 6091 528
be-real.life
www.safersurfing.org

teenstar Deutschland
«Sexualität: Mein Weg – meine Verantwortung»
Informationen und Kursangebote für Teenager und ihre Eltern
Steckwiese 16
63849 Volkersbrunn/Leidersbach
Tel. 06092 82 20 92
www.teen-star.de

Hilfe und Beratung rund ums Thema sexuelle Übergriffe und Missbrauch

wildwasser.de
Verein gegen sexuellen Missbrauch
Darmstädter-Straße 101
65428 Rüsselsheim
Tel. 06142 96 57 60
www.wildwasser.de

ECPAT Deutschland e. V.
Alfred-Döblin-Platz 1
79100 Freiburg
Tel. 0761 887 926 0
www.ecpat.de

Beratungsstellen in Österreich

Lebensberatung, Eheberatung, Seelsorge

Christl. Lebensberatung & Seelsorge (CLS)
Neuhofner Straße 17
4502 St. Marien
Tel. 07227 209 72
www.cls-austria.at

Beratung und Seminare für Ehepaare und Familien

Team.F Österreich
Schönberg 17
4844 Regau
Tel. 0677 62 68 81 77
www.team-f.at

Rat und Hilfe für ungeplant schwangere Frauen

aktion leben österreich
Diefenbachgasse 5/5
1150 Wien
Tel. 01 512 52 21
www.aktionleben.at

Informationen zu verschiedenen Themen rund um Liebe und Sexualität

TeenSTAR Österreich
Sexualität: «Mein Weg – meine Verantwortung»
Ötscherblickstraße 22/1/3
Tel. 0660 36 80 607
www.teenstar.at

Mediensucht und Pornografie

Safersufing Österreich
Eisgrubenstraße 2–6/Top B1
2334 Vösendorf
Tel. 01 609 1528
be-real.life
www.safersurfing.org

Hilfe und Beratung rund ums Thema sexuelle Übergriffe und Missbrauch

ECPAT Österreich
Stuttheimerstraße 16–18/2/4/24e
1150 Wien
01 293 16 66
www.ecpat.at

Beratungsstellen in der Schweiz

Lebensberatung, Eheberatung, Seelsorge

ICL – Institut für Christliche Lebens- und Eheberatung
www.icl-institut.org/berater-seelsorger/

Verband christliche Beratung und Seelsorge
www.acc-ch.ch

Beratung Sexualerziehung

Elterninitiative Sexualerziehung Regula Lehmann
www.elterninitiative-sexualerziehung.ch

Rat und Hilfe für ungeplant schwangere Frauen

Schweizerische Hilfe für Mutter und Kind (SHMK)
Postfach 4142 Münchenstein
Gratisnummer 0800 811100
www.shmk.ch

Schwanger, ratlos – wir helfen
Hilfs- und Beratungsstelle
Scheuermattweg 4
3007 Bern
Help-Line 031 961 64 74
www.schwanger-wir-helfen.ch

Beratung und Begleitung nach Missbrauch oder Schwangerschaftsverlust

AGAPA Deutsche Schweiz
Carmen Bellwald
Hondrichstr. 18
3700 Spiez
Tel. 079 484 09 52
www.agapa.ch

Fragen rund um Sexualität und Identität

wuestenstromCH
Postfach 181
8330 Pfäffikon
Tel. 043 497 70 04
www.wuestenstrom.ch

Informationen zu verschiedenen Themen rund um Liebe und Sexualität

Schweiz. Weisses Kreuz
Laurenzenvorstadt 85
5000 Aarau
Tel. 062 767 60 00
www.swk.swiss

TeenSTAR Schweiz
079 770 18 80
www.teenstar.ch

Medienkompetenz

Swisscows AG
Bucherstrasse 2
9322 Egnach
www.swisscows.com/de/medienerziehung

Mediensucht und Pornografie

Jugend und Medien
Nationale Plattform zur Förderung von Medienkompetenzen
Effingerstrasse 20
CH-3003 Bern
www.jugendundmedien.ch

Porno-frei
Erfülltes Leben ohne Pornos
www.porno-frei.ch

Jugend-frei
Leumattstrasse 2
6033 Buchrain
www.jugendfrei.ch

Beratung von Frauen mit pornosüchtigen Partnern

Ria Rietmann
www.einmaligsein.com

Hilfe und Beratung rund ums Thema sexuelle Übergriffe und Missbrauch

BeUnlimited
Wissenbach 12
8932 Mettmenstetten
Tel. 041 755 00 51
www.beunlimited.org

Limita
Fachstelle zur Prävention sexueller Ausbeutung
Klosbachstrasse 123
8032 Zürich
Tel. 044 450 85 20
www.limita.ch

Buchempfehlungen

- Malcolm und Meryl Doney
  «Mama, Papa und ich. Wo kommen die kleinen Babys her?»
  Ein wunderschönes, sehr kindgerechtes Aufklärungs-Bilderbuch für Mädchen und Jungen ab 4 Jahren.
  Illustriert von Nick Butterworth und Mick Inkpen
  Alter: 4–8 Jahre
  Brunnen Verlag Gießen
  ISBN 978-3-7655-5645-6

- Buth, Ute
  «Erklär mir mal, wo komm ich her?»
  Ein einfühlsam gestaltetes Aufklärungs-Bilderbuch.
  Alter: 5–10 Jahre
  Christl. Verlagsgesellschaft Dillenburg
  ISBN 978-3-8635-3610-7

- Duwe, Chris
  «Einfach mal anklicken!?»
  Dieses Buch will Kinder rechtzeitig darauf vorbereiten, im Umgang mit schädlichen Medieninhalten gute Entscheidungen treffen zu können.
  Ab 8 Jahren
  Fontis-Verlag Basel
  ISBN 978-3-0384-8166-9

- Lehmann, Regula und Gläser, Pascal
  «Wir Powergirls» – Das schlaue Mädchenbuch
  Damit aus tollen Mädchen echt starke und beziehungsfähige Frauen werden!
  Alter: 10–13 Jahre
  Fontis-Verlag Basel
  ISBN 978-3-03848-083-9

- Lehmann, Regula und Gläser, Pascal
  «Rakete startklar»
  Wie aus Jungs echte Kerle werden.
  Ein Aufklärungsbuch für Jungen in der Vorpubertät.
  Alter: 10–13 Jahre
  Fontis-Verlag Basel
  ISBN 978-3-03848-015-0

- Buth, Ute und Linnea
  «Next Level»
  Wie ich erwachsen werde, ohne zu verzweifeln.
  Klartext **für Mädels** rund um relevante Themen.
  Für Mädchen ab 12 Jahren
  Neukirchener Verlag
  ISBN 978-3-7615-6924-5

- Buth, Ute und Peter
  «Next Level»
  Wie ich erwachsen werde, ohne zu verzweifeln.
  Dieses Buch hilft **Jungs** dabei, entspannt durch die Pubertät zu kommen.
  Für Jungen ab 12 Jahren
  Neukirchener Verlag
  ISBN 978-3-7615-6922-1

- Gabriele Kuby
  «only you. gib der liebe eine chance»
  Ein außergewöhnliches Buch für junge Menschen, die sich nicht einfach mit dem Mainstream treiben lassen wollen.
  Für Jugendliche ab ca. 14 Jahren
  fe-medienverlags GmbH
  ISBN 978-3-939684-51-0

- Christoph Pahl
  «Voll Mann? Mit Lust und Frust ein echter Kerl werden»
  Dieses Buch widmet sich mit viel Humor den Fragen von jun-

gen Männern. Auch die tiefen Fragen des Lebens – wie Leid, Selbstmord, Einsamkeit oder die Existenz Gottes – werden nicht ausgespart.
Praktische Tipps, wie man(n) ein echter Kerl wird.
Für Jungs ab ca. 15 Jahren
Verlag der Francke-Buchhandlung GmbH
ISBN 978-3-86827-316-8

- Arp, Claudia und David
  «Und plötzlich sind sie 13 oder: Die Kunst, einen Kaktus zu umarmen. So begleiten Sie Ihr Kind durch die Teenagerzeit»
  Jugendliche zwischen 13 und 16 sind so ausgeglichen wie ein Jo-Jo und so zugänglich wie ein Kaktus, sie hausen in einem Chaos, das sie «mein Zimmer» nennen, und tauchen dreimal am Tag auf, um etwas Essbares hinunterzuschlingen und die Familie anzuknurren …
  Ein Buch für Eltern von Pre-Teens und Teenagern.
  Brunnen Verlag Gießen
  ISBN 978-3-7655-1858-4

- M. Bettler, M. Kuhn, R. Lehmann
  «Unverschämt biblisch»
  Impulse für einen bejahenden Umgang mit Sexualität.
  Schleife Verlag
  Für Jugendliche und Erwachsene
  ISBN 978-3-9059-9176-5

- Lehmann, Regula und Vollkommer, Nicola
  «Wenn Kinder andere Wege gehen»
  Wie Beziehungen in Liebe und Klarheit möglich bleiben.
  Ein Eltern-Navi.
  Fontis-Verlag Basel
  ISBN 978-3-0384-8250-5

EILEITER
EIERSTOCK
GEBÄRMUTTER
HARNBLASE
KLITORIS
DARM
SCHAMHÜGEL
AFTER
HARNRÖHRE
SCHEIDE
ÄUSSERE + INNERE SCHAMLIPPEN

ung
stelle
Also, ohne mein Handy würde ich mich echt nackt fühlen!
BLÄSCHENDRÜSE
DARM
HARNBLASE
PENIS
AFTER
SAMENLEITER
HARNRÖHRE
HODEN